本书受“厦门大学‘双一流’学科建设”基金的资助出版

法与中国经济发展

王　俊◎著

Law and Economic Development in China

知识产权出版社
全国百佳图书出版单位
—北京—

图书在版编目（CIP）数据

法与中国经济发展 / 王俊著．—北京：知识产权出版社，2020.7

ISBN 978-7-5130-7027-0

Ⅰ.①法…　Ⅱ.①王…　Ⅲ.①社会主义法治—关系—中国经济—经济发展—研究　Ⅳ.①D920.0②F124

中国版本图书馆 CIP 数据核字（2020）第 112369 号

责任编辑：刘　睿　邓　莹　　　责任校对：潘凤越
文字编辑：薛晶晶　　　　　　　责任印制：刘译文

法与中国经济发展
王　俊　著

出版发行：知识产权出版社有限责任公司　　网　　址：http：//www.ipph.cn
社　　址：北京市海淀区气象路 50 号院　　邮　　编：100081
责编电话：010-82000860 转 8346　　责编邮箱：dengying@ cnipr.com
发行电话：010-82000860 转 8101/8102　　发行传真：010-82000893/82005070/82000270
印　　刷：北京建宏印刷有限公司　　经　　销：各大网上书店、新华书店及相关专业书店
开　　本：720mm×1000mm　1/16　　印　　张：14
版　　次：2020 年 7 月第 1 版　　印　　次：2020 年 7 月第 1 次印刷
字　　数：220 千字　　定　　价：58.00 元
ISBN 978-7-5130-7027-0

目　　录

第一章　法律是否推动了中国经济发展 ………………………………（1）
　第一节　中国发展之谜 ………………………………………………（1）
　第二节　如何评价中国的法治发展 …………………………………（5）
　第三节　法与中国发展关系研究的进路、视角与意义 ……………（12）
第二章　法与发展理论 ………………………………………………（16）
　第一节　法与发展运动的变迁与理论基础 …………………………（16）
　第二节　法与发展运动的实践效果与反思 …………………………（20）
　第三节　法治推动发展的理想图景批判 ……………………………（23）
第三章　发展促进法治的理论与实践 ………………………………（31）
　第一节　发展促进法治的理论基础 …………………………………（31）
　第二节　中国创新发展与司法资源配置 ……………………………（37）
　第三节　中国创新发展与司法资源配置的因果推断 ………………（45）
　第四节　发展促进法治理论的局限性 ………………………………（52）
第四章　立法与中国经济发展 ………………………………………（55）
　第一节　改革开放以来中国经济体制的变迁 ………………………（56）
　第二节　合同与财产法律制度的变迁 ………………………………（60）
　第三节　知识产权法律制度的变迁 …………………………………（68）
　第四节　立法是否促进了中国经济发展 ……………………………（75）
第五章　司法与中国经济发展 ………………………………………（83）
　第一节　中国法院的发展趋势 ………………………………………（84）
　第二节　法官素质和法院组织问题 …………………………………（90）
　第三节　中国司法保护的偏向性 ……………………………………（96）

第六章　行政与中国经济发展 …………………………………（119）
第一节　依法行政与中国经济发展的关系 ……………………（119）
第二节　行政与中国专利的发展 …………………………………（123）
第三节　行政与中国商标的发展 …………………………………（145）
第四节　行政与中国著作权的发展 ………………………………（158）
第五节　依法行政：中国可持续发展的保障 ……………………（169）
第七章　改革、发展与法治理论 ………………………………（179）
第一节　改革、发展与法治理论概述 ……………………………（179）
第二节　改革对于发展和法治作用的实证研究 …………………（182）
第三节　改革的方向 …………………………………………………（196）
参考文献 ………………………………………………………………（204）
后　记 …………………………………………………………………（215）

第一章　法律是否推动了中国经济发展

第一节　中国发展之谜

发展是人类社会的永恒命题。然而，对于什么是发展，迄今为止并无清晰的概念。事实上，发展是实践性的。从钻木取火到狩猎工具的运用，从结绳记事到科学的不断发展革新，从农业革命到一次次的工业革命，一部人类文明史，实质是一部探索“实现什么样的发展、怎样发展”的人类发展史。在漫长的历史长河中，不同个人、国家、民族均以各自对发展的探索和实践，贡献关于发展目标和路径的不同智识。人类历史上每一次政治、经济、文化、科学的勃兴，都来源于对发展的一次次探索，进而在不断积累挫折和成功的经验教训中发现希望和方向，形成共识，从而推动人类文明在曲折中前行，也为发展的内涵和外延注入新的活力。

作为文明古国，中国曾经在政治、科学、文化等诸多领域为世界文明的发展贡献过宝贵智识，从而吸引无数学者对中国发展的关注。然而，自晚清以来，西方国家用坚船利炮使中国从“天朝上国”的睡梦中惊醒，中国先后以英美为师，以俄为师，转而汲取他国的先进经验以实现国家的复兴，也就此离开了世界发展舞台的中心。直到近几十年来，中国再一次走向世界舞台的中央，吸引了越来越多关注的目光，而原因，则是至今被称为“中国发展之谜”的中国持续40余年的高速经济增长。

从1978年开始实行改革开放以来，中国经济始终保持着高速稳定的增长态势，在较短的时间内从一个近乎一穷二白的低收入国家而一跃迈入中等收入国家行列，经济总量跃居世界第二。2019 年中国人均国内生产总值（Gross Domestic Product，GDP）首次超过 1 万美元，按照世界银行的标准，中国已经进入中高收入阶段。❶ 如果单纯从中国经济发展自身的纵向比较可能还无法直观感受中国的经济增长为何被视为“奇迹”，表 1-1 进一步以横向比较的方式展现了中国相比于其他国家和地区的异乎寻常的高经济增长率。从表 1-1 可知，1982~2012 年，中国的人均 GDP 年增长率平均高达 9.12%，而同期的世界平均水平仅为 1.48%。虽然考虑到中国作为低收入国家的发展起点低，从而基于“赶超效应”导致增长更快，但同为低收入的其他国家的人均 GDP 年平均增长率仅为 1.38%。

表 1-1　1982~2012 年经济增长的国际比较

国家、地区或国家组合	1982—2012 年人均 GDP 平均年增长率（%）
中国	9.12
印度	4.41
美国	1.92
全球	1.48
高收入经合组织国家	1.86
低收入国家	1.38
中等收入国家	3.08
拉美和加勒比地区国家	1.21
撒哈拉以南非洲国家	0.45

资料来源：朱天（2016）根据世界银行“世界发展指标”（World Development Indicators，网址：www.worldbank.org）公布的数据计算所得。❷

即便考虑到在人类历史上，也还只有日本、韩国、新加坡、沙特阿拉

❶ 根据世界银行 2017 年公布的标准划分，低收入国家为人均国民总收入（现价美元）小于 1006 美元，中等偏下收入国家为 1006~3955 美元，中等偏上收入国家为 3956~12235 美元，高收入国家为 12235 美元。数据来源：World Bank Data Team. 按收入水平划分的最新国别分类：2017—2018 [EB/OL].（2017-07-12）[2020-06-22]. http://blogs.worldbank.org/zh-hans/opendata/new-country-classifications-income-level-2017-2018.

❷ 朱天. 中国增长之谜 [M]. 北京：中信出版社，2016：4.

伯、博茨瓦纳、中国台湾地区以及中国香港地区曾经出现过连续 30 年复合增长率达到 6%以上的情况。❶ 但是，一方面，中国的人口、面积远超上述经济体，发展的受益范围是上述经济体无法比拟的。从 1978~2017 年末，中国贫困人口数量从 7.7 亿人下降到 3046 万人，累积减贫 7.4 亿人，贫困发生率从 97.5%下降到 3.1%，对全球减贫的贡献率超过七成。❷ 另一方面，中国的高速发展的时间区间不同于上述国家，并且中国的高速经济增长远超 30 年。虽然近年来中国经济增长进入放缓的“新常态”，但截止到 2019 年年底，中国 GDP 的年增长率依然保持在 6%以上。因此，以中国的人口和经济体量，维持超过 40 年平均 6%以上的高速经济增长，在世界发展历史上即便不是空前绝后，也是世所罕见的。将中国的经济高速增长称为中国奇迹，进而探寻“中国经济增长之谜”，既恰如其分，也理所当然。

对于中国经济为什么能够实现持续 40 年的高速发展，国内外学者纷纷从各种角度尝试解开中国经济增长之谜。代表性的观点主要包括四类，第一类观点认为中国的经济增长主要依靠的是大规模的资本积累和劳动力的密集投入❸；第二类观点认为中国经济的长期稳步增长很大程度上源于全要素生产率的不断提高，因此，不可忽视技术进步对于中国经济增长的长期贡献❹；第三类观点则将中国经济的持续高速增长归功于中国的政治经济体制，认为一方面通过市场化促进了经济竞争；另一方面，强势政府

---

❶ 朱天．中国增长之谜［M］．北京：中信出版社，2016：17-18.

❷ 中国 40 年来 7.4 亿人脱贫［EB/OL］.（2018-10-18）［2020-03-23］. http：//ny.uschinapress.com/spotlight/2018/10-18/155428.html.

❸ 张军．资本形成、工业化与经济增长：中国的转轨特征［J］．经济研究，2002（6）：3-13；Laurenceson J，O'Donnell C. New estimates and a decomposition of provincial productivity change in China［J］. China Economic Review，2014（30）：86-97.

❹ Wu Y. Innovation and economic growth in China：Evidence at the provincial level［J］. Journal of the Asia Pacific Economy，2011，16（2）：129-142；易纲，樊纲，李岩．关于中国经济增长与全要素生产率的理论思考［J］．经济研究，2003（8）：13-20；林毅夫，任若恩．东亚经济增长模式相关争论的再探讨［J］．经济研究，2007（8）：4-11.

对市场的积极干预共同推动中国经济增长❶；第四类观点则从文化的角度理解中国经济增长之谜，认为勤俭节约、重视教育的儒家文化是促进包括中国在内的东亚经济体实现高速增长的重要源泉。❷

上述四类视角对于解释中国经济增长之谜均具有一定的解释力，但之所以存在诸多不同的解释视角，恰恰也反映了学者们在解释中国经济增长之谜方面难以达成共识。事实上，上述四类视角均存在理论解释或实践指导方面的局限性。第一类观点无法回避资本和劳动的边际产出递减，因此单纯地依靠资本和劳动的持续增加难以取得经济的可持续增长。克鲁格曼（Krugman）（1994）❸ 就对东亚经济高速增长的可持续性问题提出过著名的"克鲁格曼质疑"。第二类观点虽然通过提出技术进步和全要素生产率（Total Factor Productivity，TFP）提高解释中国经济增长回应了边际产出递减的问题，但技术进步和全要素生产率对于中国经济增长的贡献实际是有限的。博斯沃斯（Bosworth）和科林斯（Collins）（2008）❹ 研究认为 TFP 对中国经济增长的贡献介于 20%～30%。蔡跃洲和付一夫（2017）❺ 研究发现 1978～2014 年间中国经济增长的动力只有约 1/3 来自技术水平的提升。第三类观点需要进一步解答的问题是，采用强势政府干预经济的国家并非中国一例，为什么只有中国取得了持续性的高速经济增长？如果认为是由于政府干预促进了中国经济增长，那么还需要回答的是，政府究竟做对了什么从而促进中国经济的高速增长？第四类观点从文化角度解释中国经济增长之谜，考虑到包括亚洲"四小龙"在内的儒家文化圈所创造的

---

❶ Li S, Lian P. Decentralization and coordination: China's credible commitment to preserve the market under authoritarianism [J]. China Economic Review, 1999, 10 (2): 161-190.

❷ 朱天．中国增长之谜 [M]．北京：中信出版社，2016：104-126.

❸ Krugman, P. The myth of Asia's miracle [J]. Foreign Affairs, 1994, 73 (6): 62-78.

❹ Bosworth B, Collins S M. Accounting for growth: Comparing China and India [J]. Journal of Economic Perspectives, 2008, 22 (1): 45-66.

❺ 蔡跃洲，付一夫．全要素生产率增长中的技术效应与结构效应——基于中国宏观和产业数据的测算及分解 [J]．经济研究，2017 (1)：72-88.

"东亚奇迹"，文化解释确实有其合理性，但随着传统文化的日渐衰落，儒家文化在今天的中国还存留多少，实在是很难确定的事情。而且文化解释最大的问题在于文化是内生的，不同国家和地区无法改变自己的文化，从而使得文化解释不具有指导实践的意义。

因此，为了进一步了解中国经济增长之谜，揭示中国 40 多年来高速发展的奥秘，可能还需要从其他的角度探索影响中国经济发展的相关因素。

第二节　如何评价中国的法治发展

一、中国法治水平的评估

鲜有学者将解释中国经济增长的目光投向法律维度。而事实上，法律之于经济发展的重要作用早已在西方主流观点中得到认可。马克斯·韦伯（Max Weber）（1978）[1] 就一再强调理性的法律在社会发展中的重要作用，特别是对于企业的发展。而诺斯（North）（1990）[2] 更是认为第三世界国家至今贫困落后的一个主要原因就在于缺乏一套高效而低成本的法律制度。阿西莫格鲁（Acemoglu）、约翰逊（Johnson）和罗宾逊（Robinson）（2005）[3] 也认为政治制度和产权制度先于经济发展并决定经济增长。这些观点虽然在视角和表述上存在差异，但核心观点都在强调法律在经济发展中的重要作用。那么，为什么极少有学者将法律与中国的发展联系起来呢？

其中一个可能的原因是，在展开对法律在中国发展中的作用分析前，

---

[1] Weber M. Economy and society [M]. Berkeley: University of California Press, 1978.

[2] North D C. Institutions, institutional change and economic performance [M]. Cambridge: Cambridge University Press, 1990.

[3] Acemoglu D, Johnson S, Robinson J A. Institutions as a fundamental cause of long-run growth [J]. Handbook of Economic Growth, 2005 (1): 385-472.

相当多数量的学者已经先入为主地将中国法治落后作为先验的前提。例如，李（Li）和连（Lian）（1999）[1] 在研究中国经济高速发展成因时，在展开分析的引言部分，首先便指出对中国在缺乏法治的情况下，能够维持长期的高达两位数的经济增长表示难以理解。

而对于没有先入为主地将中国法律发展落后视为先验的前提，而是利用科学的、规范化的量化实证分析手段对中国法律的发展现状展开评估和分析，也往往得出中国法律（Law）或法治（Rule of Law）水平落后的结论。在系统性地从世界范围内衡量包括中国在内的各国法治发展水平的数据中，由世界银行（World Bank）定期发布的世界治理指数（Worldwide Governance Indicators，WGI）是受到广泛认可的重要衡量指数。该指数所在的数据库也是目前对世界各国（地区）的法治发展状况进行统计的各类数据库中，跨越时期最长、涵盖国家最多、数据来源最全面的数据库。截止到本书写作之时，该数据库已涵盖 214 个国家和地区 1996~2018 年的治理指数，其中，法治是世界治理指数六项一级指标中的一项。法治指数的测算数据来源于 32 个各类型的统计、调查、评估等报告，涉及的内容涵盖犯罪状况、财产保护、知识产权保护、合同执行、司法独立、分权制衡、警察体系、财产征收、法律信任度等一系列指标。为了直观展示中国法治发展水平在世界范围内所处的位置，本书根据世界银行网站提供的指标数据，选取包括中国在内的六个发展中国家和发达国家法治发展百分位次指标，从而绘制了 1996~2018 年中国等六个国家在世界范围内的法治水平排名百分位数图（见图 1-1）。

从图 1-1 可知，虽然中国的法治水平从 1996 年略高于 20%，已经逐步发展到 2018 年的接近 40%，但中国的法治发展水平仍处于中等偏下的位置。不仅和美国、法国这样的法治先进国家具有非常大的差距，也同样大幅落后于同为人口大国的印度。而与中国同属社会主义阵营的越南，自

---

[1] Li S，Lian P. Decentralization and coordination：China's credible commitment to preserve the market under authoritarianism [J]. China Economic Review，1999，10（2）：161-190.

2015 年以来的法治发展也取得极大进步，和中国迅速拉开差距。

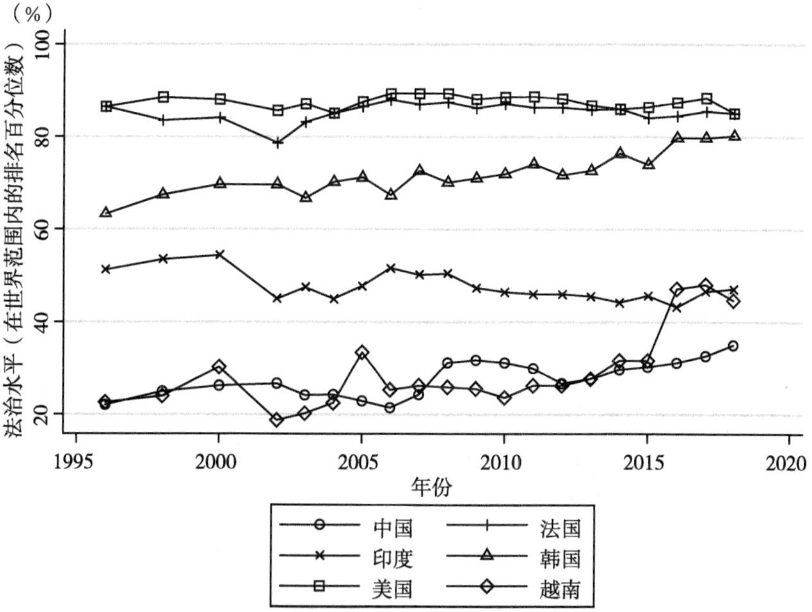

图 1-1　1996—2018 年部分国家法治指数排名位次

注：该图数据来源于世界银行的世界治理指标❶

然而，在我们基于上述量化指标得到中国法治发展落后，从而难以支撑中国经济的高速增长，甚至可能构成中国经济发展的阻碍的结论前，一个问题可能被我们所忽视，即任何看似科学的评估标准和量化指标，实质上均存在着背后的价值判断问题。哪些变量可以有效地衡量法治水平？不同变量在指标构建中的权重应该为多少？这些看似技术性的问题恰恰隐含了对于法治内涵和属性的认识标准问题。因此，中国的法治状况究竟如何？是否确实落后于世界范围许多国家？这实际上涉及对于法治发展标准的认识和判断问题。

❶ 世界治理指标（Worldwide Governance Indicators）数据以及对于数据的相关说明参见：https：//info. worldbank. org/governance/wgi/.

二、法治发展的一般性与特殊性

对于法治概念的内涵与外延，国内外的学者对其展开过广泛的讨论[1]，但始终难以达成共识。1999 年，“依法治国，建设社会主义法治国家”被写入宪法。2014 年，中共十八届四中全会作出全面推进依法治国的决定。各种类型的法治建设、法治改革在全国范围内铺开。然而，由于对法治本身界定不清晰，在法治改革和建设过程中，对于到底要走怎样的法治之路，怎样建设法治等问题，学术界逐渐产生了“普世主义”和“国情主义”两种理论。

普世主义的法治理论主要来源于古典自然法学派，该学派认为法是在具有普遍性、一般性、永恒不变的理念基础上运用人类理性建构起来的。立法者制定的法律必须以客观规律为基础，严格遵循上述理念，以理性为基础进行建构。因此，只有符合世界范围内对于法治内涵的一致性共识，才是具有普世意义的法治，即普世主义的法治理论强调法治的一般性。然而，这种人们对于法治内涵的共识实质是追求一种理想化的法治图景。从理论上来说，理想化的法治图景应当是在概括全人类关于法治认识的基础上而凝炼出的关于法治的一般原理和准则，但试问何人有能力做到汇集全人类对于法治的认识经验，并在此基础上客观理性地提炼出法治的一般性内涵？有学者便指出法治只是一种理想，它从未被哪个社会完全实现过。[2]然而，是否这就意味着我们无法发现任何法治的一般性原则？显然也并非如此。随着人类文明相互交流的日趋频繁，在交往的过程中人类逐渐形成

[1] Scalia A. The rule of law as a law of rules [J]. University of Chicago Law Review, 1989 (56): 1175; Fallon Jr R H. “The rule of law” as a concept in constitutional discourse [J]. Columbia Law Review, 1997, 97 (1): 1-56; 李步云．法治概念的科学性 [J]. 法学研究，1982 (1): 6-11; 王人博，程燎原．法治论 [M]. 济南：山东人民出版社，1989: 76-84; 陈佑武，李步云．中国法治理论四十年：发展、创新及前景 [J]. 政治与法律，2018 (12): 64-75.

[2] 恩迪科特．论法治的不可能性 [J]. 陈林林，傅蔚冈，译．比较法研究，2004 (3): 146-159.

了一些共同的价值取向，诸如对于法律权威性、可预测性、相对稳定等法治价值的取向，这些原则在世界范围内也已经成为被广为接受的法治的基本要素或特征。

但是对于法治的一般性需要注意两个方面：一方面，对于法治一般性原则的认定需要保持最大限度的谨慎，现实中并不存在一条非此即彼的清晰界限来界定某一原则是否属于法治的一般原则。对于法治的认识往往是随着社会经济、政治环境的变迁而不断变化调整的，例如，对于司法独立原则，实际上是近代以来才被承认为法治的基本原则，中国历史上长期以来地方司法权均是由地方行政官员掌握。即便是作为司法独立起源的英国，司法独立原则也直到 1688 年的“光荣革命”才得到立法上的确认。另一方面，即便对于已经被广泛接受的法治原则，也要注意对相应原则的内涵、外延和实现方式等方面的清晰、客观的认识。同样对于司法独立原则，我国《刑事诉讼法》第 5 条明确指明，人民法院依照法律规定独立行使审判权，人民检察院依照法律规定独立行使检察权，不受行政机关、社会团体和个人的干涉。从形式上看，这与西方国家司法独立原则的要求是一致的。然而，部分西方国家的司法独立隐含的是分权制衡的政治制度背景。而若以是否存在立法权、司法权和行政权分权制衡的制度安排作为衡量司法独立是否成立的标准，则中国显然由于政治体制的差异而不满足上述标准。而事实上我们更应该关注的，是司法权在法治实践中是否能够得到独立、有效的行使。

而国情主义法治理论强调法治具有特殊性。法治的特殊性，是指特定国家在法治发展中所形成的区别于法治一般性特征而呈现出的法治的独特性特征，包括法治的价值、理论、道路、制度上的独特属性等。[1] 理论上，世界上任何一个国家的法治模式都不可能做到与其他国家完全相同，中国亦不例外。目前已有相当数量的文献研究了中国法治的特殊性。具有代表性的如梁治平认为中华法系具有特殊特性，中国法治建设也不可忽视传统

---

[1] 杨建军．中国法治发展：一般性与特殊性之兼容［J］．比较法研究，2017（4）：155-173.

特征的影响。[1] 苏力认为中国的法治之路必须注重利用中国本土的资源，注重中国法律文化的传统和实际。[2] 因此，中国的法治发展必然要植根于中国的历史文化传统和当代中国的政治、经济、社会环境。如果仅以法治的一般性原则指导中国法治发展，而忽视中国自身特色，那么，很可能会重蹈20世纪60年代美国在拉美国家推广移植美国的法治模式而遭遇失败的覆辙。事实上，清末以来中国法律制度的变迁，大多属于直接移植西方法治发达国家的法律制度，而移植过来的法律制度，至少在一定的时间内由于缺少适用的土壤，人们还是习惯于遵循基于传统的纠纷解决方式，结果导致国家制定法的普遍无效或被规避。[3]

然而，需要引起注意的是，不能过分地强调法治的特殊性而否定一般性。过分强调法治的特殊性，就等于否定不同国家和地区法治发展的可比性和基本意义上的共同性和一致性。[4] 法治的特殊性不代表可以一味地以特殊性为由而规避具有普适性的一般法治价值的实现。例如，长久以来中国民间就有女孩不具有同男孩享有平等的继承权的传统，然而这种忽视法治的平等性原则的民间习俗是否应当继续得到现代法治的尊重呢？无论基于权利还是经济的视角，笔者认为答案都应该是否定的。虽然基于平等原则的继承制度可能会在实施的初期被人们基于习惯而规避，但法治的发展是具有能动性的，法治建设需要国家做的，是通过加大司法资源的投入从而逐步改变不适应现代法治和社会发展需要的习惯、习俗。

因此，结合上述对于法治的一般性和特殊性的讨论，笔者认为，在一国法治的发展过程中应当把握好法治的一般性和特殊性的关系。一个国家良好的法治环境既需要尊重法治的一般性，对于经受住人类文明发展历程不断考验的法治原则，也应当接受并且以此为目标不断推动法治的发展和完善。同时，法治建设也应当充分认识一国自身从历史到当代的法治社会土壤与政治经济环境，并从中汲取养分。对于契合法治一般性原则的本土

---

[1] 梁治平．“法”辨［J］．中国社会科学，1986（4）：71-88.

[2] 苏力．法治及其本土资源［M］．北京：中国政法大学出版社，1996：6.

[3] 苏力．法律多元与法律规避［J］．中外法学，1993（6）：14-20.

[4] 朱景文．论法治评估的类型化［J］．中国社会科学，2015（7）：108-124.

资源，应当通过有效提炼和融合，使其不仅仅在形式上，更重要的是在实质上适应现代法治一般性原则的精神。对于难以契合法治一般性原则的本土资源，则应当充分发挥法的能动作用进行改造，从而在对法治发展的本土资源趋利除弊的利用基础上，最终实现法治发展的一般性和特殊性的统一。

上述结论实际上提醒我们，对于法治发展水平的判断应当保持尽可能的谨慎，特别是在进行国与国之间法治水平的比较时，需要仔细地思考和区分不同的变量指标是否能够有效地衡量法治的某一维度？不同国家在法治发展上的特殊性是否得到考虑？是否不同国家法治维度的差异仅仅体现在形式上而非实质上？是否存在由于话语权的差异而导致的法治衡量的谬误？以世界银行世界治理指标中的法治指标为例，在该指标中，对于法治水平的评价涉及司法独立、分权制衡等相关法治变量，然而，对于司法独立程度的衡量，很大程度上依赖于询问被调查对象是否信任司法系统，请调查对象评价司法独立的程度的方式获取数据。而在进行主观评价时有两方面值得注意的问题。一方面是被调查对象的选择。例如，对于司法独立性，是否接受过司法服务，对于司法独立性的评价结果可能会产生重大影响，因此，选择不同的调查对象往往使得调查的结果大相径庭。另一方面是对于调查问题的认识水平。如果被调查者认为司法独立是等同于形式上的政治权、司法权相互独立，而不是实质上的法官独立审判，不受行政机关的干预，则其对于司法独立的评价又是截然不同的。

因此，对于中国法治的水平，我们既不能简单地依据某一个侧面或某一方面的事实，从而经验性地作出法治发展和完善程度高低的判断，也不能直接不加审视地利用部分法治指数的测算结果，特别是一些看似全面系统地衡量世界范围内不同国家的法治水平的指数。由于其采取的测算标准可能偏向于部分西方国家自身特有的法治发展经验，将特殊性的法治原则上升为一般性法治原则，或者将一般性法治原则的实现路径统一化，从而无法客观、准确地衡量中国的法治发展水平。

第三节　法与中国发展关系研究的进路、视角与意义

通过前面的分析，笔者认为，不能简单地作出中国法治落后而不能支持中国发展的判断。因此，现有学者大多不从法的视角关注中国发展问题的立场可能是一个重要缺漏。事实上，虽然可能绝大多数的文献支持中国法治无法有效支撑中国经济发展的观点，但也有部分学者对法律之于中国经济增长的作用持保留态度。金斯伯格（Ginsburg）（2000）[1]认为现有的证据不足以证明法律对于包括中国在内的亚洲经济发展是不重要的。李和连（1999）[2]虽然以中国法治的落后作为研究的预设前提，但在论述过程中也多次提及中国在20世纪八九十年代民商事法律发展的事实。事实上，自改革开放以来，中国的法治建设也是蓬勃发展、日新月异的，我们最为直观的感受就是已有的法律不断修改完善，新的法律不断制定增加，在一个较短的时间内建立了相对完善的法律体系。

然而，中国法治发展水平究竟如何？法治在中国发展过程中发挥了怎样的作用？法与中国经济发展究竟存在怎样的关系？仅凭经验感知和描述性分析难免会出现以偏概全的认识偏差，也无法深刻地认识和回应上述问题。因此，我们有必要以法与发展关系的理论为基础，结合相关数据，通过对法治的不同维度的立体剖析，从理论和实证两个方面对中国法与经济发展的关系问题进行审慎的研究和查证，从而对中国的法治是否存在问题、法治发展的趋势、法治在中国发展过程中的作用得出更为清晰准确的认识。

为实现上述目标，笔者首先将对法与发展关系的相关理论梳理作为研究起点。通过对现有法与发展关系的学术史以及相关理论实践的梳理，从

[1] Ginsburg T. Does law matter for economic development? Evidence from East Asia [J]. Law and Society Review, 2000 (34): 829-856.

[2] Li S, Lian P. Decentralization and coordination: China's credible commitment to preserve the market under authoritarianism [J]. China Economic Review, 1999, 10 (2): 161-190.

而分析不同理论在解释和适用于中国法治建设和发展实践上的可行性与局限性。西方法与发展关系理论的主流观点认为，法治能够促进发展，运行良好的法律体系是经济持续稳定发展的前提。❶ 然而，也有学者认为经济发展是法治进步的动力，随着经济的发展，其对法治的需求才能不断地提高，进而促进和推动法治的不断完善。❷ 还有学者认为法和发展之间存在非线性的关系，认为在经济发展的早期，正式的法律体系或者说法治并没有其他诸如关系依赖性的治理机制有效，但当经济发展达到一定阶段后，正式的法律体系将成为维持经济持续增长的最有效的治理机制。❸

在理论分析的基础上，笔者将结合中国法治的实践，运用现代经济学的研究方法，对中国法与发展的关系进行实证检验。法治在实践中的运行一般包括立法和司法两个层面。同时，政府的行政力量，特别是政府能否依法行政对于法的运行效果具有重要的影响。因此，笔者将分别从立法、司法、行政三个方面检验自改革开放以来，法治的发展状况及其趋势，进

❶ Weber M. Max Weber on law in economy and society [M]. Cambridge: Harvard University Press, 1954; Weber M. Economy and society [M]. Berkeley: University of California Press, 1978; North D C, Thomas R P. The rise of the western world: A new economic history [M]. Cambridge: Cambridge University Press, 1973; North D C. Institutions, institutional change and economic performance [M]. Cambridge: Cambridge University Press, 1990; Hall R E, Jones C I. Why do some countries produce so much more output per worker than others? [J]. The Quarterly Journal of Economics, 1999, 114 (1): 83-116; Acemoglu D, Johnson S, Robinson J A. The colonial origins of comparative development: An empirical investigation [J]. American Economic Review, 2001, 91 (5): 1369-1401; Easterly W, Levine R. Tropics, germs, and crops: How endowments influence economic development [J]. Journal of Monetary Economics, 2003, 50 (1): 3-39; Long C X. Does the rights hypothesis apply to China? [J]. The Journal of Law and Economics, 2010, 53 (4): 629-650.

❷ Clarke, Donald C., Peter Murrell, Susan H. Whiting. The role of law in China's economic development, in Brandt, Loren, Thomas G. Rawski, China's great economic transformation [M]. Cambridge: Cambridge University Press, 2008: 375-428.

❸ Li S, Li S. The economics of guanxi [J]. China Economic Quarterly, 2000, 1 (3): 40-42; Li S, Park S H, Li S. The great leap forward: The transition from relation-based governance to rule-based governance [J]. Organizational Dynamics, 2003, 33 (1): 63-78.

而发现法治与中国经济发展的关系。

法治的发展不仅体现立法、司法等法的运行维度，还具体表现在不同的作用方向。根据法所调整的社会关系的不同，法律体系包括民事法律、商事法律、刑事法律、行政法律等不同的方向。因此，在展开对法治的研究时，需要选择相应的切入点。本书选择知识产权相关的法治实践作为主要的研究视角，主要原因包括如下三个方面。

第一，知识产权与经济发展具有紧密的相关性，并能对经济的可持续发展产生指引作用。本书的“发展”语境主要指向改革开放以来中国经济的持续高速增长，而知识产权法律制度的设立，其目的就在于鼓励创新，并以此来促进经济增长。因此，借鉴拉·波尔塔等（La Porta et al.）（1998）[1] 通过比较不同国家的法律中，与金融发展紧密相关的债权人和股东权利保护的法律制度，从而研究法与金融发展关系的思路。本书选择与经济发展，特别是与未来的经济可持续增长具有重要关系的知识产权法治实践作为主要的关注方向。

第二，知识产权在立法层面具有国际性。由于在科学技术、文化等领域进行国际交流以及国家间进行贸易的需要，中国通过不断参与包括《保护工业产权巴黎公约》（Paris Convention for the Protection of Industrial Property）、《保护文学和艺术作品伯尔尼公约》（Berne Convention for the Protection of Literary and Artistic Works）、《与贸易有关的知识产权协定》（Agreement on Trade-Related Aspects of Intellectual Property Rights）等在内的国际条约，从而具有了遵循上述条约的规定保护知识产权的义务。这就使得中国的知识产权法律制度属于较为典型的法律移植，从而有利于研究法的移植对于经济发展的影响效果。此外，由于在立法层面与国际接轨，因而在研究涉及知识产权领域的立法以外的，例如司法的现状时，可以较少考虑由于立法水平方面的原因而造成的偏差，最大可能剔除了不完备法律的影响。[2]

---

[1] Porta R L，Lopez-de-Silanes F，Shleifer A，et al. Law and Finance ［J］. Journal of Political Economy，1998，106（6）：1113-1155.

[2] Pistor，K.，C. Xu. Incomplete law ［J］. International Law and Politics，2002（35）：931-1013.

第三，知识产权是政府介入较为频繁的领域，以知识产权为研究视角，有助于观察行政与法律的关系。设立知识产权的目的在于鼓励创新，但是创新具有周期长、风险高、信息不对称和公共品等特征，完全依赖市场主体，可能由于创新的私人回报低于社会回报而导致创新投入不足等问题。[1] 因此，市场驱动创新可能存在激励失灵，这也为政府“有形之手”的介入提供了合理性。然而，政府如何处理好行政与法的关系，从而有效地通过知识产权相关的制度实践，促进创新的效果，避免政府失灵，这是值得关注和研究的重要问题。

对中国法与发展关系的认识不仅对于解释中国发展的历史和指导未来发展的实践具有重要的意义，也具有更为普世的意义和价值。在中国已经迈入中等收入国家行列之后，不同于西方传统发达国家的发展模式使得越来越多的发展中国家开始急切地探寻是否存在可复制中国奇迹的“中国模式”“北京共识”。对中国法与发展关系问题的认识，一方面，可以深化学界对法治发展模式及其与经济发展之间规律的认识，进一步丰富法与发展关系的理论；另一方面，中国改革开放以来一直是“摸着石头过河”[2]，对包括法治和经济发展在内的很多问题长期缺乏理论的指导，迄今为止我们已经积累了大量成功的经验和失败的教训，有必要对既往的实践进行理论的抽象和升华，以便为中国法治和经济持续稳定发展提供更好的智力支持，同时也能够将中国的发展经验更有效地提供给广大发展中国家，为实现更大范围的发展提供参考和借鉴。

---

[1] Nelson R R. The simple economics of basic scientific research [J]. Journal of Political Economy, 1959, 67 (3): 297 - 306; Arrow K J. Economic welfare and the allocation of resources to invention [M] //R. R. Nelson (ed.). The rate and direction of inventive activity: Economic and social factors. Princeton, NJ: Princeton University Press, 1962.

[2] 在1980年12月16日举行的一次中央工作会议上，在题为“经济状况与我们的经验教训”的报告中，中共中央领导人陈云提出了改革的指导方针“摸着石头过河”（陈云．陈云文选［M］．北京：人民出版社，1995：152）。在大会闭幕式上，邓小平表示完全同意陈云的讲话。

第二章 法与发展理论

第一节 法与发展运动的变迁与理论基础

一、第一次法与发展运动

法与发展关系问题已经得到学术界的长期关注。从 18 世纪到 20 世纪初，诸如孟德斯鸠（Montesquieu）、梅因（Maine）、韦伯（Weber）等学者便开始关注法与发展的关系问题。韦伯尤为推崇德国的制定法，认为理性的法律制度（a rational system of law）是一流而有效率的，通过保障个人交易的可预测性，在国家的经济发展中发挥了重要作用。❶ 到 20 世纪五六十年代，随着第二次世界大战的结束，战后实现民族自决的新兴发展中国家迫切期望通过经济发展实现现代化，从而实现赶超发达国家的目标。现代化的理论（modernization theory）应运而生。现代化理论认为，任何国家经济的发展需要经历五个不同的阶段，分别为传统社会阶段（traditional society）、发展前的准备阶段（preconditions for takeoff）、发展阶段（takeoff）、趋向成熟阶段（drive to maturity）和高消费阶段（the age of high mass consumption）。❷ 因此，为了实现国家的发展，欠发达的经济体需要

---

❶ Weber M. Economy and society（G. Roth & C. Wittich, trans.）[M]. Berkeley: University of California Press（Original work published 1922）, 1968.

❷ Rostow W W. The stages of economic growth: A non-communist manifesto [M]. Cambridge: Cambridge university press, 1990.

同发达经济体一样，通过对传统的经济、政治、社会、文化等特征革旧图新，从而实现从传统社会向现代社会的转型。然而，发达国家的转型是基于内生变化所驱动的，每一个阶段可能经历了几十年甚至上百年的发展历程。而欠发达国家为了快速实现现代化从而赶超发达国家，就必须寻求外部因素的有效激励。当时的主流经济学——发展经济学的结构主义理论认为，发展中国家要想追赶发达国家，必须发展现代化的工业产业，但是当时发展中国家大多缺乏现代化产业，因此需要通过政府配置资源来发展现代产业。而基于韦伯的形式工具理性的法律思想，政府能够运用理性的法律制度影响和改变人的行为，配置经济资源，从而在国家转型与发展中发挥重要作用。[1]

在韦伯法律思想和现代化理论的推动下，第一次法与发展运动（The first moment in Law and Development）在20世纪五六十年代应运而生。第一次法与发展运动的主要特征在于法律被运用作为推动经济和社会转型发展的工具。在发展中国家，为了实现经济的可持续增长，国家运用法律手段，通过自上而下的方式对宏观经济进行调控，包括制订计划，投资和管理关键经济领域和部门，对外国资本进行管控，进口管制等。总而言之，政府可以根据国家发展计划来运用法律手段引导经济行为。此外，为了实现国家的现代化转型，移除经济发展的障碍，对于不适应现代法治标准的法律制度，特别是与经济相关的法律，通过法律移植的方式快速实现与发达国家的法律接轨。

韩国可以视作通过政府引导实现经济发展的典型，在20世纪60年代，韩国推进进口替代战略，鼓励和扶持工业发展，为了支持经济发展，制定了大量特殊的、被称为“工具性”的立法，这些法律提供了诸如税收减免、补贴、褒奖、为生产中表现优异者提供金钱奖励、出口退税等多种激励手段，并采取取消奖励和吊销执照等多种惩罚措施。[2] 从1962年开始，

---

[1] Burg E M. Law and Development: A Review of the Literature and a Critique of "Scholars in Estrangement" [J]. American Journal of Comparative Law, 1977 (25): 492-512.

[2] 崔大全. 法律与发展：韩国的经验 [J]. 韦洪发，译. 法制与社会发展，2009 (1): 52-56.

在政府主导下，韩国共连续实施了七个五年经济发展计划（1962~1996）。上述法律化的经济发展政策对于促进韩国经济的发展发挥了重要作用。

二、第二次法与发展运动

到20世纪80年代，新自由主义（neoliberal）的思想开始出现并逐渐占据主流思想位置。不同于韦伯的法律工具观和现代化理论，新自由主义思想认为市场是经济发展的重要基础，法律的主要作用表现为保障市场机制的有效运作并对政府权力施以必要的限制。新自由主义者以工业革命首先发生在施行非法典化的普通法的英国而非韦伯所推崇的采取法典化的成文法的德国为事实依据，从而批评韦伯认为的有目的地制定和实施理性的法律制度能够推动经济发展的观点。然而，工业革命的发生是多种因素综合作用的结果，以这样的个案为依据并不能说明普通法和成文法的优劣。为了发现更具有一般性的规律，道格拉斯·诺斯（Douglass North）研究了不同国家在经济发展表现上的长期差异，从而得出结论，建立了保护产权和使合同纠纷的解决更具有可预测性的法律制度规则的国家，具有更好的经济发展表现。❶ 相比于韦伯更重视法律是否具有形式理性的观点，诺斯更强调法律是否能够形成有效的约束。英国虽然没有德国那样看似理性和体系化的法律制度，但渊源于习惯法的英国普通法体系，早在12~13世纪便依靠“技艺理性”（artificial reason）和对法律知识的垄断而享有之于王权的相对独立性。至17世纪“光荣革命”后，法律至上（Supremacy of Law）原则得到正式确立，❷ 从而保障了法律体系能够有效限制政府权力，保障私有财产和合同的有效执行。

以新自由主义思想为指导，20世纪八九十年代，第二次法与发展运动（The second moment in Law and Development）再次兴起。不同于第一次法与

❶ North D C. Institutions, ideology, and economic performance [J]. Cato J., 1991 (11): 477.

❷ 邵政达．革命与司法：17世纪英国普通法法院的独立 [J]．世界历史，2018 (4): 104-116.

发展运动主张由国家运用法律手段干预经济发展，第二次法与发展运动的核心主张在于为市场经济关系建立法治化的保障，包括对市场经济中的财产权利的保护和合同有效执行的保障，减少政府对经济的干预，保障市场价格机制充分发挥作用和自由贸易，从而以此促进经济发展。在针对越南的联合国发展项目（The United Nations Development Program）中，为推动越南进行市场化改革的一系列发展路线中，最重要的两方面就是强调对财产权的清晰界定和建立完整的合同法体系。❶ 因此，加强私权保护，充分发挥市场的作用成为第二次法与发展运动的主导思路。

20 世纪 80 年代，拉美地区普遍爆发债务危机和经济危机，为第二次法与发展运动提供了实践的土壤。1989 年，陷于债务危机的拉美国家急需进行国内经济改革。因此，美国国际经济研究所邀请国际货币基金组织、世界银行、美洲开发银行和美国财政部的研究人员以及拉美国家代表在华盛顿召开了一个研讨会，旨在为拉美国家经济改革提供方案和对策。美国国际经济研究所的约翰·威廉姆森（John Williamson）对拉美国家的国内经济改革提出了已与上述各机构达成共识的 10 条政策措施，被称为华盛顿共识（Washington Consensus）。❷ 华盛顿共识所形成的市场经济的改革方案与第二次法与发展运动的指导思想几乎完全一致。在华盛顿共识的指导下，一系列市场化的法律改革措施开始在拉美地区推行。与此同时，苏联和东欧剧变也使得俄罗斯和部分东欧国家在华盛顿共识的指导下，运用休克疗法以消除所有的市场干预和扭曲，开始从计划经济向市场经济转型。

---

❶ Jayasuriya K. Introduction：A framework for the analysis of legal institutions in East Asia ［M］ //Law，Capitalism and Power in Asia：The rule of law and legal institutions. London and New York：Routledge，1999：1-23.

❷ 华盛顿共识主要包括如下十个方面：（1）加强财政纪律，压缩财政赤字，降低通货膨胀率，稳定宏观经济形势；（2）把政府开支的重点转向经济效益高的领域和有利于改善收入分配的领域（如文教卫生和基础设施）；（3）开展税制改革，降低边际税率，扩大税基；（4）实施利率市场化；（5）采用一种具有竞争力的汇率制度；（6）实施贸易自由化，开放市场；（7）放松对外资的限制；（8）对国有企业实施私有化；（9）放松政府的管制；（10）保护私人财产权。

第二节　法与发展运动的实践效果与反思

一、法与发展运动的实践效果

第一次和第二次法与发展运动均强调了法律在促进经济和社会发展方面的重要作用。不同之处在于，第一次运动更为强调法律的工具价值，认为法律在塑造社会经济关系中能够发挥积极能动作用，通过主动作为而促进经济社会发展。第二次运动则更加强调法律的秩序价值，认为法律通过为社会经济运行确立必要的规则，约束政府的权力，便能够自发地促进经济的发展。这两次运动均在部分国家和地区的转型和经济发展实践中发挥了理论指导作用，也是迄今为止人类发展实践中仅有的两次以法律作为推动发展的核心力量的尝试。

然而，从两次运动的实践效果来看，作为第一次法与发展运动主要实践者的韩国，创造了从 20 世纪 60 年代开始的 30 年左右的高速经济增长，使韩国从一个落后的农业国迅速成长为发达的工业国，被誉为“汉江奇迹”。然而，当时的韩国政府在以经济增长作为唯一发展目标的同时，没有处理好经济发展中产生的社会两极分化、贫富差距增大、经济财阀化、腐败等问题，忽视甚至抑制了随着经济增长，人们对可预测的法的秩序价值以及多元化的发展目标的追求，从 1987 年开始，韩国发生全国范围的民主化运动，也标志着第一次法和发展运动的实践在韩国的终结。

而对于第二次法与发展运动，至少从短期来看，法与发展运动解决了一部分问题，例如，市场化的法治改革使得拉美地区的恶性通货膨胀得到一定程度的控制，经济也得以恢复和增长，外贸出口能力增强。但是也带来一些其他方面的问题。例如，私有化使得拉美国家的民族工业丧失了国际竞争力，政府失去对经济的宏观调控能力，收入分配不公，两极分化加剧和贫困化十分严重。金融自由化导致金融危机频发，如 1994 年的墨西哥金融危机、1999 年的巴西货币危机和 2001 年的阿根廷债务危机等。[1]俄罗斯在 20 世纪 90 年代采取休克疗法实行经济改革，推行私有化政策，虽然较快地实现了从中央计划经济转型为市场经济体制，然而上述改革也使得大量国营企业倒闭或被外国资本收购，少数寡头垄断了俄罗斯的国民财富，导致社会贫富差距扩大。1991～1995 年，俄罗斯的工业生产平均每年下降 13%，农业生产每年下降 8%，实际工资每年下降 18%，直到 20 世纪 90 年代中后期经济发展才相对平稳，但经济水平相比苏联解体前下降了一半左右。[2]

二、法与发展运动的反思与未来

尽管对于两次法与发展运动效果的评价还存在一定程度的争议。但从韩国的发展历程来看，政府对经济发展的有效参与是韩国从积贫积弱状态迅速发展的关键，但没有平衡好政府与市场、社会的关系是导致韩国后期社会经济出现剧烈动荡的重要原因。拉美地区、俄罗斯市场化转型过程中所暴露出的问题则引起人们对新自由主义思想指导下的市场化发展路径的反思，人们开始认识到，仅仅依靠市场化本身难以取得经济发展的成功。不受限制的市场也可能是低效的，并且会出现失灵的情况。因此，通过政府的干预以纠正市场失灵是必要的。还有观点吸取了韩国、拉美地区部分国家将发展目标单一化为经济发展而产生的社会问题，认为经济发展仅仅只是发展的其中一个维度，在评价发展方面，应当扩展发展的定义，将非经济方面的发展，例如人的自由、平等、安全等纳入发展的评价体系中。[3]

综合上述反思，部分学者提出并开始尝试构建第三次法与发展运动的

---

[1] 王新禄．拉美经济发展模式的调整和问题［J］．现代国际关系，1996（9）：28-32.

[2] 列·伊·雅各布森．苏联解体后的俄罗斯经济［J］．湖南商学院学报，2012（6）：9-12.

[3] Trubek David M，Santos A. The new law and economic development：a critical appraisal［M］. Cambridge：Cambridge University Press，2006：6-7.

理论，虽然尚未有关于第三次法与发展运动的清晰范式，但已在包括平衡市场和政府在经济发展中的关系、发展目标的多元化等方面取得一些共识。❶ 在实践领域，部分国际组织也开始通过法治援助的方式从实践方面继续探索如何更有效地通过法律促进欠发达国家和地区的发展。自2008年以来，联合国开发计划署（The United Nations Development Programme, UNDP）向超过40个脆弱国家和冲突影响国家（fragile and conflict-affected countries）提供法治和人权援助项目（rule of law and human rights assistance）。这一援助项目主要包括七个方面：（1）强化法治和人权的政治环境；（2）高效有为的司法和安全机构；（3）保障社会安全，减少武装冲突；（4）有力的国家人权机构；（5）拓宽弱势/边缘群体的司法救济途径；（6）确保转型正义；（7）增进妇女儿童的公平、安全和人权。❷ 自2014年以来，联合国开发计划署创设了“危机预防与重建信托基金”（Crisis Prevention and Recovery Thematic Trust Fund, CPR TTF）。该项基金主要从如下四个方面展开法治援助：（1）建立包容性的维和型治理；（2）强化国家机构的基础服务；（3）灾难和冲突的风险管理；（4）可持续发展的国家重建。❸

上述法律援助的内容实际上体现了对前两次法与发展运动的反思：一方面，加强对法律受援国的政府机构建设方面的支持，重视有为政府对促进经济社会发展方面的重要作用；另一方面，发展的目标不再局限于经济方面，而更加侧重多元发展目标的实现。有学者认为这种法治援助方式仍然以西方法治发达国家作为唯一标杆，从而企图向发展中国家和转轨国家推行一刀切的法制改革方案。❹

---

❶ Trubek David M, Santos A. The new law and economic development: a critical appraisal [M]. Cambridge: Cambridge University Press, 2006: 7-9.

❷ The United Nations Development Programme. Rule of Law Annual Report 2017 [R]. United Nations Development Programme, 2018: 14-23.

❸ The United Nations Development Programme. UNDP Thematic Trust Funds 2016 Annual Report [R]. United Nations Development Programme, 2017: 1-14.

❹ 郭晓明．全球法治与发展运动的知识考察：一个反思的视角 [J]．华东政法大学学报，2020（1）：109-122.

然而，正如笔者在第一章所阐述的，法治既具有特殊性，也具有一般性，因此，无论是运用法律的工具属性还是秩序属性推动发展中国家的经济社会发展，在有针对性地结合本国经济社会发展的实际情况的前提下，吸收和借鉴已有的成熟的法治实践的经验，本身是无可置喙的。据笔者所掌握的文献，特别是从发展中国家学者的视角，他们对目前的法与发展运动大多持批判的立场，但其观点大多缺乏结合实践提出理论在解释和适用过程中存在的问题和约束性条件，从而难以发展现有理论或创造更富有生命力的理论。事实上，对理论进行批判在社会科学领域是极为容易的。卡尔·波普尔（Karl Popper）曾指出，一切从经验得来的假说、命题和理论必须在逻辑上容许反例的存在，才是科学的。❶ 社会科学也是如此，必然有其适用的界限，因为只有这样才是可证伪的，才能被定义为理论。所以，找到一个不适用理论或者理论适用存在问题的反面案例并不能从真正意义上推翻理论。法与发展理论的核心是强调法律在推动社会经济发展中的重要作用，这一理论在实践中自然很容易找到成功或失败的案例，或者在同一个案例中成功和失败的结果并存。而发展理论或提出新理论的关键在于进一步探索法律在促进发展过程中产生成功和失败结果的背后规律性的原因。因此，对于法与发展理论的未来，关键和重点在于能否找到法律在推动发展中作用的局限性，或者说影响法律发挥促进发展作用的约束性条件，从而进一步发展和完善法与发展理论。

第三节　法治推动发展的理想图景批判

法与发展理论为发展中国家描绘了一幅通过法律制度的强制性变迁实现赶超发达国家的理想图景。然而，现实图景往往是残酷的。一方面，一部分国家始终固守原有的法律制度环境，即便部分国家实现了制度变迁，也并非人为的基于法律的制度设计，而是源自一些偶然性的事件；另一方

---

❶ 卡尔·波普尔．科学发现的逻辑［M］．查汝强，邱仁宗，译．北京：科学出版社，1986：57-63.

面，为实现经济发展，也有相当数量的发展中国家进行了法律变革和调整，以政治方面的法律制度调整为例，1974 年，世界上仅有 39 个国家采用的是民主政体，到 1997 年，施行民主政体的国家达到 117 个。[1] 但是 20 多年来，仅有极少数历史上被认为属于发展中国家的经济体被国际货币基金组织认定为发达经济体[2]，相当数量的国家和地区甚至在进行法律制度变迁后经济增长依然停滞不前，个别国家还出现倒退。

为什么法治推动发展的理想图景或没有激起法治变革的实施，或法治变革没有成为推动经济发展的助推器呢？对于前一种现象，道格拉斯·诺斯提出了“路径依赖”（path dependence）理论解释制度变迁的失灵。而对于后一种现象，相当一部分学者从社会、文化等非正式制度方面进行解释。以下笔者主要从路径依赖和非正式制度两方面阐述目前法治推动发展的理想图景是如何失败的。

一、路径依赖

诺斯（1990）首先以技术变革为例引出了制度变革也存在类似的路径依赖[3]，进而认为，制度发展的路径一旦设定，就可能对这种路径产生依赖。由于制度最初设立时的成本是巨大的（large setup or fixed costs），对于为了获取由制度框架所提供的各种学习机会而创立的组织来说，学习效应（Learning effects）也很显著。而随着所建立的特定制度逐渐被适应，人们还会产生对于制度的适应性期望（adaptive expectations），从而进一步增加基于不确定性降低而产生的对制度的习惯。同时，正式制度将导致一系列

---

[1] World Bank. World Development Report 1997：The state in a changing world [R]. Washington DC：World Bank，1997.

[2] 国际货币基金组织认定下述国家从发展中国家调整为发达国家：新加坡（1997）、韩国（1997）、以色列（1997），塞浦路斯（2001），斯洛文尼亚（2007），马耳他（2008），捷克（2009），爱沙尼亚（2011），圣马力诺（2012）。

[3] 诺斯引用戴维（David）（1985）的论文试图解释打字机键盘的奇特字母排列是怎么被标准化并固定下来的，虽然实际存在更有效率的键盘排列方式。参见：David P A. Clio and the economics of QWERTY [J]. The American Economic Review，1985，75（2）：332-337.

非正式约束的产生，它们修正正式制度，并将正式制度延伸至各种具体的应用领域，从而使得正式制度在发展中得到不断自我强化❶，进而可能产生锁入（lock-in）效应，即一旦某一问题的解决方案达成，就很难再从中走出来。❷

当然，诺斯的路径依赖理论并非认为制度就是完全不变的，诺斯以普通法的演化为例，认为普通法的演化有助于理解制度总体变迁。普通法以遵循先例为基础，但是当涉及新问题的新案件出现时，法官选择是做出改变还是维持原有法律判断？当改变的边际收益大于边际成本时，改变就做出了，而新的裁决一经作出，这些改变也就成为原有法律框架的一部分了。❸

而对于部分国家存在的强制性制度变迁，诺斯认为，即便强制进行法律制度的变迁，但可能传统的政治经济环境依然将更新后的法律制度“锁死”在无效的状态。诺斯以19世纪美国的宪法曾被许多拉丁美洲国家引入，西方国家的产权法律也被一些发展中国家引用，但实施效果与在美国和部分西方发达国家完全不同为例，认为尽管制度规则没有变化，但由于不同国家的实施机制、实施的方式以及行为规范的差异，导致法律制度的效果完全不同。❹ 正如，虽然名义上采取民主体制的国家越来越多，但相当一部分国家依然无法摆脱脆弱、低效或者腐败的政府。

但正如诺斯在另一本著作中所说的，路径依赖只意味着，我们当前的选择受到过去积累下来的制度遗产的限制。❺ 但是究竟历史上的制度遗产

---

❶ North D C. Institutions, institutional change and economic performance [M]. Cambridge: Cambridge university press, 1990: 93-96.

❷ Arthur W B. Self-reinforcing mechanisms in economics [J]. The Economy as an Evolving Complex System, 1988 (5): 9-31.

❸ North D C. Institutions, institutional change and economic performance [M]. Cambridge: Cambridge university press, 1990: 96-97.

❹ North D C. Institutions, institutional change and economic performance [M]. Cambridge: Cambridge university press, 1990: 101.

❺ North D C. Understanding the process of economic change [M]. Princeton: Princeton University Press, 2005: 51.

是如何发挥作用的？什么是路径依赖的潜在根源？路径依赖怎样影响当前的制度和社会经济发展？这些还有待进一步研究。

二、非正式制度

从社会、文化等因素的角度来理解其对经济社会发展的影响已经有相当长期的历史，马克思·韦伯提出资本主义的兴起和成功发展与基督教新教背景存在某种相互关系。韦伯指出，基于分析统计发现，在任何一个宗教成分混杂的国家，只要稍稍看一下其职业情况的统计数字，几乎没有什么例外地可以发现这样一种状况：工商界领导人、资本占有者、近代企业中的高级技术工人，尤其是受过高等技术培训和商业培训的管理人员，绝大多数都是新教徒。❶ 韦伯认为的资本主义精神，是指个人把努力增加自己的资本并以此为目的的活动视为一种尽责尽职的行动，把赚钱本身当作一种目的、一种职业责任、一种美德和能力的表现。而基督教新教徒具有的艰苦劳动精神、积极进取精神，认为一个人对天职负有责任，通过恪守天职才能得到救赎的天职观在某种意义上是现代资产阶级文化的根本基础。❷ 因此，韦伯认为基督教新教伦理构成资本主义在近代发展的文化基础，在资本主义的发展中起到直接性，甚至基础性的作用。

沿着韦伯对宗教与发展关系问题的关注，还有研究发现基督教新教占主流的国家一般拥有更高质量的政府。对于产生这一结果的原因，分析认为基督新教国家恪守政教分离，从而有利于增强政治和宗教的相互制衡。同时，与其他宗教相比，基督新教更强调个人主义，较少强调等级和家族主义，因此，增加了对不受欢迎的政府政策或做法持不同意见

❶ Weber M. The Protestant ethic and the spirit of capitalism [M]. London and New York: Routledge, 1992: 3.

❷ Weber M. The Protestant ethic and the spirit of capitalism [M]. London and New York: Routledge, 1992: 19.

的可能性。❶

还有研究从以中国和东亚“四小龙”为代表的国家和地区具有勤俭节约和重视教育的传统文化角度解释上述国家和地区的高速经济增长。认为中国和其他深受儒家文化影响的国家和地区，具有勤俭的传统文化，从而带来了高储蓄、高投资。在世界价值观调查（World Value Survey）（2010~2014年）中，中国受访者选择“勤奋”和“节俭”作为孩子应该具备的5项重要品质之一的比例分别为75.3%和50.7%，而全部60个被调查国家的平均比例分别为59.8%和39.1%。而在关系到经济可持续增长的人力资本方面，儒家文化尊师重教以及褒扬刻苦学习的传统，使得中国和部分东亚国家和地区的公民对于努力学习具有极大的动力，因此，勤俭节约和对教育超乎寻常的重视为以中国和东亚“四小龙”为代表的儒家文化圈国家和地区的高速经济增长奠定了重要前提和基础。❷ 还有学者研究意大利的民间传统对法治的影响，发现以充满活力、公益精神、平等政治关系、合作和信任的社会结构为特征的具有公民社会传统的地区，更容易克服集体行动和利己主义的困境，从而也对高质量的法律制度具有更高的需求，在法律制度实施后也更容易得到有效遵守。❸

除了从宗教、文化角度的研究外，还有从法律制度本身所隐含的意识形态特征的角度研究其对经济发展的影响。马霍尼（Mahoney）（2001）认为，英国普通法在潜在的意识形态中就致力于促进个人自由，减少政府对个人自由的干预。相反地，法国大陆法本身是在政府支持下制定的法典，在潜在的意识形态中就致力于促进集体权利，支持政府对经济社会活动的参与。因此，相对于大陆法体系，普通法体系下更强调

---

❶ La Porta R, Lopez-de-Silanes F, Shleifer A, et al. The quality of government [J]. The Journal of Law, Economics, and Organization, 1999, 15 (1): 222-279; Treisman D. The causes of corruption: a cross-national study [J]. Journal of Public Economics, 2000, 76 (3): 399-457.

❷ 朱天. 中国增长之谜 [M]. 北京：中信出版社，2016：103-126.

❸ Putnam R D, Leonardi R, Nanetti R Y. Making democracy work: Civic traditions in modern Italy [M]. Princeton: Princeton University Press, 1994: 182.

减少政府干预。而政府干预的减少有利于促进法律的可预测性和稳定性，增加民众对法律秩序的信心。通过基于实证数据的回归分析，马霍尼也发现具有普通法传统的国家相比于具有大陆法传统的国家，拥有更高的经济增长率。[1]

另外一些学者则关注源于人所生存的宗族、部落、社群的非正式规则与正式法律制度的关系。根据诺斯对制度的理解，制度是由正式的规则、非正式的约束（行为规范、管理和自我限定的行事准则）以及它们的实施特征三个部分构成的。[2] 这里的正式规则显然主要是指法律制度。因此，探讨法律制度和非正式规则的关系具有重要的意义。在两者的关系方面，埃里克森（Ellickson）旗帜鲜明地指出，“是规范，而不是法律规则，才是权利的根本来源”[3]，从而强调非正式规则在社会运行中具有更重要的作用。相当数量的研究也发现相比于正式的法律规则，非正式规则的应用范围更为广泛和持久。在对古代中国法律与非正式规则关系的研究中，学者们发现由于古代中国法律的严酷以及法律执行的不可预测性，使得商人尽可能地避免使用正式法律制度解决交易中的问题，为此发展出了以声誉为基础的替代性商业纠纷解决机制，例如，企业多为家族所有，行会和宗族组织对于协调经济交易具有重要作用。[4] 贾亚苏里亚（Jayasuriya）（1999）发现不论在经济主体之间，还是经济主体与政府之间，关系网络在东亚国家的经济发展过程中发挥着重要作用，而正式的法律制度在经济发展中的

---

[1] Mahoney P G. The common law and economic growth：Hayek might be right [J]. The Journal of Legal Studies，2001，30（2）：503-525.

[2] North D C. Institutions，institutional change and economic performance [M]. Cambridge：Cambridge university press，1990：4.

[3] 罗伯特·C. 埃里克森. 无需法律的秩序——邻人如何解决纠纷 [M]. 苏力，译. 北京：中国政法大学出版社，2003：52.

[4] Landa J T. A theory of the ethnically homogeneous middleman group：An institutional alternative to contract law [J]. The Journal of Legal Studies，1981，10（2）：349-362；McMillan J，Woodruff C. Dispute prevention without courts in Vietnam [J]. Journal of law，Economics，and Organization，1999，15（3）：637-658.

作用较为有限。❶

然而，非正式规则和正式法律制度之间的关系可能会随着经济社会的发展而演变。当处于前现代社会阶段时，依赖基于关系和声誉的商业交易可能不会存在太大的问题，而随着社会逐步发展到更为复杂的经济阶段，商业的扩展需要与不熟悉的主体进行合作或交易，传统的依赖关系和声誉的商业模式显然会限制商业交易的范围。❷

三、小结

从历史、宗教、文化、非正式规则等方面阐述法治推动发展的失灵，或解释法治在发展过程中可能并不发挥关键性作用，具有极大的理论诱惑力。因为任何人都难以否认历史、宗教、文化对今天的法律、政治、经济等方面的影响，但也正是由于难以否定其影响，使得基于历史、宗教、文化的理论解释丧失了可证伪性，使得上述理论更偏向于哲学的视角，丧失科学性。

由于历史与现实之间的巨大隔阂，今人对历史的解读往往雾里看花，更多的时候是在掺杂历史解读者的价值观和实际需要的基础上进行的加工取舍。因此，历史是否构成我们今天发展的路径依赖，很大程度上取决于应用路径依赖理论的解读者对于历史材料选取的差异。

而宗教和文化离我们既近又远。近是因为当我们常常还未发觉时，宗教和文化就以其“润物细无声”的方式实际地影响了我们的世界观和价值观。任凭我们如何努力，都无法移除宗教和文化对我们在日常每一项行为中进行选择、判断时的影响。远则是因为宗教和文化是先验的，我们无法

---

❶ Jayasuriya K. Introduction: A framework for the analysis of legal institutions in East Asia [M]. Oxford: Routledge as part of the Taylor and Francis Group, 1999: 1-23.

❷ Bernstein L. Opting out of the legal system: Extralegal contractual relations in the diamond industry [J]. The Journal of Legal Studies, 1992, 21 (1): 115-157; Buscaglia E, Ulen T. A quantitative assessment of the efficiency of the judicial sector in Latin America [J]. International Review of Law and Economics, 1997, 17 (2): 275-291.

用经验去证实或证伪，人类对于用逻辑去总结和概括宗教与文化的任何企图往往也是徒劳无功的。因此，对于宗教和文化解释观，我们仿佛可以通过感知进行判断从而实现对相应观点的认同，但往往无法在抽象化的宗教和文化概念之外更清晰、准确地言明宗教、文化的影响机制。

非正式规则和法律制度分别犹如海面下和海面上的冰川。对于海面上的冰川，我们可以观察其规模大小并进行详细分析，而对于海面下的部分，则往往知之不详。事实上，对于非正式规则，我们往往只能通过基于社会学田野调查所获得的零星的、分散的事实，获得有限的关于非正式规则运行的经验。但是对于非正式规则的适用范围、条件、频率等，往往难以得到清晰的答案。因此，对于非正式规则和正式的法律制度具有怎样的关系，非正式规则如何影响经济、社会的发展及其潜在的影响程度，均只能停留于推测水平而止步不前。

综上所述，上述理论视角对于法治推动发展的理想图景或没有激起法治变革的实施，或法治变革没有成为推动经济发展的助推器均具有一定的解释力，但由于上述理论视角的不可证伪性，使上述理论缺乏对于推动现实经济社会发展的理论和实践价值。下一章笔者将从和法与发展理论正好相反的维度，立足于经济发展的现实状况，探讨经济发展是否可能是法治发展的前提。

第三章　发展促进法治的理论与实践

第一节　发展促进法治的理论基础

绝大多数发展中国家是在近百年的时间内，特别是第二次世界大战后才真正实现国家独立和民族自决的。这也是为什么第一次法与发展运动在20世纪50年代才开始崭露头角。百废待兴之下，发展中国家面临的首要任务就是实现经济发展。

对于如何实现经济发展，从发达国家的历史经验来看，英国早在“光荣革命”后的1689年便通过《权利法案》，全称为《国民权利与自由和王位继承宣言》（*An Act Declaring the Rights and Liberties of the Subject and Settling the Succession of the Crown*），该法案奠定了君主立宪政体的理论和法律基础。《权利法案》规定了君主以及议会权力施行的底线，将普通人的利益和自由用明确的法律形式保护起来，成为确立英国作为现代法治国家的关键，也为英国资本主义的发展创造了重要前提，从而为18世纪60年代第一次工业革命首先在英国发生提供了制度环境的保障。通过工业革命，英国的生产力飞速发展，迅速崛起成为世界头号资本主义强国，被称为“日不落帝国”。而作为当前世界唯一超级大国的美国，其引以为傲的也是在美国建国之初于1787年通过制宪会议确立的世界上最早的成文宪法。美国1787年宪法确立了“人民主权、共和制、联邦制、三权分立、制约与均衡、有限政府和个人权利”七项基本原则，为后续美国取代英国成为头号资本主义强国和世界经济的中心奠定了制度基础。从英国、美国的历史发展经验来看，经济发展的前提是存在良好的法律制度环境，这也是西方发达国家主导下的两次法与发展运动所极力主张的观点。

然而，发展中国家在尝试效仿或正在效仿发达国家历史发展的成功经验之时，也不得不考虑推进法治建设可能存在的两方面的障碍。一方面，在国家发展的起步阶段，是否有足够的财力支撑建立现代化的法律制度体系？是否能够做到快速高质量地建立起适应本国发展需要的法治体系从而保障经济发展的需要？另一方面，在百废待兴，面临经济发展、法律制度建设等多方面发展需求的情况下，是否需要在不同的目标之间进行平衡和取舍？在发展中国家往往以经济建设为首要目标的情况下，对法治建设需求的紧迫性是否小于对经济建设的需求？

结合上述发展中国家在现实发展中可能面临的基于法治推进发展的困境，部分学者针对发展中国家的现实困境和法治发展的实际情况，进而提出与法治推进发展恰恰相反的理论，即发展推进法治的理论。克拉克（Clarke）、莫雷尔（Murrell）和怀廷（Whiting）（2008）在研究了中国改革开放以来的法律和经济发展的实践后认为，中国的法律系统有了巨大的发展，且对经济的发展起到了一定的作用，但是并不能认为正式的法律体制对中国经济发展的成果有着重要贡献。如果说它们之间有什么关系的话，应该是经济的成功促进了法律的发展。[1] 对于为什么经济发展促进了发展中国家的法治发展，结合现有研究，笔者提出从法治建设成本和发展中国家的需求优先性两方面展开分析和解释。

一、法治建设成本

无人否认法律的作用和价值，但是缺乏必要的经济发展使得发展中国家在缺乏外部支持的情况下，可能难以承担法治改革的成本。[2] 法治建设是一项系统性工程，涵盖立法、司法和执法等多个维度。具体来说，完整

---

[1] Clark D, Murrell P, Whiting S. The role of law in China's economic development [M] //Brandt L, Rawski T G. China's Great Economic Transformation. Cambridge: Cambridge University Press, 2008: 375-428.

[2] Kaufmann D, Kraay A. Growth without governance [R]. The World Bank, Policy research working paper, 2002.

的法律制度体系需要通过法律的制定建构出一整套包括民事、刑事、行政等相关的实体法和程序法在内的法律制度体系，还需要建立各级各类的包括法院、检察院、警察、监狱等在内的司法和行政执法机构。上述法治的硬件体系建立完成后，还需要相应的法治实施的软件体系，需要有合格的法律教育工作者在法学院校中培养包括法官、检察官、律师等在内的法律工作者，以及培养高质量的法学教学科研人员，以保障法治事业进入良性循环。与法治的软硬件体系建设同步进行的，还有对民众进行法律相关信息的传播和教育，也就是我们通常所说的“普法”，从而保障法律的内容能够为广大民众所了解和接受。

接下来分析实现上述法治体系从建设到运行的成本。

首先，从立法方面来看，法律制度的制定对于发展中国家来说，具有一定的后发优势，即一定程度上可以通过参考法治先进国家的成熟法律制度，运用法律移植的方式在较短的时间内建立起一套至少从形式上相对完善的法律制度体系，从而最大程度地节约立法成本。然而，立法的目的在于通过所立之法发挥权利保障、定分止争等重要作用，而简单粗暴的法律移植，忽视所在国的特殊性，这样的法律很可能会产生适用上的“水土不服”。而要真正建立起符合一国实际发展需要的法律制度体系还需要通过不停地试错、不断地修订来对移植而来的法律制度体系进行完善，而这一过程是需要相应的时间积累的。因此，对于立法而言，即便能够通过法律移植而节约法律制定之初的成本投入，但移植而来的法律若想真正实现本土的适应性，则需要经过长期的不断修订、完善，这其中付出的由于不适应现实需要而被规避或者抵触产生的社会成本实际上是难以估量的。反过来说，如果不通过法律移植的方式，而是通过充分研究、仔细论证、详加考察来制定符合发展中国家的发展实际需要的法律制度，这样做虽能降低后期由于潜在的“水土不服”而产生的相关成本，但会面临前期的立法成本高昂，且难以较快颁布实施的境况。

其次，从司法方面来看，司法体系的软硬件建设需要大量的资金投入，这既包括各级各类法院、检察院、警察局、监狱等司法机构本身及其相应设施的投入，还包括对配套的法官、检察官、警察等法律相关专业人员，以及满足社会需要的提供法律服务的律师的雇佣费用。而对于上述法律专业人员，不仅在培养和使用阶段需要大量资金的投入，而且法律专业人员的培养更需要一定的周期。在发展中国家的发展起步阶段，上述人员，特别是高质量法律专业人员是非常紧缺的。1983 年，中国仅有 8600 名全职律师。❶ 而当时中国人口数量为 10.23 亿人，也就是说，平均每 11.9 万人才拥有一名提供法律服务的律师。而最早的中国法官大多来源于退伍军人或者警察，在他们成为法官前极少接受过法律专业训练。20 世纪 80 年代初期，中国法院系统中拥有大专以上文化程度的只占总人数的 7%，其中属于大学法律专业毕业的，还不到总人数的 3%。20 世纪 80 年代的前三年，法院系统一共只分配到 500 名大学生。❷

最后，从普法方面来看，对法律的宣传、教育和普及是一项系统性工程。以中国为例，中国在 1985—2020 年，已经先后连续实施了七个“普法五年规划”。为了全面、系统地进行法律宣传教育，2006 年，中宣部、司法部、全国普法办联合发布《关于开展“法律六进”活动的通知》，决定广泛开展法律进机关、进乡村、进社区、进学校、进企业、进单位活动。“法律六进”也成为一个具有中国特色的普法术语。在具体投入方面，据相关统计，到 1986 年年底，全国约有 3 亿公民参加了有组织的法律常识学习。全国发行了由省级以上司法部门编写或编写出版的普及法律常识教材 1.5 亿余册。❸ 在地方投入方面，根据相关报道，重庆市在“六五”（2011～2015）普法期间财政投入普法经费近 1.5 亿元。❹

---

❶ Chen A H Y. An Introduction to the Legal System of the People's Republic of China [M]. Singapore: Butterworths Asia, 1992.

❷ 法官队伍 30 年变迁：本科以上学历增至 20 万余人 [EB/OL].（2008-12-07）[2020-04-20]. http://guoqing.china.com.cn/zhuanti/2008-12/07/content_16911189.htm.

❸ 刘一杰．普及法律常识工作概况 [M] //中国法律年鉴．北京：法律出版社，1987：42-43.

❹ “六五”普法，重庆市投入经费近 1.5 亿元 [EB/OL].（2016-11-22）[2020-04-01]. http://www.huaxia.com/mlcq/zqsy/bysk/2016/11/5090225.html.

基于上述分析可以发现，对于处于法治转型和发展初始阶段的国家而言，建立一整套完整、适用、高效的现代法治体系价格不菲，不仅需要大量物质、人力资本和资源的投入，而且很多时候法治的发展并无捷径，需要时间的积累才能逐步发展完善。因此，在缺乏外部支持的情况下，发展中国家在经济发展的初期，确实存在无法负担法治建设和发展的高额成本的可能性。

二、需求优先性

发展中国家在发展的起步阶段往往面临多项经济、法律、军事、科技、文化等领域的建设和发展的任务和目标。然而，受限于发展中国家的财政负担能力，不同任务目标发展的优先顺序往往是存在差异的。而理性的政府在作出国家发展目标的选择时，一方面会根据国民的实际需求进行选择；另一方面会考虑到不同发展目标之间的相互关系。

从国民的实际需求方面来看，满足基本的生存需要往往是人类的优先选择。根据马斯洛的需求层次理论（Maslow's Hierarchy of Needs），人类具有一些先天需求，越是低级的需求就越基本，越与动物相似；越是高级的需求就越为人类所特有。同时这些需求都是按照先后顺序出现的，当一个人满足了较低的需求之后，才能出现较高级的需求，即人类存在需求层次。马斯洛认为人类的各种基本需要的出现一般是按照生理需求、安全需求、社交需求、尊重需求和自我实现需求的顺序出现的。[1] 因此，只有满足了人的基本生理需求后，才能进一步考虑人的发展以及国家的进一步发展。

而大多数发展中国家在发展起步阶段往往是无法满足国民的基本生理需求的。以中国为例，中国在改革开放之初的 1986 年成立了国务院贫困地区经济开发领导小组，当时按照 1985 年 200 元的不变价制定了扶贫标准，200 元的贫困标准实际是根据每人每天 2100 大卡的最低营养需求折算

---

[1] 戴维·霍瑟萨尔．心理学史（第 4 版）［M］．郭本禹，等译．北京：人民邮电出版社，2011：507－508.

成食物量，再按照当时的消费价格折算成货币计算得来的。根据1985年200元不变价倒推计算，中国1978年的贫困人口数量已达到2.5亿人，占当时总人口数量的26.15%。而实际上即便是当时所谓的非贫困人口的生活水平，整体来说也与贫困线相距不远。根据统计年鉴，1985年的城镇居民人均可支配收入为739.08元，农村居民人均年收入为547.31元，和200元贫困线的倍差，分别是2.7和1.7。❶ 这说明当时整个国家都处于积贫积弱的状态。

为了摆脱贫穷落后的现状，1980年，邓小平在中央召集干部会议上指出："要把经济建设当作中心。离开了经济建设这个中心，就有丧失物质基础的危险。其他一切任务都要服从这个中心，围绕这个中心，决不能干扰它，冲击它。"❷ 1987年中国共产党第十三次全国代表大会又进一步将"以经济建设为中心"作为党的基本路线确定下来。因此，将经济发展作为发展中国家，特别是在发展初期的核心和优先发展目标，是满足国民基本需求的必然选择。

从发展中国家不同发展目标之间的关系来看，经济发展是法律、军事、科技、文化等发展目标的基础和保障，想要拥有现代化的法律、军事、科技、文化等基础设施条件，离不开国家通过充沛的经济实力，源源不断地向上述领域的建设投入资金。因此，经济发展水平往往构成一个国家其他发展目标实现水平的约束性条件。虽然一个国家拥有发达的经济水平，并不意味着其在法律、军事、科技、文化等领域均能具有较高的发展水平，但是能够在法律、军事、科技、文化等领域实现现代化，一定是有较高的经济发展水平作为支撑的。因此，实际上无论对于发达国家还是发展中国家而言，促进经济增长一定是各国政府在多项不同的发展目标中追求的基础性目标。

以上笔者从法制建设成本和需求优先性两方面，从理论上解释了为什

❶ 中国贫困人口消亡史［EB/OL］.（2019-02-17）［2020-04-01］. https://www.sohu.com/a/295334063_160818.

❷ 邓小平. 邓小平文选（第二卷）［M］. 北京：人民出版社，1994：214.

么经济发展才能促进发展中国家的法治发展。下面笔者将基于实证研究方法，以中国的创新发展为研究视角，具体探讨发展推进法治的理论是否至少从形式上符合中国的法治发展实践。

第二节 中国创新发展与司法资源配置

一、引言

在对经济增长的研究中，索洛（Solow）增长模型几乎是所有相关研究的起点，索洛模型认为资本、劳动、知识或劳动的有效性是影响经济增长的核心要素，但是不同要素对经济增长的贡献是不同的。基于索洛模型的研究发现，只有技术进步增长率的变化具有增长效应，所有其他要素的变化只会产生水平效应。❶ 也就是说，资本和劳动只是解释经济的长期增长和国家间收入差异的一小部分原因，而经济增长的大部分原因实际上取决于知识或劳动的有效性，简而言之，就是创新。后续罗默（Romer）（1990）、格罗斯曼（Grossman）和赫尔普（Helpman）（1991）等在索洛模型的基础上提出了研发增长模型❷，从而进一步探讨创新的来源以及其在经济增长中的作用。

因此，世界各国无一不重视创新在经济发展中的重要作用，它们均将创新视作经济发展的重要引擎，创新发展在某种意义上已经成为经济发展的代名词。而自从专利制度产生以来，专利便成为衡量一国创新水平的重

❶ Solow R M. A contribution to the theory of economic growth [J]. The Quarterly Journal of Economics, 1956, 70 (1): 65-94.

❷ Romer P M. Are nonconvexities important for understanding growth? [J]. The American Economic Review, 1990, 80 (2): 97-103; Grossman G M, Helpman E. Quality ladders in the theory of growth [J]. The Review of Economic Studies, 1991, 58 (1): 43-61.

要指标。❶ 设计专利制度的目的在于“给天才之火添上利益之油”，但如果专利权无法得到有效的保护，则无法实现专利制度预期的激励创新的效果。而通过司法途径对被侵犯的专利权进行有效而及时的救济，是稳定专利权人的创新收益预期的最重要手段。❷ 因此，司法保护的水平与创新发展紧密相关。而司法保护的基础则在于投入满足对专利权进行有效保护的充分的司法资源。

从上述的分析可以发现，创新发展和司法资源配置水平的关系实际上在某种意义上就等同于发展与法治的关系。因此，这也就随之引申出关于法与发展关系问题在创新发展领域的进一步探讨，究竟是随着创新发展的不断深入，使得相应司法保护资源配置的水平不断提高？还是在以司法保护资源不断增长为前提条件的情况下，才有了创新水平的不断发展？

为了进一步通过相关数据实证检验创新发展和司法资源配置之间的关系，笔者将运用经济学实证研究中最为常见的选取代理变量的模式展开分析。笔者将运用专利数量（专利申请数/授权数）作为创新发展的代理变量，从而通过专利数量的变化衡量区域的创新发展水平，理论上一个地方的专利数量越多，则创新发展水平越高。而对于司法资源，笔者用专利纠纷管辖法院的数量作为代理变量进行衡量，专利纠纷管辖法院是用来解决专利纠纷，对专利权进行保护的最重要的司法力量，理论上，专利纠纷管辖法院的数量越多，意味着能够更大程度地对专利权进行保护。因此，观察专利数量和专利纠纷管辖法院数量之间的关系，能够为识别创新发展和司法资源配置之间的关系提供有效的观察视角，从而为进一步理解法与发展的关系提供参考。

---

❶ Schmookler J. Economic sources of inventive activity ［J］. Journal of Economic History，1962，22（1）：1－20；Sokoloff，K. L. Inventive activity in early industrial America：Evidence from patent records，1790－1846［J］. Journal of Economic History，1988，48（4）：813–850.

❷ 中国约有70%的专利纠纷通过司法途径解决。参见国家知识产权局发布的《2016年中国知识产权发展状况评价报告》。

二、中国专利纠纷管辖法院的变迁

在具体展开对专利数量和专利纠纷管辖法院数量关系的分析之前，有必要对中国专利纠纷管辖法院的发展变迁作一简要介绍。

随着 1985 年 4 月 1 日中国第一部《专利法》的实施，中国正式建立专利制度，从法律上开始将发明创造作为一种无形财产权利予以保护。为了配合专利法的实施，1985 年 2 月最高人民法院颁布《最高人民法院关于开展专利审判工作的几个问题的通知》（以下简称《通知》），考虑到“专利诉讼是科学技术与法律紧密结合的工作，专业技术性很强”，因此，在《通知》中规定，只有各省、自治区、直辖市、经济特区人民政府所在地的中级人民法院及其他经最高人民法院同意指定的中级人民法院具有专利民事案件一审管辖权，各省、自治区、直辖市高级人民法院为二审法院。将专利纠纷案件管辖法院数量限制在上述法院范围内，一方面，体现了集中优势司法资源审理具有较大技术和法律复杂度的专利纠纷案件的原则；另一方面，也说明当时的司法审判力量不足以支撑在全国范围的中级法院范围内处理专利纠纷。

而随着中国专利数量的不断增长，专利纠纷案件也在不断增多，依赖原有省级行政单位和经济特区政府所在地的中级法院审理专利纠纷案件的做法，一方面可能使上述法院承担过重的案件审理压力，另一方面也增加了非省级政府所在地的诉讼当事人的诉讼成本。为此，从 1988 年开始，最高人民法院陆续同意增加 59 所中级以及基层法院，使其对专利案件具有管辖权。表 3-1 列明了陆续新增的具有专利民事纠纷案件管辖权的法院及新增年份。

表 3-1　1988 年开始新增的具有专利案件管辖权的法院

年份	新增法院
1988	大连、青岛
1995	北京二中院、上海二中院、天津二中院
1997	佛山、温州

续表

年份	新增法院
1999	烟台
2002	葫芦岛、景德镇
2003	苏州、宁波
2004	潍坊
2005	南通、泉州、金华
2006	株洲、宜昌、无锡、宜春、绵阳、包头、兵团农八师、中山、东莞、江门、重庆五中院
2007	襄樊、常州、镇江、齐齐哈尔、淄博、东营、台州
2008	盐城、绍兴
2009	洛阳、兵团农十二师、湖州、嘉兴、义乌*、昆山*
2010	柳州
2011	徐州、扬州、泰州、连云港、北京海淀区*
2012	丽水、衢州
2013	南通通州区#；北京朝阳区*、苏州虎丘区*、苏州工业园区*、湘潭、遵义、淮安、芜湖
2014	重庆两江新区*

注：标注*为仅具有实用新型和外观设计专利管辖权的法院，标注#为仅具有外观设计专利管辖权的法院。上述信息来源于各年份《中国知识产权年鉴》以及网络检索数据，不包括2014年年底新设的北京、上海、广州知识产权法院。2014年后中国专利纠纷管辖机制发生重要变化，本书将在第七章第二节进行介绍。

从表3-1可以发现，从1988年开始一直到2014年上半年，中国具有专利纠纷管辖权的法院数量呈持续增长态势，甚至在2009年突破了1985年通知中规定的只有中级人民法院才能管辖专利纠纷诉讼的限制，将包括实用新型和外观设计两类专利纠纷案件管辖权进一步下移到义乌、昆山等基层法院。统计各省级行政单位具有专利纠纷管辖权的法院数量可以发现，截止到2014年上半年，江苏省以16家法院具有专利纠纷管辖权高居第一，其次是浙江省的12家，广东省的9家和山东省的7家。而甘肃、海南、河北、吉林等10个省级行政单位自专利制度建立以来专利案件管辖法院的数量始终没有增加。因此，中国在专利纠纷管辖法院数量方面的一个典型特征就是司法资源配置差异大、不均衡。那么，这种专利纠纷案件司法资源配置的不均衡是什么原因造成的呢？是否与各省级行政单位的专利数量具有相关性呢？

为了验证各省级行政单位具有专利纠纷案件管辖权的法院数量和专利数量的关系，笔者绘制了 2014 年中国各省级行政单位专利纠纷管辖法院数与各省级行政单位的专利授权数的直方图，具体如图 3-1 所示。之所以选择使用专利授权数而非申请数，是因为只有获得授权的专利才有可能产生后续的司法纠纷。

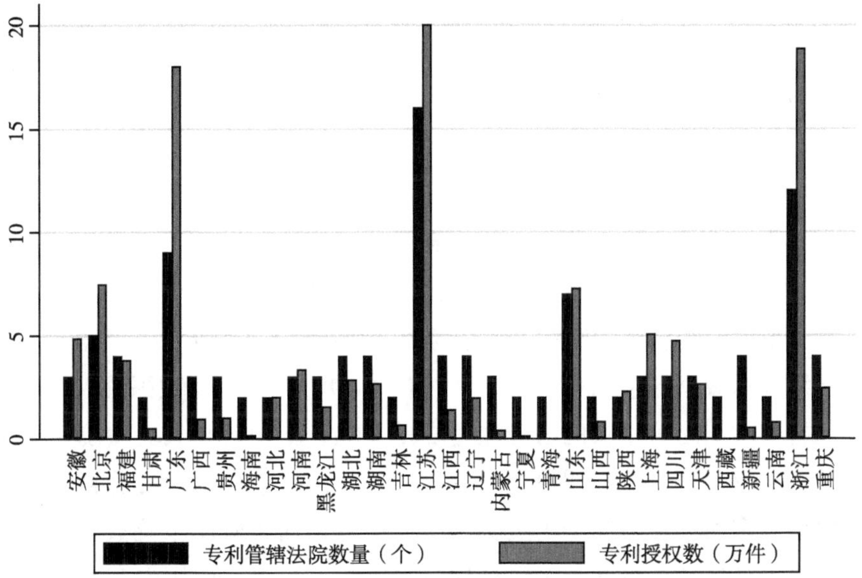

图 3-1　2014 年中国各省级行政单位专利纠纷管辖法院数和专利授权数

从图 3-1 可以发现，2014 年中国专利授权数量的省级排名和专利纠纷管辖法院数量排名高度一致，拥有专利管辖法院数量最多的江苏省同样拥有中国最多的专利授权数，而授权数量排名第二、第三的浙江省、广东省在专利纠纷管辖法院数量上同样位于第二位、第三位，其他省份的专利纠纷管辖法院数量位次和专利授权数量的位次也大体一致。那么，专利纠纷管辖法院数量的增加是否是由各地的专利授权数量的增加所驱动的呢？两者之间究竟存在怎样的关系？以下笔者基于具体的数据进行实证检验。

三、专利数量与专利纠纷管辖法院数量的关系

首先建立如下形式的关于中国专利数量和专利纠纷管辖法院数量之间关系的模型：

$$Y_{i,t}=\alpha \times I_{i,t}+\beta \times Z'_{i,t}+\eta_i+\mu_t+\varepsilon_{i,t} \qquad (3.1)$$

其中，i 表示省份，t 表示年份。$Y_{i,t}$代表各省具有专利纠纷管辖权的法院数量，对于只具有部分专利类型（实用新型或外观设计）纠纷管辖权的基层法院也作了进一步区分。$I_{i,t}$代表各省的不同类型专利的申请数和授权数。系数 α 是要估计的参数，代表专利数量对专利纠纷管辖法院数量的影响程度。$Z_{i,t}$为控制变量向量，包括随时间变化的省份特征值，其中包括人均 GDP（量度当地的经济发展水平），每万人高等院校学生数（量度当地人力资本质量），外商直接投资占 GDP 的比重（量度当地由于域外投资压力对司法资源的诉求程度）。β 代表控制变量对专利纠纷管辖法院数量的影响。η_i及 μ_t分别表示省份固定效应和时间固定效应，用来控制各省份间不随时间变化以及各年度不随省份变化的影响因素。$\varepsilon_{i,t}$为误差项。

关于专利纠纷管辖法院的数据，来源于各年份《中国知识产权年鉴》以及网络检索数据，根据表 3-1 笔者统计了 1985~2014 年中国省级行政区域的具有专利纠纷管辖权的法院数量变化情况。由于最高人民法院授予了一些基层法院对部分专利纠纷的管辖权，因此，对于专利纠纷管辖法院的数量根据专利类型的不同分为三类，即发明专利纠纷管辖法院数量，实用新型纠纷管辖法院数量和外观设计纠纷管辖法院数量。中国专利数据来源于国家知识产权局官网公布的历年统计年报。笔者整理了 1985~2014 年中国各省的专利申请和授权数量，还根据不同的专利类型区分了发明、实用新型和外观设计专利申请数、授权数。而作为控制变量的人均 GDP、每万人高等院校学生数、外商直接投资占 GDP 的比重数据主要来自《新中国六十年统计资料汇编》，该资料汇编数据截止到 2008 年，因此，之后的数据笔者通过《中国统计年鉴》进行补充。

利用上述数据，基于方程（3.1）的双向固定效应面板数据模型，笔者观察专利申请和授权数量的变化对具有专利纠纷管辖权的法院数量变化

的影响，结果如表 3-2 和表 3-3 所示。

表 3-2　专利申请数与具有专利管辖权法院数量的关系

变量	(1) 专利管辖 法院数量	(2) 发明管辖 法院数量	(3) 实用新型管辖 法院数量	(4) 外观设计管辖 法院数量
人均总专利申请数 (对数滞后一期)	1.443** (0.624)			
人均发明申请数 (对数滞后一期)		1.225** (0.515)		
人均实用新型申请数 (对数滞后一期)			1.374** (0.573)	
人均外观设计申请数 (对数滞后一期)				0.633* (0.352)
人均 GDP (对数滞后一期)	0.021 (0.672)	0.451 (0.525)	0.538 (0.619)	0.290 (0.554)
每万人在校大学生数 (对数滞后一期)	-0.039 (0.451)	0.384 (0.353)	-0.341 (0.442)	0.012 (0.408)
外商直接投资占比 (对数滞后一期)	0.045 (0.085)	0.044 (0.083)	0.074 (0.094)	-0.012 (0.081)
省份固定效应	是	是	是	是
年份固定效应	是	是	是	是
观测值	857	857	857	851
R^2	0.695	0.704	0.682	0.648

注：括号中的数值为聚类在省级水平上的稳健标准差；***、**、*分别表示在 1%、5% 和 10% 水平上显著。本章下同。

表 3-3　专利授权数与具有专利管辖权法院数量的关系

变量	(1) 专利管辖 法院数量	(2) 发明管辖 法院数量	(3) 实用新型管辖 法院数量	(4) 外观设计管辖 法院数量
人均总专利授权数 (对数滞后一期)	1.230** (0.523)			
人均发明授权数 (对数滞后一期)		0.925** (0.404)		
人均实用新型授权数 (对数滞后一期)			1.290** (0.528)	
人均外观设计授权数 (对数滞后一期)				0.718* (0.392)
人均 GDP (对数滞后一期)	0.307 (0.655)	0.957 (0.68)	0.662 (0.635)	0.329 (0.630)

续表

变量	(1) 专利管辖 法院数量	(2) 发明管辖 法院数量	(3) 实用新型管辖 法院数量	(4) 外观设计管辖 法院数量
每万人在校大学生数 (对数滞后一期)	-0.196 (0.437)	0.077 (0.375)	-0.432 (0.434)	-0.016 (0.442)
外商直接投资占比 (对数滞后一期)	0.070 (0.091)	0.049 (0.084)	0.098 (0.099)	-0.052 (0.087)
省份固定效应	是	是	是	是
年份固定效应	是	是	是	是
观测值	845	816	839	821
R^2	0.684	0.679	0.681	0.660

从估计结果来看，各省不同类型的专利申请和授权数量均对具有专利纠纷管辖权的法院数量具有显著影响，平均来说每万人人均专利授权和申请数量增长100%，具有专利纠纷管辖权的法院数量增长1.2~1.4个。分别从三种不同专利类型来看，发明和实用新型专利数量的增长对具有相应专利类型纠纷管辖权的法院数量增长的影响是接近的，但外观设计专利的平均影响效果低于发明和实用新型两种类型，且只在10%的水平上显著，显示了外观设计对司法资源配置的影响最弱，可能的原因是外观设计纠纷比例较低，或者产生的纠纷较为简单易于处理，所以对于外观设计纠纷，管辖法院数量增加的幅度相对较低，这也与外观设计专利作为创造性水平最低的一类专利，受到的重视程度相对最弱的预期相一致。

然而，上述估计结果只能说明专利数量与专利纠纷管辖法院数量具有显著的正相关关系。但是对于究竟是专利数量的提高使得对于专利保护的司法资源的投入不断增加？还是因为司法资源投入的增加加强了对于专利权的保障，促使更多的市场主体愿意申请专利，从而导致专利数量的提升？这种双向因果问题实际上就属于经济学中常常讨论的“内生性”问题(endogeneity)，而前述的面板数据分析由于内生性问题的存在无法给我们提供关于创新发展和司法资源配置关系的清晰答案。

第三节　中国创新发展与司法资源配置的因果推断

一、工具变量在因果推断中的作用

对于如何识别专利数量和专利纠纷管辖法院数量之间的因果关系，从而进行有效的因果推断，计量经济学的发展逐步为我们提供了一系列的分析工具，而其中进行有效的因果推断的最重要工具之一，就是工具变量。

何为工具变量？为何工具变量能够进行有效的因果推断？笔者以方程（3.1）为基础对工具变量进行因果推断的机制尽可能作一个形象化的说明。在方程（3.1）中，$I_{i,t}$代表专利数量，$Y_{i,t}$代表专利纠纷管辖法院的数量，由于双向因果关系的存在，我们不清楚是$I_{i,t}$影响$Y_{i,t}$，还是$Y_{i,t}$影响$I_{i,t}$。此时工具变量就发挥作用了，如果我们能够找到一个工具变量$P_{i,t}$，工具变量$P_{i,t}$只能影响$I_{i,t}$，而无法直接影响$Y_{i,t}$。而工具变量$P_{i,t}$若要对$Y_{i,t}$产生影响，只能通过对$I_{i,t}$产生影响，进而间接影响$Y_{i,t}$。此时，我们就认为$P_{i,t}$是一个合适的工具变量。如果我们发现当工具变量$P_{i,t}$的增量变化确实对$I_{i,t}$产生影响，并且$P_{i,t}$的变化产生的对$I_{i,t}$的冲击也传递到$Y_{i,t}$，则由此可以推断出是$I_{i,t}$影响了$Y_{i,t}$，即$I_{i,t}$是因，$Y_{i,t}$是果。因为如果是$Y_{i,t}$为因，$I_{i,t}$为果，工具变量$P_{i,t}$的变化会影响$I_{i,t}$但不会对$Y_{i,t}$产生影响。以上就是工具变量能够进行因果推断的逻辑。

工具变量法最大的困难在于如何寻找到合适的、有效的工具变量。好的工具变量往往难以寻觅，需要研究者的逻辑、想象和灵感。从形式方面的要求来说，有效的工具变量需要同时满足相关性和外生性两个条件，即它们既可以解释自变量的变化（满足相关性），同时除去自变量这个唯一的途径以外，它们不会直接或间接地影响因变量的变化。对应到我们正在研究的专利数量和专利纠纷管辖法院数量关系的因果推断，我们需要找到这样一个工具变量，即它既可以解释专利数量的变化（满足相关性），同时除去专利数量这个唯一的途径以外，它又不会直接或间接地影响专利纠纷管辖法院数量的变化。

二、寻找合适的工具变量

什么变量能够解释专利数量的变化，同时除去专利数量这个唯一的途径外，不会直接或间接地影响专利纠纷管辖法院数量的变化呢？笔者认为，各省级行政单位以税收优惠为主的专利激励政策和专利申请维持费补贴政策是合适的工具变量，原因如下。

首先，满足相关性的要求。各省级行政单位历年来颁布的专利激励政策和专利申请维持费补贴政策系对专利所有者给予税收返还、优惠、经费补贴、税前扣除等各类物质激励，以及对专利申请人给予申请费和维持费补贴的政策，上述政策的实施显然会激励专利的申请。现有研究也发现了政策对专利数量存在的积极效果。❶ 因此，专利激励政策符合工具变量相关性的要求。

其次，满足外生性的要求。专利激励政策只能通过对专利数量的激励这样一个途径从而影响专利纠纷管辖法院的数量。因为中国的专利激励政策是具有地方立法权的部分省级行政单位为鼓励专利申请，出台的对专利所有者和申请者给予物质性激励的地方性法规和政府规章。由于地方专利激励政策由省级行政单位制定，而对于专利管辖法院的增加，虽然《通知》规定“各省、自治区高级人民法院根据实际需要……可以指定本省、自治区……的中级人民法院作为……第一审法院”，但前提是“经最高人民法院同意”。因此，最终增加与否取决于最高人民法院。事实上就存在地方高级人民法院申请增加而最高人民法院没有批准的情况。例如，1988年山东省高级人民法院申请指定青岛、烟台中级法院审理专利纠纷，结果最高人民法院只同意增列青岛作为专利纠纷一审管辖法院。❷ 2007年黑龙江省高级人民法院申请指定齐齐哈尔、大庆、牡丹江、佳木斯、黑河中级

---

❶ Li, X. Behind the recent surge of Chinese patenting: An institutional view [J]. Research Policy, 2012, 41 (1): 236-249；龙小宁，王俊．中国专利激增的动因及其质量效应［J］. 世界经济，2015（6）：115-142.

❷ 参见《最高人民法院关于同意指定青岛市中级人民法院为审理专利纠纷案件第一审法院问题的批复》。

法院管辖一审专利纠纷，但只有齐齐哈尔市中级人民法院获批。❶ 因此，专利激励政策的颁布和专利纠纷管辖法院的增设在权限上分别隶属于地方和中央，不同的行政级别和业务范围使得两者很难存在相关性。因此，地方专利激励政策满足工具变量外生性的要求。

最后，以税收优惠、经费补贴为主的专利激励政策和以专利申请维持费为主的补贴政策是两类不同的政策，前者是对专利获得授权后的额外奖励性资助，后者则是对专利申请人所付出的专利申请费、维持费在成本范围内的补助。两种政策作为两个工具变量可以进行过度识别检验，从而进一步检验工具变量的外生性。❷

为了验证所选取的工具变量是否满足相关性和外生性的条件，下面笔者分别进一步从奖励性专利激励政策和申请维持费补贴政策对专利数量的影响来检验是否满足相关性条件，从两类政策是否与专利纠纷管辖法院的数量相关，在一定程度上检验外生性条件是否满足，从而进一步筛选合适的工具变量。具体结果如表 3-4 和表 3-5 所示。

表 3-4　工具变量的相关性检验

变量	(1) 专利人均 申请数	(2) 发明人均 申请数	(3) 实用新型 人均申请数	(4) 外观设计 人均申请数
Policy1 (滞后一期)	0.511** (0.188)	0.500** (0.195)	0.517*** (0.169)	
Policy1_design (滞后一期)				0.636* (0.311)
Policy2 (滞后一期)	0.200** (0.078)	0.249*** (0.087)		
Policy2_utility (滞后一期)			0.115 (0.148)	
Policy2_design (滞后一期)				0.271 (0.179)

---

❶ 参见《最高人民法院关于同意指定黑龙江省齐齐哈尔市中级人民法院审理专利纠纷案件的批复》。

❷ 关于具体的各省奖励性专利激励政策和专利申请维持费补贴政策，请参见第六章表 6-1 和表 6-2。

续表

变量	(1) 专利人均 申请数	(2) 发明人均 申请数	(3) 实用新型 人均申请数	(4) 外观设计 人均申请数
人均 GDP (对数滞后一期)	0.795* (0.390)	0.534 (0.356)	0.451* (0.265)	1.207* (0.615)
每万人在校大学生数 (对数滞后一期)	0.340 (0.215)	0.203 (0.202)	0.568*** (0.206)	0.464 (0.353)
外商直接投资占比 (对数滞后一期)	0.013 (0.039)	-0.011 (0.036)	-0.003 (0.046)	0.051 (0.059)
省份固定效应	是	是	是	是
年份固定效应	是	是	是	是
观测值	857	857	857	856
R^2	0.957	0.960	0.955	0.937

注：(1) ~ (4) 列的各类型专利人均申请数均采用对数形式。

表 3-5 工具变量的外生性检验

变量	(1) 专利管辖法院 数量	(2) 发明管辖法院 数量	(3) 实用新型管辖 法院数量	(4) 外观设计管辖 法院数量
Policy1 (滞后一期)	0.755 (0.640)	0.648 (0.575)	0.676 (0.698)	
Policy1_design (滞后一期)				1.009 (1.255)
Policy2 (滞后一期)	0.248 (0.211)	0.262 (0.206)		
Policy2_utility (滞后一期)			-0.166 (0.583)	
Policy2_design (滞后一期)				-0.219 (0.506)
人均 GDP (对数滞后一期)	1.080 (0.761)	0.995 (0.701)	1.091 (0.761)	1.106 (0.772)
每万人在校大学生数 (对数滞后一期)	0.388 (0.377)	0.538 (0.380)	0.312 (0.386)	0.379 (0.592)
外商直接投资占比 (对数滞后一期)	0.029 (0.080)	0.026 (0.080)	0.043 (0.086)	-0.002 (0.092)
省份固定效应	是	是	是	是
年份固定效应	是	是	是	是
观测值	857	857	857	857
R^2	0.613	0.635	0.620	0.614

表 3-4 和表 3-5 中 Policy1 和 Policy1_design 代表奖励性专利激励政策，因为部分专利激励政策的适用范围不包括外观设计，因此 Policy1_design 代表政策激励的适用范围包括外观设计专利。Policy2、Policy2_utility 和 Policy2_design 代表申请维持费补贴政策，同样根据政策适用的专利类型的不同，上述三个变量分别表示全部类型的补贴性政策（至少补贴发明专利）、适用范围包括实用新型以及适用范围包括外观设计的补贴性政策。

首先观察表 3-4 中的相关性检验，从结果来看，奖励性专利激励政策对总的人均专利申请量以及三种不同类型的人均专利申请量均具有显著影响。而申请维持费补贴政策，虽然对总体的人均专利申请量具有显著的积极影响，但分别从对三种专利类型的影响来看，则仅对人均发明专利申请量具有显著积极影响，而对实用新型和外观设计的影响均不显著。可能的解释是，发明专利的申请费和维持费均大幅高于实用新型和外观设计。[1]因此，发明的补贴对申请人的激励效果相对于实用新型和外观设计更大。

接下来观察表 3-5 中的外生性检验，从结果来看，无论是奖励性专利激励政策还是专利申请维持费补贴政策，均与具有专利纠纷管辖权的法院数量没有显著相关性，这也在一定程度上证明了我们前面的分析，专利激励相关政策与管辖法院由于受制于不同的行政层级和业务范围，两者之间不会产生直接的联系。两类专利激励政策初步满足外生性的要求。

综合上述检验结果发现，对于实用新型和外观设计专利而言，申请维持费用补贴政策并非合适的工具变量。因此，在以人均实用新型和外观设计专利数量作为因变量的实证研究中，将仅以奖励性专利激励政策作为工具变量，而在人均总体以及发明专利数量作为因变量的回归中可以同时使用奖励性专利激励政策和专利申请维持费补贴政策作为工具变量，从而能够进行过度识别检验进一步确认工具变量的外生性。

---

[1] 发明专利的申请费比实用新型和外观设计高 80%，而前三年的维持费比实用新型和外观设计高 50%。

三、工具变量模型设定和实证检验

较为常见的工具变量运用方法是两阶段最小二乘法（two-stage least-squares，2SLS）。顾名思义，该方法会进行两个阶段的回归。在回归的第一阶段，内生的原自变量 $I_{i,t}$ 会被放置在模型的左侧，而右侧则为原模型中的全部控制变量 $Z_{i,t}$ 和工具变量 $P_{i,t}$，然后对每一个 $I_{i,t}$ 进行预测赋值，具体如方程（3.2）所示：

$$I_{i,t}=\alpha\times P_{i,t}+\beta\times Z'_{i,t}+\eta_i+\mu_t+\varepsilon_{i,t} \tag{3.2}$$

在第二阶段，模型左侧是原因变量 $Y_{i,t}$，右侧则为 $I_{i,t}$ 的预测值 $\overline{I_{i,t}}$ 和控制变量 $Z_{i,t}$，具体如方程（3.3）所示：

$$Y_{i,t}=\alpha\times\overline{I_{i,t}}+\beta\times Z'_{i,t}+\eta_i+\mu_t+\varepsilon_{i,t} \tag{3.3}$$

通过上述两阶段最小二乘法的估计，我们可以对专利数量和专利纠纷管辖法院数量之间的因果关系进行一致性的估计，从而检验究竟是专利数量的增长推动了专利纠纷管辖法院数量的增加，还是专利纠纷管辖法院数量的增加保障了专利数量的增长。笔者分别以不同类型的人均专利申请量和授权量作为自变量，基于两阶段最小二乘法的估计结果如表 3-6 和表 3-7 所示。

表 3-6　专利申请数对专利管辖权法院数量的影响（2SLS）

变量	(1) 专利管辖 法院数量	(2) 发明管辖 法院数量	(3) 实用新型管辖 法院数量	(4) 外观设计管辖 法院数量
人均专利申请数 (对数滞后一期)	1.343*** (0.450)			
人均发明申请数 (对数滞后一期)		1.135*** (0.366)		
人均实用新型申请数 (对数滞后一期)			1.317** (0.538)	
人均外观设计申请数 (对数滞后一期)				1.456* (0.814)
人均 GDP (对数滞后一期)	0.099 (0.333)	0.447* (0.245)	0.555** (0.259)	-0.737 (0.980)
每万人在校大学生数 (对数滞后一期)	-0.027 (0.160)	0.403*** (0.124)	-0.329 (0.239)	-0.014 (0.208)

续表

变量	(1) 专利管辖 法院数量	(2) 发明管辖 法院数量	(3) 实用新型管辖 法院数量	(4) 外观设计管辖 法院数量
外商直接投资占比 (对数滞后一期)	0.037 (0.033)	0.038 (0.033)	0.066* (0.039)	-0.069 (0.068)
省份固定效应	是	是	是	是
年份固定效应	是	是	是	是
观测值	830	830	830	829
R^2	0.698	0.707	0.687	0.585
F统计量	31.936	28.450	60.421	13.851
过度识别检验（P值）	0.916	0.920		

表3-7　专利授权数对专利管辖权法院数量的影响（2SLS）

变量	(1) 专利管辖 法院数量	(2) 发明管辖 法院数量	(3) 实用新型管辖 法院数量	(4) 外观设计管辖 法院数量
人均专利授权数 (对数滞后一期)	1.357*** (0.424)			
人均发明授权数 (对数滞后一期)		1.549*** (0.567)		
人均实用新型授权数 (对数滞后一期)			1.488** (0.602)	
人均外观设计授权数 (对数滞后一期)				1.329* (0.719)
人均GDP (对数滞后一期)	0.248 (0.296)	0.971*** (0.279)	0.607** (0.255)	-0.265 (0.675)
每万人在校大学生数 (对数滞后一期)	-0.221 (0.188)	-0.115 (0.233)	-0.492* (0.295)	-0.135 (0.229)
外商直接投资占比 (对数滞后一期)	0.064 (0.040)	0.072 (0.049)	0.101* (0.053)	-0.118 (0.084)
省份固定效应	是	是	是	是
年份固定效应	是	是	是	是
观测值	829	804	829	817
R^2	0.697	0.661	0.688	0.627
F统计量	32.173	14.829	44.453	19.496
过度识别检验（P值）	0.414	0.427		

从表3-6和表3-7的估计结果来看，人均专利申请数和授权数对专利纠纷管辖法院数量的影响水平同表3-2和表3-3中使用普通最小二乘法的回归结果基本一致，人均专利申请/授权数量增加100%，专利纠纷管辖法院的数量平均增加1.3~1.5个。另外第一阶段的F检验值都高于10，说明不存在弱工具变量问题❶，即工具变量与专利数量的相关性很强。而对总人均专利申请/授权数和人均发明专利申请/授权数进行的过度识别检验表明，无法拒绝所有工具变量均外生的原假设，即工具变量对于专利纠纷管辖法院数量的影响是外生的，从而进一步验证了选择奖励性专利激励政策和专利申请维持费补贴政策作为工具变量的有效性。

通过工具变量的运用，我们更重要的发现是，专利数量的增长是专利纠纷管辖法院数量增加的原因，专利纠纷管辖法院数量的增长是专利数量增长的结果。因此，发展促进法治的理论通过基于创新发展与司法资源配置的实证研究得到了一定程度的验证。

第四节　发展促进法治理论的局限性

相比于第二章介绍的法与发展理论提出的法治促进发展的观点，发展促进法治的理论似乎更能够解释发展中国家的法治与经济发展的实践，笔者通过运用现代经济学的因果推断研究方法，以中国创新发展与司法资源配置的关系为例，也进一步支持了发展促进法治的理论。然而，我们是否可以径自得出结论，认为发展促进法治的理论才是对法与发展关系的更富解释力的理论，法治促进发展的理论便无用武之地？

笔者认为，仓促下此结论可能并不合适，原因在于，虽然本章通过对发展促进法治的观点进行了从理论到实证的检验，但从理论推理到实证检验均存在一定的前提假设和局限性。

从理论方面来说，一方面，法治建设的成本可能并不必然是不可负担

❶ Staiger D, Stock J. Instrumental variables regression with weak instruments [J]. Econometrica, 1997 (65): 557-586.

的。对于部分发展中国家来说，民族独立前或者战争之前遗留下来的法律体系可能还是可以在一定时期内发挥作用的，特别是对于相当数量的法律专业工作者，同样可以在发展中国家实现民族独立或战后恢复时期发挥法治建设的重要作用。此外，即便部分发展中国家自身可资利用的法治资源有限，但可以从发达国家获取外部援助，因此，在这种情况下，同样能够负担发展之初的法治建设成本；另一方面，良好的法治体系可能会促进经济发展，进而反哺法治建设的成本。例如，良好的法治环境可以吸引更多的外部投资，从而促进发展中国家的经济增长，发展中国家也能够进一步持续获得更多财政收入，进而负担法治建设的成本，从而促进法治的发展。

从实证方面来说，笔者利用基于计量经济学的工具变量法，对专利数量和专利纠纷管辖法院数量的关系进行因果推断，进而得到发展促进法治的结论。然而，这里的实证检验存在两方面的局限性，一方面，专利数量和专利纠纷管辖法院的数量是否能够有效地分别衡量发展和法治？特别是专利纠纷管辖法院数量的增加是否就一定代表着法治水平的提高？这可能还有待于进一步的商榷，笔者会在第七章进一步讨论这个问题；另一方面，即便承认专利数量和专利纠纷管辖法院数量是发展和法治的有效代理变量，但这里所发现的仅仅是司法领域的一部分变化是由创新发展所驱动的，而法治本身至少包括立法、司法和行政等多个领域。因此，简单地将法治发展中的一个领域的发现推向一般，可能并不合适，若想得到发展促进法治这一更为一般性的结论，还有待于进一步更为系统性的理论和实证检验。

因此，基于现有的研究结果便作出发展促进法治的结论可能还过于仓促，更重要的是，发展促进法治的结论可能是一个不完整的理论，或者说，至少是一个不具有实践意义的理论。如果我们只是简单地认为发展促进法治，可能会给人以错觉，认为只要社会经济发展起来了，法治就会自然而然地发展完善了。事实上，法治不是一个能够自发发展的有机体，而是需要基于某种方式、路径，通过顶层设计和人的参与而逐步建构起来。因此，即便发展促进法治的理论与我们基于部分国家的法治发展实践的观察相吻合，我们承认发展促进法治的解释力，但笔者认为更重要的是理解发展是如何促进法治的。只有对发展促进法治的过程和机制有相对清晰的认识，发展促进法治的理论才更有生命力，从而产生对实践的指导意义。

本书接下来的三章内容将结合中国法治发展，分别从法治的三个维度（立法、司法、行政）进一步探讨法与发展的关系，从而对相互竞争的法与发展关系理论在中国的适用性获得更加清晰的认识，也有助于我们更加全面、系统、准确地认识法与中国经济发展的关系，进而为中国乃至世界范围内更多国家的法治与经济社会发展提供指引。

第四章　立法与中国经济发展

1978 年，中共中央召开十一届三中全会，全会回顾了中华人民共和国成立以来经济建设和政治运动的经验教训，纠正了历史错误。全会对中国经济的发展现状作出“目前还很落后”的判断，并提出在政治上要“进一步巩固安定团结的局面”的要求。在此基础上，全会作出两项重要的决定：一是把党和国家的工作重心转移到社会主义现代化建设上来；二是加强社会主义法制，做到有法可依，有法必依，执法必严，违法必究。因此，作出将中国从以阶级斗争为纲转向以经济建设为中心，全面恢复和重建法律制度的十一届三中全会，也被视为中国实施改革开放与法治建设的起点。

而 1978 年中国经济发展的落后状况和法制近乎被破坏殆尽的局面也为我们以此为起点研究法与发展的关系提供了一个理想的研究对象。改革开放 40 多年来，中国国内生产总值（GDP）从 1978 年的 3679 亿元迅速跃升至 2019 年的 990 865 亿元，经济规模扩大了 269 倍，GDP 年均增长率超过 9%，总量稳居世界第二，被誉为“中国经济奇迹”。与此同时，从 1978 年“处于无法可依的状态，国家法律几乎是空白”❶，到 2011 年全国人大十一届四次会议宣布中国特色社会主义法律体系已经形成，再到 2019 年中共十九届四中全会提出“坚持和完善中国特色社会主义法治体系”，显示了中国法治建设取得的巨大成就。如何理解立法和中国经济发展之间的关系？是日趋完善的法律制度体系保障和促进了中国经济的高速增长？还是持续稳定高速增长的中国经济促使了中国的法制体系日趋完善？

---

❶ 张文显．中国法治 40 年：历程、轨迹和经验［J］．吉林大学社会科学学报，2018（5）：5-25.

本章通过对中国法律制度，主要是实体法律制度在改革开放以来的重建和发展历程进行阐述和分析，尝试对上述问题进行解答。而对于行政法规、部门规章以及位阶更低的地方性法规本章暂不作讨论。❶ 在实体法中，本章重点关注与经济发展紧密相关的实体法律制度，包括宪法中与经济制度相关的规定，以及财产保护和合同交易的法律制度。一方面，财产保护和交易是市场经济运行的基础；另一方面，也是为了研究第二次法与发展运动认为极为重要的产权和交易执行保护法律制度在中国的发展状况。此外，知识产权法律制度对于创新以及经济的可持续增长具有重要意义，因此，本章将专门对作为知识产权法律制度核心的专利法、著作权法和商标法进行分析。通过对上述法律制度变迁的讨论，提炼和总结立法与中国经济发展的关系。

第一节　改革开放以来中国经济体制的变迁

改革开放确立了中国从计划经济体制向市场经济体制的转型。为了改变过去“继续革命”和“阶级斗争”的路线方针，1982 年，第五届全国人大三次会议决定对作为根本大法的《宪法》进行全盘性修正，确立了“今后国家的根本任务是集中力量进行社会主义现代化建设”“中国坚持独立自主的对外政策，坚持互相尊重主权和领土完整、互不侵犯、互不干涉内政、平等互利、和平共处的五项原则，发展同各国的外交关系和经济、文化的交流”，从而宣示了中国进行改革开放、发展经济的决心。这部《宪法》也作为现行宪法适用至今。

然而，在基本经济制度上，1982 年《宪法》基本没有对原有宪法的规定作出改动，在《宪法》第 6 条依然明确表示：“中华人民共和国的社会主义经济制度的基础是生产资料的社会主义公有制，即全民所有制和劳动群众集体所有制。”第 7 条：“国营经济是社会主义全民所有制经济，是

❶ 地方性法规和规章与行政关系更为密切，笔者将在第六章结合政府与法的关系进行一定的讨论。

国民经济中的主导力量。国家保障国营经济的巩固和发展。”第 11 条：“在法律规定范围内的城乡劳动者个体经济，是社会主义公有制经济的补充。国家保护个体经济的合法的权利和利益。国家通过行政管理，指导、帮助和监督个体经济。”第 15 条：“国家在社会主义公有制基础上实行计划经济。国家通过经济计划的综合平衡和市场调节的辅助作用，保证国民经济按比例地协调发展。”因此，1982 年《宪法》没有从实质上改变中国自 1954 年《宪法》即已明确的计划经济体制，依然重申中国是以公有制为基础的计划经济体制国家，私营经济还没有得到宪法层面的认可，市场仅仅是被认为发挥辅助性作用的。

1988 年，中国第一次对现行宪法进行修正。其中在经济制度方面，在现行《宪法》第 11 条中增加第 3 款：“国家允许私营经济在法律规定的范围内存在和发展。私营经济是社会主义公有制经济的补充。国家保护私营经济的合法权利和利益，对私营经济实行引导、监督和管理。”对于 1982 年《宪法》第 10 条第 5 款“一切使用土地的组织和个人必须合理地利用土地”修改为“土地使用权可以依照法律的规定转让”。上述修改体现了在中国基本经济制度方面对私营经济发展的肯定，确认了国家对私营经济的保护，国家对私营经济发展以“引导”作为干预的主要手段。同时，在宪法层面明确土地使用权的转让，体现了对土地商品化的确认。

1993 年，第八届全国人大第一次会议对《宪法》进行了改革开放以来在经济体制方面最大幅度的修正。将第 15 条修改为：“国家实行社会主义市场经济。国家加强经济立法，完善宏观调控。国家依法禁止任何组织或者个人扰乱社会经济秩序。”此时，中国向市场经济方向的改革已经进行相当长的一段时间了，然而，当改革在 20 世纪 80 年代末遭遇到一些挫折后，出现了“市场化就是向资本主义的和平演变”的声音，直到 1992 年邓小平同志“南方谈话”，重申“社会主义也有市场”，才重新确立了继续向市场化方向改革的目标。[1] 因此，此时在《宪法》层面正式宣示中

[1] 吴敬琏，范世涛．中国的经济改革：过程、问题与前景（1978—2012）[M] //邹至庄主编．中国经济指南．北京：清华大学出版社，2016：52-53.

国实行市场经济体制，一方面，显示中国经济体制的变革很大程度上是在经济发展达到一定的程度后再经由《宪法》对现状进行确认；另一方面，也凸显通过《宪法》巩固和确认改革的成果，继而经由法律的确认继续推动经济体制的变革，从而实现市场经济的进一步发展的思路。

同时，1993 年《宪法》第 16 条将“国营企业在服从国家的统一领导和全面完成国家计划的前提下，在法律规定的范围内，有经营管理的自主权”修改为“国有企业在法律规定的范围内有权自主经营”。一字之差，反映了对于全民所有制企业经营机制的转变。在计划经济体制下，全民所有制企业的经营活动由政府部门直接管理，而转变为市场经济体制后，全民所有制企业也要转变为自主经营、自负盈亏，是与其他所有制类型企业在市场进行公平竞争的市场主体。

1999 年，第九届全国人大第二次会议对现行宪法进行了第三次修正。其中第 6 条增加第 3 款：“国家在社会主义初级阶段，坚持公有制为主体、多种所有制经济共同发展的基本经济制度，坚持按劳分配为主体、多种分配方式并存的分配制度。”将第 11 条修改为：“在法律规定范围内的个体经济、私营经济等非公有制经济，是社会主义市场经济的重要组成部分。国家保护个体经济、私营经济的合法的权利和利益。国家对个体经济、私营经济实行引导、监督和管理。”将非公有制经济的地位从“补充”修改为“重要组成部分”，进一步提升了非公有制经济在中国市场经济中的地位，将多种所有制经济共同发展作为中国在“长期处于社会主义初级阶段”的判断下的基本经济制度，稳固并赋予非公有制经济长期稳定发展、受到法律保护的预期。

2004 年，第十届全国人大第二次会议对现行宪法进行了第四次修正，将第 10 条对非公有制经济的规定从“国家保护个体经济、私营经济的合法的权利和利益”修改为“国家保护个体经济、私营经济等非公有制经济的合法的权利和利益”。从“国家对个体经济、私营经济实行引导、监督和管理”修改为“国家鼓励、支持和引导非公有制经济的发展，并对非公有制经济依法实行监督和管理”。上述修改进一步强调国家对不同类型的非公有制经济的合法权利和利益均予以严格保护，同时首次提出对非公有制经济的发展予以鼓励和支持，显示了国家对非公有制经济的重视程度进一步提高。

2004 年的《宪法》修正也是迄今为止对中国经济制度相关规定的最后一次修正，此次修正也奠定了当前中国基本经济制度的法律基础。从中国经济制度的变迁历程来看，一个鲜明的特征是，中国从计划经济体制向市场经济体制转型是一条渐进式的改革路径，非公有制经济的地位是随着一次次的宪法修正而逐步提高的。而在这一渐进式的转型过程中，宪法的作用主要在于对经济发展，特别是非公有制经济发展的现状予以确认。笔者计算了从 1982 年《宪法》的制定到之后历次通过修正案的方式对经济制度进行调整的前一年，不同所有制经济类型在工业总产值中的比重，如表 4-1 所示。

表 4-1　部分年份中国各种经济类型在工业总产值中的比重　（单位:%）

	1981 年	1987 年	1992 年	1998 年	2003 年
全民所有制	78.30	59.73	48.1	28.24	37.54
集体所有制	21.04	34.62	38.0	38.41	6.65
非公有制	0.66	5.65	13.9	33.35	55.81

注：数据来源于 1982 年、1988 年、1993 年、1999 年和 2004 年《中国统计年鉴》。

从表 4-1 可以发现，在 1982 年制定现行宪法之前，虽然中国已经作出改革开放的重要决定，但是从不同所有制类型在工业总产值的比重来看，非公有制经济几乎可以忽略不计，中国的经济结构与计划经济时期相比没有实质性的变化，因此，在 1982 年宪法中确立的经济制度依然是在社会主义公有制基础上实行计划经济体制。而到 1987 年，非公有制经济在工业总产值中的比重已经迅速提升到 5.65%，成为需要引起注意的经济力量，因此，在 1988 年的《宪法》（修正案）中，提出了“私营经济是社会主义公有制经济的补充”的判断，需要国家“对私营经济实行引导、监督和管理”。到 1992 年，非公有制经济在工业总产值中的比重进一步提升到 13.9%，显示了市场经济下以私营企业为主的非公有制经济的巨大活力，因此，在 1993 年的《宪法》（修正案）中，正式确立中国实行社会主义市场经济。到1998年，非公有制经济在工业总产值中的比重已经超过全民所有制经济，如果此时还是继续忽视非公有制经济，将其视为公有制经济的补充显然是不合适的。因此，在1999年的《宪法》（修正案）中，将社会主义公有制的经济制度修改为“公有制为主体、多种所有制经济共同发展的基本经济制度”，指出非公有制经济“是社会主义市场经济的重要组成部分”。而到2003年时，非公有制经济在工业总产值中的比重已经达到55.81%，超过全民所有制经济和集体所有制经济的总和，虽然在部分关系国民经济命脉的重要领域，国有经济依然还是国民经济的主导力量，但在保障经济的持续稳定增长、解决和促进就业等方面，非公有制经济已经发挥起支柱性的作用，需要国家的鼓励和支持。因此，在2004年修订宪法时，首次强调国家鼓励、支持和引导非公有制经济的发展。

综上所述，自1982年以来，宪法上对中国经济制度的调整主要是因为对不同所有制经济类型的客观发展实际进行确认的需要。因此，至少在经济制度领域，主要是先发展然后再通过法律对发展产生的变化进行确认。而在体现法律调整促进经济发展方面，可能只有1993年的《宪法》修订确认中国实行市场经济制度，以及2004年的宪法修订强调国家鼓励、支持和引导非公有制经济的发展上，具有一定的作用。

第二节　合同与财产法律制度的变迁

在计划经济时期，交易主要依赖于政府计划和行政管理，因此，合同法律制度没有存在的土壤。同时，公有制的产权结构以消灭和改造私产为目标，因此，财产保护的法律制度也没有存在的必要。而在改革开放后，中国开始了从计划经济向市场经济过渡的时期，如果缺乏对私有财产的保护，缺乏对交易安全的保障，市场经济显然也会失去存在和发展的基础。正如梅因所认为的：“所有进步社会的运动，到此处为止，是一个‘从身份到契约’的运动。”[1] 那么，中国的合同与财产法律制度是否在市场经

[1] 梅因．古代法［M］．沈景一，译．北京：商务印书馆，1996：97.

济发展的过程中发挥了基础性保障的作用呢？

一、合同法律制度的变迁

从合同法律制度的发展来看，中国的第一部合同法是1981年12月13日正式颁布的《经济合同法》，该法共7章57条，于1982年7月1日起正式实施。同1999年《合同法》共24章428条相比，《经济合同法》的内容极为简洁，而且与1982年《宪法》依然将计划经济作为基本经济制度的精神一致，《经济合同法》是一部具有浓厚计划色彩的合同法律，在第1条的立法目的上，明确申明："保障国家计划的执行，促进社会主义现代化建设的发展，特制定本法。"该法第4条进一步规定："订立经济合同，必须遵守国家的法律，必须符合国家政策和计划的要求。"因此，《经济合同法》实质上是与现代市场经济环境下对合同法所要求的合同自由、鼓励交易等基本原则相悖的。

此外，《经济合同法》的适用主体也是有限制的。该法第2条规定："经济合同法是法人之间为实现一定经济目的，明确相互权利义务关系的协议。"因此，该合同法规定适用的主体为法人，而在当时的计划经济体制下，所谓的法人一般是指国有企业、国家机关、事业单位、社会团体和农村社队等。虽然《经济合同法》在附则第54条规定"个体经营户、农村社员同法人之间签订经济合同，应参照本法执行"，但依然使得很大一部分的非公有制经济主体被排除在该合同法的适用之外。

而随着改革开放的不断深化，对外经济交往，包括对外贸易和外商投资日益增多，迫切需要解决《经济合同法》在适用对象方面存在限制的问题。因此，1985年，全国人大通过了《涉外经济合同法》，并于当年7月1日起实施，从而解决了涉外合同的订立和履行缺乏统一规范的问题。但也同时形成了对于国内、国外企业分别适用不同合同法律制度，内外有别的双轨制立法模式。

为了加快提高中国相对落后的生产力水平。国务院在1984年颁布的《技术转让条例》中提出"加速技术成果商品化，开放技术市场是科技体制改革的突破口"。由于当时技术交易市场中的法律关系缺乏相关法律依据，例如相当数量的技术交易的主体是个人，使得无法适用《经济合同法》。为了解决技术交易合同法律制度不健全的问题，1987 年，中国又颁布了《技术合同法》，并于当年 11 月 1 日起施行。该法第 2 条规定："本法适用于法人之间、法人和公民之间、公民之间就技术开发、技术转让、技术咨询和技术服务所订立的确立民事权利与义务关系的合同。"从而扩展了技术合同的适用主体。

至此，中国形成了以《经济合同法》《涉外经济合同法》和《技术合同法》三足鼎立的合同法律体系。然而，三部合同法均是建立在计划经济体制之下，合同的履行实质上只是履行国家计划的另一种表达方式，具有鲜明的计划管理的色彩，例如，《经济合同法》第 33 条："由于上级领导机关或业务主管机关的过错，造成经济合同不能履行或者不能完全履行的，上级领导机关或业务主管机关应承担违约责任。应先由违约方按规定向对方偿付违约金或赔偿金，再由应负责任的上级领导机关或业务主管机关负责处理。"第 35 条："当事人一方违反经济合同时，应向对方支付违约金。如果由于违约已给对方造成的损失超过违约金的，还应进行赔偿，补偿违约金不足的部分。对方要求继续履行合同的，应继续履行。"上述条款实际反映的就是计划之下的行政管理。因此，虽然客观上这一时期的合同法可能对于规范政府和国企的关系起到一定的积极作用，但我们很难期待这一时期的合同法体系能够发挥推动市场经济发展的重要作用。

当然，计划色彩的经济合同法向符合市场经济要求的现代合同法律制度体系的转型也在孕育和发生。1987 年 1 月 1 日起开始施行的《民法通则》首先在概念上用"合同"取代了"经济合同"的用语，《民法通则》第 85 条将合同定义为："合同是当事人之间设立、变更、终止民事关系的协议。依法成立的合同，受法律保护。"扩大了合同的适用范围，也不再强调合同与国家计划的关系。《民法通则》第 116 条规定："当事人一方由于上级机关的原因，不能履行合同义务的，应当按照合同约定向另一方赔偿损失或者采取其他补救措施，再由上级机关对它因此受到的损失负责处理。"对比《经济合同法》第 33 条的规定，这样的规定更加符合现代合同法律制度的基本原则。

为了同1993年《宪法》（修正案）中实行社会主义市场经济制度的要求相一致，1993年《经济合同法》进行了较大范围的修改，其中第1条的立法目的修改为："为保障社会主义市场经济的健康发展，保护经济合同当事人的合法权益，维护社会经济秩序，促进社会主义现代化建设，制定本法。"在适用对象上，通过第2条的修改正式确认为"本法适用于平等民事主体的法人、其他经济组织、个体工商户、农村承包经营户相互之间，为实现一定经济目的，明确相互权利义务关系而订立的合同"。取消了订立合同必须符合国家政策和计划的要求，将第4条修改为："订立经济合同，必须遵守法律和行政法规。任何单位和个人不得利用合同进行违法活动，扰乱社会经济秩序，损害国家利益和社会公共利益，牟取非法收入。"从而使得《经济合同法》至少从形式上与原有的计划经济体制进行切割。

然而，由于三部合同法从根源上依然带有浓厚计划经济的痕迹。三部合同法并存也使得由于法律关系主体和客体的差异需要分别适用不同的合同法律，产生协调适用的困境。加之三部法律本身内容较为单薄，规定的合同种类明显偏少，不能适应和满足日益复杂的市场需求。因此，有必要制定一部统一的合同法。

1997年，全国人大法制工作委员会组织法律专家和实际工作部门于1997年5月起草了《合同法》（征求意见稿）。根据各方面意见进行修改后，于1998年8月将合同法草案提请九届全国人大常委会第四次会议审议。根据全国人大常委会的决定，将合同法草案全文公布，广泛征求意见。最终经过多轮修改、审议后，于1999年3月15日经第九届全国人大第二次会议通过，于当年10月1日起正式实施，同时也标志着原有的三部合同法律宣告废止。

新合同法在立法过程中，注意保持法律的连续性和稳定性，以《经济合同法》《涉外经济合同法》和《技术合同法》为基础，总结实践经验，加以补充完善。注重可操作性，把近十年行之有效的有关合同的行政法规和司法解释的规定，尽量吸收进来，对需要增加的，尽可能作出具体规定。[1] 另外，《合同法》中也大幅吸纳国际商事合同条约的相关内容。1986 年中国加入的《联合国国际货物销售合同公约》（the United Nations Convention on Contracts for the International Sale of Goods，CISG）以及 1994 年 5 月国际统一私法协会编纂的《国际商事合同通则》（Principles of International Commercial Contracts，PICC）均为新合同法的制定提供了可借鉴的内容，也使得新合同法在内容上更加符合现代商业精神的规范。

从 1999 年《合同法》的内容来看，除了大幅增加对合同种类的规定以适宜市场经济法制的需要外，还具有两方面的鲜明特征。一方面，《合同法》在调整范围上进一步扩大，从而能够适应市场经济各方参与主体的需要。该法第 2 条对合同的定义进行了规定，“本法所称合同是平等主体的自然人、法人、其他组织之间设立、变更、终止民事权利义务关系的协议”。另一方面，从满足行政计划需要向调整平等主体民事关系方向转型。合同法调整的是平等主体之间的民事关系。政府依法维护经济秩序的管理活动，属于行政管理关系，不是民事关系，适用有关行政管理的法律，不适用合同法。[2]在《合同法》第一章的一般规定中，通过第 3~6 条确立了合同法的平等原则、合同自由原则、公平原则、诚实信用原则，使得新合同法符合市场经济条件下意思自治的精神内涵和市场经济的发展要求，从而为市场经济的发展注入新的活力，提供有力保障。

二、财产法律制度的变迁

从财产法律制度的发展来看，不同于在计划经济体制下至少还可以拥有形式化的合同，私有财产、物权的概念长期以来成为社会主义公有制经济之下的禁忌。正如有的学者所言，改革之初，我国刚刚从极“左”中摆脱出来，加上当时东西方冷战状态还没有结束，因此，在学习和借鉴他人的立法经验，特别是西方发达资本主义国家的立法经验时，总是心有余

---

[1][2] 顾昂然．关于《中华人民共和国合同法（草案）》的说明［EB/OL］．（1999-03-09）［2020-04-04］．http：//www.npc.gov.cn/wxzl/gongbao/2000-12/06/content_5007082.htm.

悸，不敢大胆地拿来为我所用。❶ 因此，在改革开放之后，有相当长的一段历史时期中仍缺乏对于私有财产、物权的法律规定。

直到 1987 年开始施行的《民法通则》，才首次在第五章第一节中，用“财产所有权和与财产所有权有关的财产权”来表述财产相关的内容，规定了“财产所有权是指所有人依法对自己的财产享有占有、使用、收益和处分的权利”。但是在具体的所有权类型上，仅笼统规定了财产的国家所有和集体所有，缺乏明确的对权利义务主体和内容的规定。而对于公民的个人财产，并无私人所有权的规定，仅规定了“公民的合法财产受法律保护，禁止任何组织或者个人侵占、哄抢、破坏或者非法查封、扣押、冻结、没收”，缺乏对各类财产进行平等保护的精神。特别是对于私营企业等非公有制经济的财产，是否受到相应的保护，并无相关的规定。这也与《民法通则》制定之时，私营经济还没有得到宪法层面的认可的局面是相关的。另外，《民法通则》属于民事一般法律，内容和范围均有限，对于财产仅规定了所有权的部分内容，而对于与物的支配和运用相关的，例如，大陆法系国家物权体系中的用益物权、担保物权等相关物权缺乏相关的规定，这不利于市场经济条件下对物的充分保护和利用。因此，中国迫切需要一部专门性的统领和规制物的支配和运用的物权法律制度。

然而，虽然物权法的起草工作可以追溯到 1993 年市场经济制度确立之时，但物权的私权属性与宪法中对社会主义经济制度的基础是“生产资料的社会主义公有制”的认定致使立法者左右狐疑，踌躇不前。物权法保护私有财产，是否与社会主义消灭私有制相违背？甚至有人认为颁布物权法是对现行社会主义制度的本质变更。直到 2004 年，第十届全国人大第二次会议对现行宪法进行了第四次修正，首次提出对非公有制经济进行鼓励和支持，对应这一理念，首次在《宪法》第 13 条新增“公民的合法的私有财产不受侵犯。国家依照法律规定保护公民的私有财产权和继承权”的规定。对于非公有制经济担心的私有财产被公有化的问

❶ 陈斯喜．试论在改革过程中的立法方略［J］．中国法学，1993（5）：22-25.

题，进一步明确规定“国家为了公共利益的需要，可以依照法律规定对公民的私有财产实行征收或者征用并给予补偿”。该规定强调了对私有财产进行征收、征用的条件以及补偿的规定，从而意图打消非公有制经济发展的顾虑。

2004年将私有财产不受侵犯写入宪法也为物权法的颁布扫清了相当程度的障碍。物权法的制定从1993年开始酝酿，到2002年12月，九届全国人大常委会对民法草案的物权法编进行初次审议，中间历经波澜，直到2007年3月在第十届全国人大五次会议上作为单行法的《物权法》方才获得通过，总共历经了14年和6次的审议。正如王兆国在2007年第十届全国人大第五次会议上所作的《关于〈中华人民共和国物权法（草案）〉的说明》中所称，“2005年7月将物权法草案向社会全文公布，共收到人民群众提出的意见1万多件；并先后召开100多次座谈会和几次论证会，还到一些地方进行专题调研，充分听取部分全国人大代表、基层群众、专家学者、中央有关部门等各方面的意见。在征求意见过程中，各方面提出了许多意见和建议。全国人大常委会高度重视各方面的意见，对草案进行了六次审议，审议次数之多在我国立法史上是空前的”。[1] 从中可以一窥物权法立法之艰辛。

从有利于市场经济的发展角度来看，最终呈现在公众面前的《物权法》具有如下三个方面的鲜明特征。第一，实现了平等保护国家、集体和私人的物权。《物权法》第4条规定：“国家、集体、私人的物权和其他权利人的物权受法律保护，任何单位和个人不得侵犯。”对私人物权予以平等保护的规定对市场经济的发展具有重要意义。在市场经济条件下，各种所有制经济形成的市场主体都在统一的市场上运作并发生相互关系，各种市场主体都处于平等地位，享有相同权利，遵守相同规则，承担相同责任。如果对各种市场主体不给予平等保护，解决纠纷的办法、承担的法律

[1] 王兆国．关于《中华人民共和国物权法（草案）》的说明［EB/OL］．（2007-03-08）［2020-04-05］．http：//www. npc. gov. cn/wxzl/gongbao/2007-05/29/content_5366955. htm.

责任不一样，就不可能发展社会主义市场经济。[1] 第二，建立了确保市场经济交易的重要规则，从而有利于维护交易安全和市场经济秩序。确定物权是市场经济交易的前提，但为了保障交易的有序，促进交易的进行，还需要《物权法》进一步确立交易的规则，《物权法》通过确立公示公信原则、所有权转移规则、善意取得规则等一系列对物权的使用、交易规则，从而保障和促进了市场经济交易的发展。第三，完善物权受侵害的保护和救济机制。仅规定享有权利而不明确权利受到侵害的救济方式是不利于对权利进行真正意义上的保护的。《物权法》第 32 条明确规定："物权受到侵害的，权利人可以通过和解、调解、仲裁、诉讼等途径解决。"同时，在涉及国家对私人、集体财产的征收、征用时，《物权法》在第 42 条和第 44 条明确规定了征收、征用的前提条件、补偿的原则和内容、权益的保障等。

三、小结

从前述两项关系市场经济发展基础的合同法律制度和财产法律制度在中国的发展历程来看，其具有两方面的共同特征。

第一，渐进式、具有延续性的先改革后立法的法律制度发展路径。不同于俄罗斯、东欧国家曾经采取的激进的法律变革方式，中国的合同和财产法律制度是在坚持宪法所确立的国家基本经济制度的基础上，小心谨慎地推进的，立法实际是对现有经济社会发展状况和需求的确认，是滞后于改革发展现状的。因此，中国的合同和财产法律制度，走的是一条以改革促发展而后立法的发展路径。这样的路径从积极方面来说，通过总结和吸收改革实践的成功经验再进行立法，可以保障立法的成熟性和稳健性。但从消极方面来说，立法的前瞻性不够，无法为改革、为未来发展指明方向。[2] 这

---

[1] 王兆国．关于《中华人民共和国物权法（草案）》的说明［EB/OL］.（2007-03-08）［2020-04-05］. http：//www. npc. gov. cn/wxzl/gongbao/2007-05/29/content_5366955. htm.

[2] 陈斯喜．试论在改革过程中的立法方略［J］. 中国法学，1993（5）：22-25.

也使得现实中的改革往往在没有法律依据和保障的基础上进行，“摸着石头过河”，增加了改革的潜在风险。

第二，政策性、功利性导向明显。这种取向尤其体现在合同法律制度中，《经济合同法》实质是满足政府计划管理的需要，《涉外经济合同法》是满足对外贸易、吸引外商投资的需要，《技术合同法》是在政府作出技术市场开放的决策后为满足技术市场交易的实际需求制定的。因此，法律在某种程度上是服务于政府经济管理和政策目标实现的需要而制定的。

第三节 知识产权法律制度的变迁

创新被视为实现经济高质量、可持续发展的关键[1]，而知识产权则是创新的重要衡量指标。回顾改革开放以来中国在知识产权领域的发展，我们不得不惊叹于中国在短时间内所取得的飞速发展和惊人成就。自 2002 年起，中国商标注册年申请量连续多年位居世界第一，到 2012 年累计突破千万件大关。2011 年，中国超过美国和日本，成为世界第一大发明专利申请国。2013 年，中国著作权登记总量突破百万件。而上述成绩是在中国晚至 1982 年、1984 年和 1990 年，才分别制定中华人民共和国第一部《商标法》《专利法》和《著作权法》的基础上取得的。商标、专利和著作权是法律赋予的具有垄断性质的无形财产权，知识产权基本法律制度的建立无疑是中国知识产权发展的前提和基础。因此，我们不禁要思考，中国知识产权的高速发展与知识产权法律制度具有怎样的关系？中国历史上长期以来并无知识产权保护的实践历史，知识产权法律制度对于中国来说是典型的移植自域外的法律制度类型，故中国没有历史包袱，不需要考虑制度本身与移植国在社会、文化等方面的契合性。因此，在思考知识产权法律和发展的关系时，可以更加定睛于知识产权法律本身的发展变迁与知识产

[1] 中国经济增长前沿课题组，张平，刘霞辉，等．突破经济增长减速的新要素供给理论、体制与政策选择［J］. 经济研究，2015（11）：4-19；蔡昉，林毅夫，张晓山，等．改革开放 40 年与中国经济发展［J］. 经济学动态，2018（8）：4-17.

权发展的关系。以下笔者分别从中国商标、专利、著作权法律制度从建立以来的发展变迁历程来分析知识产权法律与创新发展的关系。

一、商标法律制度的变迁

商标的首要目的在于避免市场中产品和服务的混淆，维护市场的公平竞争秩序。在中国开始实行改革开放，确立以经济建设为中心时，最紧迫的需求便是建立商标制度。因此，在中国的知识产权法律制定过程中，商标法律制度是最早开始建立的。1978 年 9 月，当时的国家工商行政管理局设立了商标局，重新确立了统一的商标注册制度。1982 年，第五届全国人大常委会第二十四次会议通过《商标法》。从国际比较的角度，1982 年的《商标法》还存在很多不完善的地方，例如不保护服务商标，未规定对驰名商标的特殊保护，也没有对于优先权的相关规定。

1985 年中国加入《保护工业产权巴黎公约》（Paris Convention for the Protection of Industrial Property），1989 年加入《商标注册马德里协定》（Madrid Agreement on Registration of Trade Marks），为了履行所参加条约规定的国际义务，使得中国的商标保护与国际通行做法接轨，1993 年中国对《商标法》进行第一次修正。第一次修正的主要内容包括：扩大商标保护的范围，增加对服务商标的保护；加大对商标侵权行为的惩罚力度；规定地名不得作为商标注册；增加商标使用许可的规定；明确注册不当商标的撤销规定。1993 年中国通过《反不正当竞争法》，其中对假冒他人注册商标以及与商标相关的商品名称、包装、装潢等方面禁止性使用的规定，进一步给予商标权更周密的保护。

2001 年，为了适应中国加入世界贸易组织的需要，使中国的商标法律制度进一步符合国际标准，中国对《商标法》进行第二次修正。这次修改一方面扩大了商标权的主体和客体，将集体商标、证明商标纳入保护范围；在商标的构成要素上准予注册立体商标；增加对驰名商标的保护和驰名商标认定方面的相关规定。另一方面增加对侵权行为的处罚力度和手段，增加诉前申请财产保全、证据保全救济措施。

前两次修正主要是从商标保护制度与国际接轨的角度进行调整，而

2013年的《商标法》第三次修正则是在借鉴国际上关于商标保护的经验基础上，更多地从适应新形势下中国商标保护和发展的需要方面作出调整。例如，对于禁止驰名商标宣传的规定，主要考虑的是驰名商标在中国被异化为一种企业荣誉，大量的企业通过各种途径追求驰名商标的认定，甚至多次出现虚假认定驰名商标案件。浙江省高级人民法院在2008年颁布的《关于在民事审判中防范和查处虚假诉讼案件的若干意见》中，将驰名商标认定的案件列为六类常见虚假诉讼案件之一。因此，在《商标法》的第三次修正中，规定了禁止驰名商标宣传的条款。

而2019年《商标法》的第四次修正，更是对近年来社会各界对于商标的保护运用过程中出现的现实问题的具体回应。其中最重要的修改便是针对商标的恶意注册问题。中国当前存在大量的不以使用为目的，恶意抢注知名商标的现象，恶意注册的目的是向知名商标的权利人或在先权利人出售该商标进而牟取暴利。这一行为背离了商标注册使用的初衷，产生的“搭便车”或者“敲竹杠”的结果只会造成社会福利的净损失，不利于市场公平竞争秩序的实现。此次商标法修改从实体到程序等诸多方面完善了对于商标恶意注册的规制。其中首先明确规定商标注册应以使用为目的，不以使用为目的的恶意商标注册申请，应当予以驳回。将不以使用为目的的恶意商标注册申请作为商标异议的申请事由。而对于已经注册成功的不以使用为目的的恶意商标注册，赋予相关权利人向商标评审委员会申请撤销该注册商标的权利。为了保障禁止商标恶意注册的实施效果，还对代理机构施加相应的责任，规定商标代理机构知道或者应当知道委托人申请注册的商标属于不以使用为目的的恶意商标注册，不得接受其委托。此外，从恶意注册的后果方面，新商标法规定对恶意申请商标注册，根据情节给予警告、罚款等行政处罚；对恶意提起商标诉讼的，由人民法院给予处罚。

二、专利法律制度的变迁

相对于商标法律制度，专利法律制度在制定伊始便遭遇极大的阻力，反对建立专利制度的意见认为：专利制度与社会主义制度不相容，是在以西方模式解决我国科技发展问题；实行专利制度实际上只能保护外国垄断公司的利益，影响仿制，使技术成果的推广应用更加困难。❶ 最后，在多数人达成了“为了对外开放、引进技术和发展经济，中国应当制定一部自己的专利法”的共识后❷，1984 年 3 月 12 日，第六届全国人大常务委员会第四次会议通过《专利法》，并于 1984 年 4 月 1 日起正式施行。

然而，专利法存在一些争议，特别是在当时中国技术发展水平较为落后的情况下，认为专利保护不利于模仿和吸收国外先进技术。因此，相比于国际上一般的专利权保护标准，1984 年的《专利法》对专利权的保护处于一个较低的水平。例如，在该法中，规定对于药品、用化学方法获得的物质以及食品、饮料、调味品不授予专利权。专利权的保护期限也相对较短，其中发明专利保护期限为 15 年，实用新型和外观设计为 5 年，后两者到期后可以续展 3 年。

而随着中国的对外经济往来日益密切，低水平的专利保护使得中国面临不断加大的国际压力。1989 年，中国被美国列入“特别 301 条款”的“重点观察国家”名单。1991 年 4 月 26 日，美国将中国从“特别 301 条款”的“重点观察国家”名单划至“重点国家”名单，并指责中国缺乏对美国知识产权充分有效的保护。同年 12 月 3 日，美国宣布进行贸易报复。对中国的主要指责包括：没有对药品、用化学方法获得的物质等提供专利保护，未对商业秘密实施全面保护，未能保障商标权的有效实施等，并威胁如果中国不能实现上述要求，将对中国采取报复措施。

经过中美双方的多轮谈判和交锋，1992 年 1 月 17 日，中美政府签署了《关于保护知识产权的谅解备忘录》，中国接受了美国大部分的对于中国加强专利保护的要求。在 1992 年 9 月第一次修订的《专利法》中，扩大了专利权授予的范围，对化学物质、药品、食品、饮料和调味品给予专利保护；强化专利权的效力，赋予专利权人制止他人未经许可而进口专利

---

❶ 姜颖．在改革开放中诞生和发展的中国专利制度［J］．知识产权，1999（1）：3-7.

❷ 张玉敏．知识产权法制三十年［J］．法学杂志，2009（2）：14-17.

产品的权利，并将制造方法专利权的效力扩大到依照该方法直接获得的产品；延长了专利的保护期限，规定发明专利的保护期限为20年，实用新型和外观设计的保护期限为10年等。

2001年，中国正式成为世界贸易组织成员，从而具有了遵循《与贸易有关的知识产权协定》（Trade-related intellectual property agreements，TRIPS）的义务。为此，中国在2000年对《专利法》进行了第二次修订，进一步强化对专利权的保护，修改了其中不符合TRIPS协定要求的内容，例如，取消专利权依据企业所有制性质分为持有和所有的规定；规定申请人或当事人对专利复审委员会作出的复审决定或无效宣告请求审查决定不服的，可以向法院起诉。

相比于前面两次修订主要源自外部的压力，2008年《专利法》的第三次修订，则在很大程度上体现了中国自身对于提高专利质量和自主创新能力的迫切需要。特别是第三次修订的一个重要背景是：2006年国务院发布《国家中长期科学和技术发展规划纲要（2006~2020年）》，将“自主创新”的实现作为中国科技发展的核心目标。因此，在第三次修订的《专利法》中，部分修改内容鲜明地体现了中国致力于提高自主创新能力的迫切需要。例如，对于授予专利权条件的调整，第三次修订中将对发明和实用新型专利新颖性的判断标准从相对新颖性调整为绝对新颖性，即对专利申请前要求具备的新颖性从本国范围调整为世界范围，使得世界上任何国家的现有技术都可用来否定中国专利申请的新颖性，明显提升了在中国获得专利授权的难度。而中国的这一调整主要不是来源于外部的压力，事实上，美国直到2011年修订发明法案（America Invents Act）才将专利授权的标准从相对新颖性调整为绝对新颖性。这也进一步体现了中国对专利授权标准作出调整，主要是为提高专利质量，提升自主创新能力。

而目前正在进行《专利法》第四次修订，从2018年12月国务院常务会议审议通过的《专利法修正草案》中的相关修订内容来看，体现了相当数量的适应中国知识产权和创新发展需要的独特内容，例如，进一步强化和完善作为中国专利保护特色制度的专利行政执法，明确职务发明的激励机制，特别是允许单位对职务发明予以产权激励，从而使得困扰中国专利成果转化，特别是高校科研院所的专利成果转化问题有望得到解决。

三、著作权法律制度的变迁

著作权制度的建立有利于激励作品创作，振兴文化市场。然而，受改革开放后依然延续的计划经济体制和意识形态的影响，将具有公共产品属性的著作权纳入私法保护范畴受到了较大阻碍。因此，中国在改革开放之后重建著作权保护法律制度经历了漫长而曲折的历程。一直到 1990 年 9 月 7 日第七届全国人大常务委员会第十五次会议才通过《著作权法》，《著作权法》也成为继《商标法》《专利法》之后最后通过的核心知识产权法律制度。

在 1990 年的《著作权法》中，著作权仅包括发表权、署名权、修改权、保护作品完整权、使用权和获得报酬权，而对于诸如作品的广播权这样的著作权财产性权利并未赋予著作权人。原因在于当时的部分观点认为，我国的广播电台、电视台是宣传、教育的工具，不是商业台，听众、观众不缴纳收听、收看费用，更何谈向著作权人支付报酬。[1]

2001 年 10 月，为了满足加入世界贸易组织后对不符合 TRIPS 协定规定的条款进行修改的需要，《著作权法》进行第一次修订。主要的修订内容是大幅增加著作权的财产权利类型，增加了复制权、发行权、出租权、展览权、表演权、放映权、广播权、信息网络传播权、摄制权、改编权、翻译权、汇编权等一系列著作权权利类型，使得中国的著作权法实现同国际著作权保护标准的接轨。

2010 年 2 月，中国完成《著作权法》的第二次修订，这次修订幅度较小，主要是为履行世界贸易组织贸易争端裁决，争议的焦点在于 2001 年《著作权法》第 4 条，该条规定“依法禁止出版、传播的作品，不受本法保护。著作权人行使著作权，不得违反宪法和法律，不得损害公共利益”。该规定本身似乎并无问题，但往往与中国的行政审批制度存在冲突，即存在部分作品在国内是禁止出版、传播的，但作品内容并未违反法律，也没

---

[1] 张玉敏．知识产权法制三十年［J］．法学杂志，2009（2）：14-17.

有损害公共利益，这部分作品在 2001 年《著作权法》下就无法得到保护。❶ 因此，中国将《著作权法》第 4 条修改为“著作权人行使著作权，不得违反宪法和法律，不得损害公共利益。国家对作品的出版、传播依法进行监督管理”。

而对于目前尚在进行中的《著作权法》第三次修订，2012 年 3 月、2012 年 7 月和 2012 年 10 月，国家版权局分别发布《中华人民共和国著作权法（修改草案）》的第一稿、第二稿和第三稿，到 2020 年 4 月，《中华人民共和国著作权法修正案（草案）》提请全国人大常委会审议并向社会公众征求意见。迄今为止，著作权法的修订几易其稿，历时已逾八年。究其原因，与修改草案中的相关条款往往涉及多方主体的利益，使得历次修改草案的调整引发了广泛的质疑和争议有重要关系。其中部分典型争议例如法定许可范围规定是否过宽，著作权集体管理组织的延伸管理，网络服务提供商是否承担与著作权相关的信息审查义务等问题，不断出现新的草案意见推翻旧的草案意见的情况出现。而这样一个过程也恰恰反映出此次修订不同于著作权法前两次修订主要因为与国际规则接轨的外在压力，因此存在一个修改的准绳和依据，便于快速进行修订的情况。而《著作权法》的第三次修订是为了“顺应市场的发展和解决当下社会突出的矛盾问题”❷。某种程度上法律是平衡的艺术，由于在修订过程中涉及多方利益，如何有效地平衡不同主体的利益，是立法者需要科学分析、认真思考的问题，因而《著作权法》第三次修订延拓至今也在某种程度上体现了著作权立法的审慎性与复杂性。

从上述《商标法》《专利法》和《著作权法》的发展历程来看，存在

---

❶ 争议的起因在于中国对国外电影进口的审批和配额管理制度的存在，每年有相当数量内容健康、没有违反中国法律规定的国外电影无法进入中国市场，这也意味着它们被禁止在国内出版、传播。但是按照原有《著作权法》第 4 条的解释，这些电影作品即便在国内被盗版，也无法得到著作权法的保护。因此，国外电影公司通过美国政府在世界贸易组织争议解决机制中向中国提起诉讼，最终在知识产权纠纷案 DS362 中，世贸组织判定中国违反了作为 WTO 成员方的义务。

❷ 国家知识产权局．聚焦《著作权法》第三次修改［EB/OL］．（2015-05-25）［2020-04-07］．http：//www.sipo.gov.cn/gwyzscqzlssgzbjlxkybgs/zlyj_zlbgs/1062576.htm.

一个共性的规律，即在制定之初，由于经济、政治等方面的原因并未给予知识产权较强的保护，到后来因为面临外部的压力而不得不逐步提高对知识产权的保护水平，使中国的知识产权保护制度快速与国际接轨，再到近年来出于自身知识产权和创新发展的需要而主动进行知识产权法律制度的修订。这些法律的修订，一方面使得中国的知识产权保护水平得到了稳步提高，另一方面也不断适应中国知识产权发展的现实需要。

第四节 立法是否促进了中国经济发展

一、经济和知识产权法律的发展特征比较

从宪法层面确认的中国基本经济制度，到合同与财产法律制度，再到知识产权法律制度，均是现代市场经济发展的基础性制度，然而，从改革开放以来上述制度在中国的变迁历程来看，既存在共性的发展特征，也具有差异性的发展轨迹。

从共性的发展特征来看，无论是中国的基本经济制度，以及植根于中国基本经济制度的合同与财产法律制度，还是较为典型的作为“舶来品”的知识产权法律制度，均具有渐进式的发展路径。中国在实行改革开放后，没有“一刀切”地与计划经济体制进行切割，也没有对私营经济等非公有制经济在中国经济体制中的地位给予确认。在这样的基础上，改革开放初期制定的合同法是作为国家计划管理工具的形式存在的。单行的物权法律则直接缺席。知识产权法律制度仅仅提供了最低限度的知识产权保护。

与此同时，中国采取务实的“实践是检验真理的唯一标准”“摸着石头过河”的态度发展市场经济，最大化地减少改革的阻力和潜在的政治经济的动荡。经济发展到何种程度，人们的思想解放到何种程度，再通过历次的宪法修正案确认市场经济体制的建立，肯定非公有制经济的重要作用和地位，从而一方面巩固改革取得的成果，另一方面也促进了合同和财产法律制度的发展。1981 年制定的共 57 条的《技术合同法》历经 1993 年的

修订，到1999年在以往商事实践经验和国际商事条约基础上制定符合现代市场经济要求的共428条的《合同法》。财产法律制度则从以财产所有权的形式散见于1987年施行的《民法通则》，到历经14年和6次审议，终于在2007年颁布实施《物权法》。《商标法》《专利法》和《著作权法》也历经数次修订，使得中国的知识产权保护水平不断提高，从而显示了中国法律制度发展的鲜明的渐进式特征。

而从差异性的发展特征来看，宪法上对中国基本经济制度的规定以及相应的合同、财产法律制度实际是对发展所不断取得的阶段性成果的确认，体现了先发展后立法的典型特征。而如果说中国经济的发展是在探索中前行的话，那么，知识产权法律制度则恰如一盏指路明灯，对中国知识产权和创新事业的发展起到了重要的引领作用。虽然同样由于改革开放之初的政治经济环境，中国建立知识产权制度遭遇了重重阻力，但毕竟还是较早地在中国建立起知识产权制度，特别是《商标法》和《专利法》这两部关系市场经济秩序和创新发展需要的知识产权法律制度，在改革开放之初的1982年和1984年即已颁布。虽然起初的中国知识产权法律制度还极不完善，对知识产权的保护水平较低，但是后来相关理论和实证的研究表明，这样的选择可能是正确并有利于发展中国家的创新发展和经济增长的。

知识产权保护涉及事前的创新激励和事后的垄断扭曲的权衡。[1] 因此，过强的知识产权保护可能并非最优的知识产权环境。知识产权保护水平应当同经济发展水平相适应，对于发展中国家，过强的知识产权保护可能反而会对创新产生阻碍作用。[2] 陈（Chen）和普特曼（Puttitanun）

[1] Nordhaus W D. An economic theory of technological change [J]. The American Economic Review, 1969, 59 (2): 18-28; Romer P M. Endogenous technological change [J]. Journal of political Economy, 1990, 98 (5, Part 2): S71 - S102; Grossman G M, Helpman E. The politics of free - trade agreements [J]. The American Economic Review, 1995, 85 (4): 667-690.

[2] Chin J C, Grossman G. Intellectual property rights and North-South trade [R]. National Bureau of Economic Research, Inc, 1988; Helpman E. Innovation, imitation, and intellectual property rights [J]. Econometrica, 1993, 61 (6): 1247-1280.

(2005)[1] 构建了针对发展中国家创新和知识产权保护之间关系的理论模型，发现最优的知识产权保护水平与经济发展水平之间存在非线性的关系。当经济发展水平低时，知识产权保护水平也随之较低，但当经济发展水平逐步提高时，知识产权保护水平应随之提高。产生这一结果的关键原因在于，当一国的经济发展水平较低时，创新的主要来源在于模仿；而随着知识产权保护水平的逐步提高，在发展中国家知识产权相关产业通过模仿而实现前期积累从而具备了自主创新的能力后，需要通过加强知识产权保护从而实现创新发展水平的提升。日本和美国的发展经验也可以佐证上述理论。日本在“二战”后，特别是20世纪六七十年代实现了高速的经济发展，但是直到80年代，日本才开始采取较高的知识产权保护水平。[2]而直到1982年，美国还是发达国家中采取较低专利保护水平的国家之一。[3]

因此，中国虽然在改革开放之初仅仅建立了较低水平的知识产权保护制度，但低水平的保护是与当时中国同样较低的经济发展水平相适应的，低水平的保护有利于中国通过模仿吸收发达国家的先进技术从而快速提高中国自身的技术能力和生产力水平，而相对于无保护的状态又能够吸引外国直接投资。而在中国利用后发优势，通过模仿吸收而不断提高自身的技术创新能力后，中国也逐渐积累了自主创新的能力。此时中国虽然在外部环境的压力下不得不通过修订知识产权法律来逐渐提高知识产权的保护使之达到符合国际标准的水平，但客观来说，中国知识产权保护水平的提高是与中国经济实现高速发展，与发达国家的技术差距逐渐缩小，需要提升自主创新能力的需要相吻合的。而随着中国创新能力的日渐提高，在总结既往知识产权和创新发展经验的基础上，中国也具有了根据自身的实际需

---

[1] Chen Y, Puttitanun T. Intellectual property rights and innovation in developing countries [J]. Journal of Development Economics, 2005, 78 (2): 474-493.

[2] Ordover J A. A patent system for both diffusion and exclusion [J]. Journal of Economic Perspectives, 1991, 5 (1): 43-60.

[3] Reichman J H. Intellectual property in the twenty-first century: Will the developing countries lead or follow? [J]. Houston Law Review, 2009 (4): 1116-1117.

要对知识产权法律制度进行调整和优化的需要。因此，中国的知识产权法律制度以其在不同阶段的不同知识产权保护水平，适应了不同时期中国创新和经济发展的需要，对于中国的创新发展发挥了重要的作用。

综上所述，如果从立法与发展的时间顺序角度来看，对于中国的合同和财产法律制度，我们必须承认是发展促进了合同、财产等经济法律制度的完善。而对于知识产权法律制度，从理论到实践都证明了法律是促进创新发展的重要基础和保障。

二、立法道路选择的判断进路

应当如何评价合同、财产法律制度与知识产权法律制度所走出的差异性的发展轨迹呢？是否可以就此以知识产权法律制度促进创新发展的成功经验来批评合同、财产法律制度缺乏前瞻性，没有充分发挥促进经济发展的重要作用呢？

从制度经济学的角度来看，立法或者说法律制度本身是一套人为设计的人类相互交往的规则。它抑制着可能出现的、机会主义的和乖僻的个人行为，使人们的行为更可预见并由此促进劳动分工和财富创造。❶ 因此，从功利主义的角度，只要制度规则本身具有促进经济社会发展的功效，理论上就具备了在任何一个人类社会施行的可行性和必要性。所以对于作为法制后发国家的发展中国家，吸收他国的成功发展经验，将他国的法律制度通过法律移植的方式拿来为我所用，是低成本、高收益的法律制度发展的理性选择。

然而，之所以不同国家、不同制度类型的法律拿来主义取得了截然不同的效果，在于移植而来的法律制度绝不仅仅是换上本国的外衣即可有效运行的，须知法律制度的运行是作用于人的，而不同国家、地区的人在作出行为选择时，面临着不同的约束条件。每一项规则，不论是法律规则还

---

❶ 柯武刚，史漫飞．制度经济学：社会秩序与公共政策［M］．韩朝华，译．北京：商务印书馆，2008：35.

是其他非正式规则❶，均构成了对个人选择产生影响的约束条件。经济学中有一个概念叫作“激励相容”，意思是说，每个理性经济人都会有自利的一面，其个人行为会按自利的规则行动；如果能有一种制度安排，使行为人追求个人利益的行为，正好与企业实现集体价值最大化的目标相吻合，这一制度安排，就是“激励相容”。因此，对于移植而来的法律制度，实质上是对移植法律的继受国的公民继续施加一项新的约束条件，这项新的约束条件是否会在继受国产生如同在该规则的母国所产生的类似的效果，取决于继受国的公民在作出与这一约束条件相关的行为选择时，在该约束条件和其他相关正式和非正式规则的共同影响下，使继受国的公民追求个人利益的行为与移植的法律制度的价值目标是否能够保持一致，从而实现激励相容。

因此，我们在进行立法道路的选择时，实际上重点不应该在于讨论法律可否移植，事实上也没有一个统一的、放之四海而皆准的答案。我们真正应该思考的，是如果选择对某一法律制度进行法律移植，该制度在成为我国的一项法律制度后，会对该制度在我国的适用对象产生何种影响？是否存在可能和该制度的运行产生补充或抵消性作用的正式制度和非正式制度？如果存在抵消性的正式或非正式制度的力量，该制度引入产生的收益与既有的成本孰高孰低？如果对于上述问题有了相对清晰的答案，相信对于是否需要移植及怎样移植他国的法律制度也就有了答案。

回到本章所重点分析的中国合同和财产法律制度以及知识产权法律制度。之所以知识产权法律制度发挥了促进中国创新发展的重要作用，一方面，如前面所解释的，与中国采取了正确的渐进式、由弱到强的知识产权保护制度具有重要的关系；另一方面，知识产权制度是为鼓励创新所新设立的一项具有垄断性的财产性权利，因此，引入该制度后，不会存在影响该制度运行效果的其他正式和非正式制度。且作为新增的财产性法律制

❶ 这里所指的非正式规则，又称非正式制度，是指人们在长期社会交往过程中逐步形成，并得到社会认可的约定俗成、共同恪守的行为准则，包括价值信念、风俗习惯、文化传统、道德伦理、意识形态等。

度，不会影响既得利益者的利益，也就意味着基本不存在对该制度的运行产生严重阻碍的利益相关者。上述两方面原因，使得知识产权法律制度的移植能够在中国发挥积极的促进创新的效果。

而对于财产和合同法律制度，由于财产保护和交易是人类社会出现分工以来就必然存在的两种行为，人类本身就具有保护自身财产和交易安全的本能动机。因此，即便不存在财产和合同法律制度，人类也会创造多种不同的替代性机制来实现对财产和交易的保护。例如，以家族企业形式进行经营来保障企业的财产安全，交易在熟人之间进行，从而基于“关系”和“信誉”来保障交易安全的实现。因此，当我们讨论是否需要进行财产和合同法律制度的移植时，就需要首先考察一国当时对于财产保护和合同交易相关的正式和非正式规则的运转情况，从而分析上述规则可能会对移植而来的财产、合同法律制度产生怎样的影响，进而判断当时是否具备法律移植的条件。

为了判断中国在改革开放之初是否具备移植市场经济国家的财产和合同法律制度的条件，我们首先观察当时的社会政治经济背景。早在1956年年底，中国在绝大部分地区已经基本完成了对生产资料私有制的社会主义改造，建立起以社会主义公有制为基础的计划经济体制。这一基本经济体制一直持续到改革开放之初，并在1982年《宪法》中继续得到确认。因此，在生产资料私有制已经被消灭逾二十年的背景下，移植以私有财产保护为核心的现代市场经济财产法律制度，既不适应当时以生产资料公有制为基础的经济关系，也缺乏对私有财产保护的现实需求。即便在当时强行移植并实施市场经济条件下的财产法律制度，一方面，可能由于缺乏法的适用基础而使法律成为书本上的法；另一方面，中国刚刚结束长达十数年的政治动荡局面，此时颁布一部宣称保护私有财产的法律，可能会进一步导致思想认识层面的争议和混乱，反而不利于改革在实践中的不断推进。

而在交易安全的保障方面，由于当时中国实行的是计划经济管理体制，也就不存在合同自由的基础，正如1981年颁布的《技术合同法》在立法目的中明确阐明合同是为了“保障国家计划的执行”。因此，计划经济的管理体制一方面不需要合同自由，另一方面也自然而然地成为替代合同法律制度、保障交易安全的替代性机制。

此外，即便考虑到随着改革开放的不断深入，非公有制经济已经在逐步地发展壮大，似乎财产和合同法律制度在中国的发展明显滞后于现实的需要。实际上，虽然法律意义上的完善的财产和合同保护制度在中国长期缺位，但中国具有其他有效的替代性机制来保障财产和合同的安全。其中曾经作为中国政治、经济和社会体制基础的“单位”便是重要的替代性机制之一。在中国的社会生活中，即便到今天，人们往往还习惯把自己所就业于其中的社会组织或机构，如工厂、学校、医院、党政机关等称为“单位”，可见单位制度对中国影响之深。在单位体制下，一切微观社会组织都是单位，每一个个体都分属于不同的单位。所有的基层单位都表现为国家行政组织的延伸。单位甚至逐渐演化成为家族式的团体，是一个其成员因长期共事而彼此熟识的共同体。❶ 因此，单位这样一个连接国家行政组织和居民个人的微观组织，便通过单位成员之间的“关系”、熟人社会之间对“声誉”的重视以及单位与国家行政力量的连接，而成为保护私有财产、保障交易安全的重要机制。❷ 据统计，依照国有产权所占社会资源的比例、政府控制社会资金、单位从业人员与社会劳动总人口比例这三种标准计算三个不同时期单位社会在中国整体社会中的比重：1952～1978 年为 100%；1978～1992 年为 70%～95%；1992～1998 年为 45%～70%。❸ 从上述统计可以发现，即便到了 20 世纪末期，单位制度对中国依然具有主导

---

❶ 路风．单位：一种特殊的社会组织形式［J］．中国社会科学，1989（1）：71-88.

❷ 对于中国的农村地区而言，一方面，从 1958 年第一个人民公社成立，开始建立“三级所有，队为基础”的农村基层政治经济组织，到 1984 年年底 99% 以上的农村人民公社完成政社分开，同样形成了类似于单位制度的农村基层治理体制；另一方面，中国的农村和城市人口流动受到户籍制度的限制，农村长期处于较为封闭的熟人社会阶段，使得农村地区更加重视“关系”和“声誉”的影响，因此，在农村同样具有较强的保护私有财产、保障交易安全的机制。

❸ 杨晓民，周翼虎．中国单位制度［M］．北京：中国经济出版社，2002：34-55.

性的影响，使中国即便不存在完善的财产和合同法律制度，单位制度也能够在很大程度上对侵害财产和交易安全的企图和行为产生威慑和约束。

综上所述，在改革开放初期，实际上中国并不具有建立现代市场经济意义上的财产和合同法律制度的现实需要和基础。盲目地移植与中国的政治、经济生态不符的法律制度，反而不利于改革开放的持续推进。而随着改革开放的不断深入，以私营经济为代表的非公有制经济日益发展壮大。相比于计划经济，市场经济在解放生产力，提高人民生活水平上具有的优势作用逐渐显露出来，市场经济开始和越来越多人的生产、生活发生紧密关联，逐渐改变了中国原有的不适应市场经济条件的财产和合同保护法律制度发挥作用的外部约束条件。再加之单位社会在中国社会中的比重开始逐步下降，城乡二元的经济体制日趋解体，传统的“熟人社会”开始向“生人社会”模式转型，“关系”和“声誉”对于保护私有财产和保障交易安全的效率和作用能力在下降，因此，需要国家通过引入财产和合同法律制度，并通过逐步完善财产和合同的法律保护水平，从而更有效地保护社会财产，保障交易自由与安全，促进市场经济的持续稳定发展。

因此，并不存在一个绝对意义上的立法促进经济发展还是经济发展促进立法完善的理论更适用于解释立法与中国经济发展关系的答案。中国的财产和合同法律制度采取先发展后立法的模式适合中国在改革开放之后的客观政治经济环境和现实发展需要，而知识产权法律制度通过立法促进创新发展也同样是适合当时的现实情况需要的。立法与发展的关系中何方在先、何方在后实际上取决于不同类型法律制度引入之时，包括政治、经济等在内的一系列相关的正式和非正式约束条件是否适合并有利于法律制度的引入和实施。

徒法不足以自行，立法完成之后，司法的状况又如何，是否能够保障法律制度的有效运行，从而促进社会经济的发展？笔者将在下一章进一步探讨司法与中国经济发展的关系。

第五章　司法与中国经济发展

在计划经济体制下，国家和社会高度同一，任何纠纷和冲突往往都是经由行政机关来解决，法院在社会权力体系中几乎完全被边缘化。[1] 而在实行改革开放，开始从计划经济向市场经济体制进行过渡后，随着私营企业、外资企业、个体工商户等独立于政府之外的非公有制经济市场主体开始大量出现，原有的由政府处理纠纷的机制不得不让位于以法院为核心的司法解决机制。在党的十一届三中全会作出“改革开放”和“健全社会主义法制”的决定后，1979 年 7 月，包括《人民法院组织法》《人民检察院组织法》在内的七部重要法律在第五届全国人大二次会议上得到通过，创造了中华人民共和国成立以来全国人大会议中通过法律最多的纪录，成为中国法制史上著名的“一日七法”。这也体现了中国对于恢复司法体系运作的高度重视。

司法体系的恢复运作为法在社会经济中的运用提供了制度前提和基础，中国以法院为核心的司法体系在改革开放后的发展状况和趋势如何？是否发挥了在经济社会发展过程中定分止争的作用？此外，法的有效运行有赖于“公正、廉洁、为民”的司法核心价值观是否能够在司法体系中得到有效维护。[2] 特别是对于司法的公正性价值，更是司法追求的核心目标和法律发挥作用的重要基础。如果缺乏司法的公正性，法律制定得再完

---

[1] 信春鹰．中国需要什么样的司法权力［J］．环球法律评论，2002（1）：59-70.

[2] 2010 年 3 月，在第十一届全国人民代表大会第三次会议上，时任最高人民法院院长王胜俊提出了人民法官应树立公正、廉洁、为民的司法核心价值观。最高人民法院于 2010 年 8 月 5 日公布了《关于进一步加强人民法院文化建设的意见》（法发〔2010〕31 号），以正式文件的形式将公正、廉洁、为民的司法核心价值观确立下来。

善，也无法得到有效的遵守和运用。因此，评估司法与中国经济发展的关系，关键就是判断改革开放之后，中国以法院为核心的司法体系，是否能够做到公正平等地处理各市场主体之间的民商事纠纷，保障自由平等的市场公平竞争秩序，从而促进市场经济的健康有序发展。

为回答上述问题，本章首先将结合相关数据，描述性地分析以法院为核心的中国司法体系的发展趋势。然后，结合中国司法制度体系中广受质疑的法官素质和法院组织、司法偏向性保护两个方面的问题展开分析，从而探讨司法体系是否可以支撑中国的经济发展。❶

第一节　中国法院的发展趋势

改革开放以来，法院在中国经济和社会发展中的重要性日益提升。首先表现在中国法院受理的民商事案件的数量大幅增加。表 5-1 展示了自 1986~2017 年中国法院受理的一审民事案件和合同纠纷案件数量。1986~2017 年，一审民事案件的数量增长 767.19%；1986~2001 年，经济合同纠纷案件的数量增长 229.75%。❷

表 5-1　法院的使用情况：一审法院案件受理数　（件）

年份	民事案件的总数量	合同（经济）纠纷数
1986	1 311 562*	322 153
1987	1 213 219	365 156
1988	1 455 130	513 615
1989	1 815 385	690 765
1990	2 444 112	543 613
1991	2 448 178	516 507

❶ 以下第一节的部分内容曾以“法治与改革——基于中国法院系统的历史与实证研究”为题，发表在《经济社会体制比较》2016 年第 1 期。

❷ 更早年份的数据我们无法获得，并且由于在 2002 年后，年鉴中汇报的合同纠纷数量同时包含非经济合同纠纷，因而经济合同纠纷案件增长率的计算只能截止到 2001 年。

续表

年份	民事案件的总数量	合同（经济）纠纷数
1992	2 601 041	598 610
1993	2 983 667	824 448
1994	3 437 465	971 432
1995	3 997 339	1 184 377
1996	4 613 788	1 404 921
1997	4 760 928	1 373 355
1998	4 830 284	1 329 020
1999	5 054 857	1 410 107
2000	4 710 102	1 184 613
2001	4 615 017	1 062 302
2002**	4 420 123	2 266 695
2003	4 410 236	2 266 476
2004	4 332 727	2 247 841
2005	4 380 095	2 265 362
2006	4 385 732	2 240 759
2007	4 724 440	2 463 775
2008	5 412 591	2 933 514
2009	5 800 144	3 151 716
2010	6 090 622	3 222 555
2011	6 614 049	3 333 595
2012	7 316 463	3 776 137
2013	7 781 972	4 121 224
2014	8 307 450	4 589 375
2015	10 097 804	
2016	10 762 124	
2017	11 373 753	

注：*　该数据是由民事案件和经济案件加总计算而得。

** 从 2002 年起，合同纠纷的统计数量中同时包含非经济合同纠纷。2015 年及之后，年鉴未公布合同纠纷的数量。

数据来源：各年份《中国法律年鉴》。

表5-1中法院案件受理数量增加所体现的法院重要性的提升实际存在两个维度的原因，即可以分别从司法服务需求的提升和司法服务供给的增加两个方面展现中国法院的发展状况。

首先，从对司法的需求方面来看，越来越多的企业倾向于通过法院解决潜在的纠纷。笔者运用中国私营企业调查数据观察私营企业利用法院来处理商业纠纷的比例变化。❶ 表5-2展示了具体的变化情况，在1995~2006年，私营企业在遭遇纠纷时选择通过法院诉讼方式进行解决的比例从9%左右上升到32%左右，而选择通过协商方式解决的比例则从87%左右下降到53%左右。需要注意的是，在2002年数据出现了一个跳跃，原因在于2002~2006年的调查问卷中，私营企业家被要求提供排名前三位的偏好的纠纷解决方式，而在1995~2000年的调查问卷中，私营企业家被要求给出他们最偏好的纠纷解决方式。虽然由于自2002年起调查问卷设计变化的原因，我们不能仅依据选择法院诉讼方式的比例增加就断定企业更依赖于法院来解决商业纠纷。然而，选择协商方式解决纠纷的比例下降则为我们提供了可信的证据，即企业越来越倾向于选择非协商的方式解决纠纷，这其中就包括法院诉讼。这与随着经济的增长，企业更偏好公正无私的仲裁者的观点是一致的。因此，表5-2中的数据表明随着时间的推移，私营企业对法律服务的需求不断提高，越来越倾向于通过法院诉讼的方式来解决纠纷。

表5-2 诉讼解决与协商解决的选择比例

年份	诉讼方式比例（%）	协商方式比例（%）
1995	8.8995	87.4163
1997	8.1806	84.6204

❶ 中国私营企业调查数据是由全国工商联、中共中央统战部在各地方工商局的帮助下，分别于1995年、1997年、2000年、2002年、2004年和2006年所作的针对私营企业的调查数据。该数据每年的调查对象都包括来自中国所有省份的超过2000家的私营企业，整个调查数据包括18527家被调查企业，因而样本对于全国而言具有较好的代表性；另外，数据的时间跨度超过10年，便于观察中国法院的发展变化历程。

续表

年份	诉讼方式比例（%）	协商方式比例（%）
2000	11.0817	85.0773
2002	25.5333	66.0309
2004	35.9136	57.8782
2006	31.9295	52.7261

数据来源：基于中国民营企业调查数据（1995~2006）所作的计算。

此外，从司法供给的角度，同样可以发现司法服务的供给在逐年增加的事实。首先，无论法律从业人员的数量还是质量都出现了大幅的上升。最早的中国法官大多来源于退伍军人或者警察，在他们成为法官前极少接受过法律专业训练。在1991年，中国共有13万名法官，其中仅有1万名拥有大专以上学历。而到了2005年，法官的数量增加到22万名，而其中至少有9万名具有本科及以上学历。这些数字意味着中国法官的数量和具有大专以上学历法官数量的年均增长率分别为3.8%和17%，[1] 同时法律继续教育和其他的培训项目也在定期地对法官展开。

与此同时，律师的数量也出现了大幅增长。1995~2011年，律师和全职律师的总数分别从9.06万人和4.5万人增加到213 045人和192 546人，年均增长率分别达到5.5%和9.5%。[2] 此外，相比于从1949~1987年约40年中，只有6万名法学本科毕业生的情形，仅2006年一年就有超过9.15万名毕业生取得法学学士学位。[3] 值得注意的是，中国法官的数量要多于律师的数量，这同美国形成鲜明的反差。这种差别也反映了中国律师职业化的较短历史以及法官在调解纠纷中所发挥的重要作用。

以上主要从数量维度关注司法服务方面的情况，以下笔者基于相关数据来考察在司法服务质量方面存在何种发展趋势。在中国私营企业调查数据中，被调查者会报告他们是否满意所选择的纠纷解决方式的结果，不同

[1] Long C X. Does the rights hypothesis apply to China? [J]. Journal of Law and Economics, 2010, 53 (4): 629-650.

[2] 数据来源于历年《中国律师年鉴》。

[3] 数据来源于历年《中国统计年鉴》。

于选择纠纷解决方式的调查结果，对解决纠纷方式满意度的调查是要求企业家对每种他们所偏好的纠纷解决方式进行事后的评价，因此能更为准确地衡量法院的质量。具体通过法院和协商解决纠纷的满意度调查结果如表5-3所示。

表 5-3　通过法院和协商解决纠纷的满意度

年份	对法院解决纠纷的满意度（%）	对协商解决纠纷的满意度（%）
1995	53.8044	75.6260
1997	57.6000	82.4261
2000	63.8554	85.8460
2002	67.7778	91.6534
2004	77.5091	89.1768
2006	83.1325	90.4888

数据来源：基于中国民营企业调查数据（1995~2006）所作的计算。

从表5-3可以发现，1995~2006年，在选择通过法院解决纠纷的被调查企业中，报告对结果表示满意的比例从1995年的54%左右增加到2006年的83%左右，并且这种增长是持续和稳定的，显示了私营企业家对法院的满意度在逐年上升。而对于协商解决方式的满意度则在2002年以后保持平稳并略有下降。这进一步证明了1995~2006年，至少对于私营企业而言，法院的法律服务质量是在不断提升的。随着法院受理的案件总数不断增加（见表5-1），企业也更加愿意选择司法途径来解决纠纷（见表5-2），而所观测到的对法院满意度的提升正是建立在法律供给数量和质量大幅增加的基础上的。

另外一则关于司法质量提升的证据来源于中国法院的裁判文书。从1985年起最高人民法院开始定期出版《中华人民共和国最高人民法院公报》，其中选取了各级法院判决的有代表性的判决文书，这些判决文书对各级地方法院今后类似的案件判决具有指导作用，因而在某种意义上可以视为中国的判例法。对这些案件的分析显示，随着时间的推移，案件的复杂程度也在增加，法官在判决文书中的思辨与说理也更为老练。1985~

2008 年，财产权案件的判决文书页数从平均 1 页增加到 4 页，合同类案件内容则从平均 1 页增加到 5 页。虽然数据比较简单，但其中所传递的信息是清楚的，即法律案件的复杂程度逐年提高，因而对法官和律师等法律从业人员的专业水平要求也在大幅提升。

从上述改革开放以来中国法院发展的相关数据判断，无论司法需求的不断增加还是司法供给的逐步提升，均显示了在中国经济发展的过程中，法院的重要性和作用是在不断提升的。即便在提升相对困难的质量维度，也有一定的证据支持法院在服务中国经济发展方面取得了长足的进步。

然而，在发展过程中，中国司法所存在的问题也值得我们关注和重视。长期以来人们对中国的固有认识便是缺乏完善的司法制度体系，人们质疑法治推动发展的理论是否可以适用于中国的一个重要原因也是对于中国司法公正性的怀疑。对于法院公正性的问题，最高人民法院也并未避讳，在 1999 年最高人民法院印发的《人民法院五年改革纲要》中，明确提出法院系统存在的四个方面问题，除最后一方面是涉及法院经费问题外，其他三个方面的问题都与司法公正性有关，包括“第一，司法活动中的地方保护主义产生、蔓延，严重危害我国社会主义法制的统一和权威；第二，现行的法官管理体制导致法官整体素质难以适应审判工作专业化要求，难以抵制拜金主义、享乐主义、特权观念等腐朽思想的侵蚀，人民群众对少数司法人员腐败现象和裁判不公反映强烈，直接损害了党和国家的威信；第三，审判工作的行政管理模式，不适应审判工作的特点和规律，严重影响人民法院职能作用的充分发挥”❶。归纳来说，涉及法官素质和法院组织、司法偏向性保护两个方面的问题，在本章接下来的两节内容中，笔者将首先分析法院素质和法院组织方面的问题，然后具体讨论司法偏向性保护问题。

---

❶ 最高人民法院印发《人民法院五年改革纲要》［EB/OL］.（1999-10-22）［2020-04-09］. https：//www. chinacourt. org/article/detail/2013/04/id/941425. shtml.

第二节　法官素质和法院组织问题

一、法官素质问题

在法院系统甚至整个司法体系中，作为直接行使审判权力的法官无疑是居于核心位置的。由于司法是具有极高专业性的活动，各国对法官的选任一般都提出极高的专业性要求，往往要求受过严格的法学教育和训练，具有丰富的司法实践经验，从而保障司法审判的质量。

然而，中国在改革开放后重建司法体系的过程中，对法官的任职条件实质上近乎没有专业性的要求。在 1979 年颁布的《人民法院组织法》第 34 条对于法官的选任标准上，规定“有选举权和被选举权的年满 23 岁的公民，可以被选任为人民法院院长，或者被任命为副院长、庭长、审判员和助理审判员，但是被剥夺政治权利的人除外”。到 1983 年对《人民法院组织法》进行修订时，在第 34 条下增加了一款关于法官专业性的要求，即“人民法院的审判人员必须具备法律专业知识”。但是对于什么是“具备法律专业知识”，没有清晰的标准。为什么当时的立法者不对法官的任职资格规定一个具体的、具有可操作性的选任标准呢？笔者认为并非当时的立法者不清楚专业性的法官对于司法审判的重要性，而是正如笔者在第三章中所说明的，司法系统的建设需要高昂的成本，其中就包括培养、选任符合资质的法官充实到司法体系中。

在改革开放前，由于政治运动的原因，特别是“文化大革命”期间政法院校全面停摆（1969~1977 年），使得法律人才的培养断档。1979 年 9 月，中共中央发布《关于坚决保证刑法、刑事诉讼法切实实施的指示》，指出“过去撤销的政法院校和政法、公安院校应尽快恢复起来，有条件的文科大学应该设置法律系或是法律专业”。1977 年冬恢复高考后，北京大学法律系、吉林大学法律系、湖北财经学院法律系率先恢复招生，1978 年西南政法学院和中国人民大学法律系恢复招生，这才有了首批法律专业的学生。有了学生还需要法学师资的保障，然而，到 1983 年，全国仅有 27

名法学教授，且大多年龄在 65 岁以上。法学副教授有 117 名，年龄也大多在 55 岁以上。[1] 在法学教育师资和学生严重不足的情况下，对于法官的任职显然无法提出专业资质的要求。

因此，受制于法律专业人才稀缺的现状，在改革开放之初，大量的非法学专业人员进入法官队伍。根据苏力于 20 世纪末在湖北基层法院的调研结果，中国基层法官队伍大致有三个来源：一是正规院校来的学法律的或非法律的毕业生，包括大学本科和专科，这类人所占比例不到 10%；二是从当地招考或政府其他部门调入法院的，这些人大约有 30%；其他的则是复转军人，大约超过 50%。[2] 虽然上述统计只是来源于湖北省部分基层法院的数据，但在一定程度上也可以说明，直到 20 世纪末期，中国的法院中受过系统性的法学专业教育的法官依然不占主体地位。

二、审判委员会的问题

鉴于司法人员素质较低的实际情况，部分学者提出了审判委员会制度，实际上这是当时中国所采取的尽可能地避免由于司法人员素质而导致错判问题的替代性制度解决办法。审判委员会制度实际上在 1954 年的《人民法院组织法》中即已设立，该法第 10 条规定："各级人民法院设审判委员会。审判委员会的任务是总结审判经验，讨论重大的或者疑难的案件和其他有关审判工作的问题。"从审判委员会设立的目的来看，主要是通过对重大和疑难的案件进行讨论，从而帮助法官提高和保障审判的质量。贺卫方观察认为，审判委员会对具体案件决定权的强化是从 20 世纪 70 年代末期开始的，这一趋势与中国法律专业化程度处于较低的水平，因而不得不通过更多监控机制以保证司法决策的质量有关。[3] 苏力也指出，

---

[1] 贾宇．改革开放三十年法学教育的发展及其当前改革［J］．法律科学，2008(6)：3-8.

[2] 苏力．送法下乡：中国基层司法制度研究［M］．北京：中国政法大学出版社，2000：328-329.

[3] 贺卫方．司法的理念与制度［M］．北京：中国政法大学出版社，1998：146-147.

审判委员会是法院内部的一个提高法官司法审判素质和水平的可能的制度设置。在某些地方已经起到了或有可能进一步起到在一个管辖区内统一执法标准的作用。❶ 李雨峰也认为，审判委员会的业务能力要高于承办案件的法官或合议庭，从而弥补基层法院的法官总体上素质较低、能力较差的问题。❷

作为一项具有中国特色的，也是受到广泛争议的司法审判组织制度，审判委员会虽然在改革开放的初期，通过集中有限的高水平审判资源对疑难案件进行把关，在一定程度上发挥了弥补法律专业人才紧缺、保障案件审判质量的作用，但是由审判委员会而不是负责案件审理的法官（合议庭或者独任法官）对部分疑难案件作出判决决定，使部分学者产生对司法公正性的担忧。

对审判委员会影响司法审判公正性的担忧主要在于，司法审判过程具有亲历性，致使法官是一种需要察言观色的职业。而审判委员会成员除承办案件的法官外，几乎都未亲自经历审判，审判委员会却在正常诉讼程序之外，具有案件的决定权，且这种决定过程没有任何的法定程序，不利于贯彻程序正义所要求的公开性、公正性和透明性。❸ 特别是审判委员会一般是由院长、副院长和各业务庭庭长等法院领导组成，更加使人担忧这会形成事实上的"行政"干预审判，影响司法审判的独立性。此外，对于什么是"重大的或者疑难的案件"缺乏明确的判断标准，使得审判委员会可以随意干预法官的审判。事实上，从邵六益对某一中级法院 2011~2015 年审判委员会讨论的案件主题分布的分析可以发现，政治影响、社会效果和涉诉信访类型案件的比例分别达到 3.25%、14.42% 和 3.25%。而完全意

---

❶ 苏力．送法下乡：中国基层司法制度研究［M］．北京：中国政法大学出版社，2000：112-114.

❷ 李雨峰．司法过程的政治约束——我国基层人民法院审判委员会运行研究［J］．法学家，2015（1）：1-18.

❸ 徐向华，等．审判委员会制度改革路径实证研究［J］．中国法学，2018（2）：54-55.

义上可归结为法律疑难的，只有9.35%。[1]这意味着相当数量的案件可能难以做到真正意义上的“以法律为依据，以事实为准绳”。

然而，也有部分学者认为审判委员会反而可以起到抵制外部干预、规避法官责任的作用。苏力发现，法官可以借助审判委员会来抵制人情和保护自己。中国绝大多数基层法院法官都是本地人，各种关系千丝万缕，在审判过程中极易受到各种关系的影响，而审判委员会恰好可以以“案件要上审判委员会，我做不了主”为由避免外部的影响和干预。[2]李雨峰基于在法院挂职期间担任审判委员会委员的经历也发现，审判委员会在一定程度上分散或者减轻了法官们来自熟人的说情、打招呼，上级或者同级行政部门的“请示”的压力。[3]

上述两方面的观点均有其合理性，如果诉之于形式上的司法独立性，审判委员会作为非亲历庭审过程的案件实际判决者，对案件事实的了解只是依赖于卷宗和案件审理法官的陈述，却可能作出完全不同意合议庭意见，或者暂时不作决定，或者向上一级法院、政法委请示的决定，[4]属于对司法审判的明显干扰。而如果考虑到中国司法审判的现实语境，也不可忽视审判委员会对于保障审判质量，在中国的关系社会中帮助法官抵制某些方面的外部压力起到的积极作用。

因此，至少在现阶段，审判委员会的存在可能具有其现实意义。笔者倾向于认为，审判委员会是中国司法发展过程中的阶段性产物，审判委员

---

[1] 邵六益．审委会与合议庭：司法判决中的隐匿对话［J］．中外法学，2019（3）：713-738.

[2] 苏力．送法下乡：中国基层司法制度研究［M］．北京：中国政法大学出版社，2000：120-122.

[3] 李雨峰．司法过程的政治约束——我国基层人民法院审判委员会运行研究［J］．法学家，2015（1）：1-18.

[4] 根据邵六益对某一中级法院审判委员会讨论的案件的决定类型分布，其中同意合议庭意见的占47.66%，同意合议庭多数意见的占17.53%，同意合议庭少数意见的占10.78%，完全持不同意见的占3.64%，暂不定的占11.82%，请示的占4.94%，决定先行调解的占3.25%，其他占0.013%。参见：邵六益．审委会与合议庭：司法判决中的隐匿对话［J］．中外法学，2019（3）：713-738.

会的存废取决于未来中国的司法发展状况，其中有两个重要的因素：第一，法官的素质是否能够得到普遍性的提高，使得法官有能力驾驭重大、疑难案件；第二，是否可以建立一个有效的保障法官不受不合理干扰，独立审理案件且能够对法官的不当行为进行监督的替代性机制。

三、法官素质和审判委员会问题的优化路径

对于法官的素质问题相对较易处理。法官素质的提高是一个发展问题，随着法律专业人员培养能力的不断提高，越来越多的受过专业法律训练的法律人员充实进入法官队伍，会不断地提高法官的案件审理水平。而法律专业人员数量的增加使得法官选任条件的不断提高就能验证这一点，在 1995 年通过的《法官法》中，对于新选任的法官条件已经具体规定为“高等院校法律专业毕业或者高等院校非法律专业毕业具有法律专业知识，工作满二年的，或者获得法律专业学士学位，工作满一年的；获得法律专业硕士学位、法律专业博士学位的，可以不受上述工作年限的限制”。2001 年修订的《法官法》进一步提高了选任法官的学历和工作年限要求，新增了初任法官需通过国家统一司法考试的要求，即在第 12 条规定“初任法官采用严格考核的办法，按照德才兼备的标准，从通过国家统一司法考试取得资格，并且具备法官条件的人员中择优提出人选”。

而建立保障法官不受不合理干扰，独立审理案件且能够对法官的不当行为进行监督的替代性机制涉及司法体制的结构性因素，并非易事。因此，现阶段更为务实的方式，是不断优化和完善审判委员会制度，建立对于审判委员会所存在问题的制度化约束。事实上，围绕前面讨论的对于审判委员会“重大和疑难案件”标准不清晰，审判委员会对于案件的讨论缺乏程序性规范的问题，已经有所改进。

对于什么是重大和疑难案件，在 2010 年发布的《最高人民法院关于改革和完善人民法院审判委员会制度的实施意见》中，规定“人民法院审理下列案件时，合议庭可以提请院长决定提交审判委员会讨论：合议庭意见有重大分歧、难以作出决定的案件；法律规定不明确，存在法律适用疑难问题的案件；案件处理结果可能产生重大社会影响的案件；对审判工作

具有指导意义的新类型案件；其他需要提交审判委员会讨论的疑难、复杂、重大案件”。另外在第8~10条，分别规定了最高人民法院、高级和中级人民法院、基层人民法院应当提交审判委员会讨论决定的案件类型，从而相对明确地界定了审判委员会讨论决定的案件范围。在2018年修订的《人民法院组织法》第37条中，也进一步明确了审判委员会的职能，其中首次明确审判委员会“讨论决定重大、疑难、复杂案件的法律适用”，这意味着审判委员会只负责讨论案件的法律适用部分，而对案件事实部分，则由合议庭负责，从而限缩了审判委员会的权力范围。

而对审判委员会讨论案件的程序性规范问题，则在2018年修订的《人民法院组织法》第39条作出了相应规定：“合议庭认为案件需要提交审判委员会讨论决定的，由审判长提出申请，院长批准。审判委员会讨论案件，合议庭对其汇报的事实负责，审判委员会委员对本人发表的意见和表决负责。审判委员会的决定，合议庭应当执行。审判委员会讨论案件的决定及其理由应当在裁判文书中公开，法律规定不公开的除外。”该规定的亮点在于将审判委员会讨论案件的决定和理由在裁判文书中公开，虽然存在一个“法律规定不公开的除外”的例外情况，且并未说明哪些属于法律规定不公开的情形，但这一决定客观上还是增加了审判委员会讨论案件的透明度，使得外界能够对审判委员会进行一定的监督，可能促使审判委员会采取更加公平、负责任的态度处理提出讨论的案件，并在某种程度上减少提交审判委员会讨论的案件数量。

2019年9月，最高人民法院印发了《关于健全完善人民法院审判委员会工作机制的意见》，在吸收2018年《人民法院组织法》的立法精神的基础上，进一步对审判委员会的组织构成、职能定位、运行机制、保障监督等方面进行了明确。特别是在提交审判委员会讨论的案件类型上，区分了“应当提交”和“可以提交”两种类型，使得提交到审判委员会讨论决定的案件标准更加清晰。在审判委员会的运行机制上，也作出了更为细致的程序性的规定。

从对上述广受注目的法官素质和法院组织中的审判委员会问题的分析可以看出，法官素质较低是发展中国家在重建法治的道路上必然要经历的阶段性问题，法官素质的提升需要时间的积累，也需要一系列包括提高法律教育投入、提升法官待遇等配套措施的完善。当前中国正在向好的方向逐步提升法官素质。而审判委员会制度有其产生的特殊时代背景，也是中国特殊政治体制下的必然产物，在相当长的一段时间内，在中国的法院，特别是基层法院发挥了保障司法审判质量、帮助法官抵抗外部压力的积极作用。当然，不可讳言，审判委员会制度也长期存在缺乏程序正义、为行政干预司法留下空当的问题，但问题也在司法体制的不断改革中逐步得到修正。改革是一项系统性工程，终有一天，当我们能够建立一套有效的保障法官不受不合理干扰，独立审理案件且能够对法官的不当行为进行监督的替代性机制后，审判委员会制度也会随之告别它的历史使命。

第三节　中国司法保护的偏向性

自由平等是市场经济发展的基础。在中国改革开放后从计划经济向市场经济转型的过程中，司法体系是否能够维护好公平正义，在司法诉讼过程中坚持“以事实为依据，以法律为准绳”，平等对待各类诉讼参与主体，对于中国是否能够不断地发展和完善市场经济制度，促进经济的可持续增长具有重要的作用。事实上，人们追求司法的独立性，包括前面所讨论的对于审判委员会可能干预案件判决的担忧，最终目的也是期望法院能够公平公正地处理各类纠纷，保障和维护各类主体的合法权益。

然而，以司法地方保护以及对于政府机关、国有企业等特殊主体的偏向性保护为代表的司法问题长期以来广为人诟病，即人们认为地方法院存在滥用其所掌握的司法权力，以保护本地方利益或者与政府存在较大关联方的利益的行为。[1]

然而，关于中国是否存在非基于个案的、系统性的司法的偏向性保护，长期以来缺乏相应的证据。现有研究讨论并指出中国存在司法地方保

[1] Chow D. C. Organized crime，local protectionism，and the trade in counterfeit goods in China [J]. China Economic Review，2003，14 (4)：473-484.

护，往往是基于个案的、间接的逻辑性的推论。例如，在法院内部，由于缺乏对执法机关和执法人员有效的激励和约束机制，存在法官在司法过程中包庇本地利益关联当事人的情况。[1] 法院在案件审理中往往面临内部机构，如审委会和上级法院的干扰，根据我国《宪法》的规定，法官的任命和晋升要依靠地方人大，因此可能会受到地方的干扰。[2] 还有研究从更深层次的经济体制方面探讨地方政府干预司法的原因，认为中央和地方财政分权体制使得中央政府和地方政府出现利益的冲突，因而使得地方政府存在以牺牲其他地区的利益来换取本地经济增长的动机。[3] 部分基于法院判决书的研究虽然在一定程度上直接证明了司法地方保护的存在，例如，张维迎和柯荣住以北京市某基层法院7个月内的共计620份经济案件判决书作为分析样本，进行统计分析，发现当地企业的胜诉率比外地企业要高，其中当地原告对外地被告的胜诉率最高（38.4%），而外地原告对当地被告则胜诉率最低（25.9%）。[4] 但该研究存在样本代表性不足和时间维度较窄的问题，使我们依然难以对司法的偏向性保护是否在中国范围普遍存在、严重程度如何和发展趋势作出准确判断。

为了更为系统、准确和直观地度量中国司法保护的偏向性问题，笔者

---

[1] 马怀德．地方保护主义的成因和解决之道［J］．政法论坛，2003（6）：156-161.

[2] Gechlik M. Judicial reform in China: Lessons from Shanghai [J]. Columbia Journal of Asian Law, 2005, 19 (1): 97-137; Zhang, Q. The people's court in transition: The prospects of the Chinese judicial reform [J]. Journal of Contemporary China, 2003, 12 (34): 69-101; 刘作翔．中国司法地方保护主义之批判——兼论“司法权国家化”的司法改革思路［J］．法学研究，2003（1）：83-98.

[3] Lee, P. K. Local economic protectionism in China's economic reform [J]. Development Policy Review, 1998, 16 (3): 281-303; Young, A. The razor's edge: Distortions and incremental reform in the People's Republic of China [J]. Quarterly Journal of Economics, 2000, 115 (4): 1091-1135; Bai, C., Z. Tao, Y. S. Tong. Bureaucratic integration and regional specialization in China [J]. China Economic Review, 2008, 19 (2): 308-319; 银温泉，才婉茹．我国地方市场分割的成因和治理［J］．经济研究，2001（6）：3-12.

[4] 张维迎，柯荣住．诉讼过程中的逆向选择及其解释——以契约纠纷的基层法院判决书为例的经验研究［J］．中国社会科学，2002（2）：31-43.

将以1985~2011年收录在《最高人民法院公报》中的知识产权案例作为主要研究样本，另外利用2000~2009年福建、山东、河南、湖南和四川五省的部分知识产权案例进行稳健性检验，从而基于实证研究方法考察包括：中国一审法院和二审法院是否存在地方保护或者针对特殊主体的偏向性保护？如果存在，偏向性保护的力度有多大？二审是否能够纠正一审中存在的偏向性保护问题？什么因素可能影响司法保护的水平等一系列相关问题？[1]

一、数据来源与实证分析策略

本章研究的知识产权案件来源于《中华人民共和国最高人民法院公报》（以下简称《最高人民法院公报》），该公报是最高人民法院的官方公报，由最高人民法院办公厅主办，于1985年创刊，起初为季刊，自2004年起改为月刊。每一期公报上选登部分案例，这些案例是最高人民法院正式选编的各级人民法院审理各类典型案件的裁判范例。虽然中国是成文法系国家，但是这些案件由于是最高人民法院出版公布的，对之后中国各级法院审理类似案件都具有典型示范作用，因而可以称为中国的判例法，也代表着中国司法的最高水平。正如1991年4月，最高人民法院时任院长任建新在第七届全国人大四次会议上所作的《最高人民法院工作报告》中指出的，“通过《最高人民法院公报》公布了一批典型案例，发挥了案例指导审判工作的作用”。因此，如果在这些典型案例中依然发现存在某种程度的司法审判不公正现象，则可以说明，中国确实存在较为严重的司法保护的偏向性问题。

笔者对司法偏向性保护的研究选取的是公报案例中的知识产权案例，之所以选择此类案件，原因在于运用知识产权案件研究司法地方保护主义具有以下优势：第一，知识产权保护在立法层面与国际接轨，因而研究知识产权案件在司法审判中的结果可以最大程度地衡量中国在司法领域的现

---

[1] 以下的部分内容曾以“中国司法地方保护主义：基于知识产权案例的研究”为题，发表在《中国经济问题》2014年第3期。

状，而可以较少考虑由于立法水平方面的原因造成的其他偏差；第二，知识产权包括专利、著作权和商标三类，相比于其他民商事案件较为简单并更具可比性，且每一类型都有相对比较完善的法律规定，因而知识产权案件相对明晰清楚，最大可能剔除了不完备法律的影响。[1]

在具体的样本案例收集上，笔者通过北大法意数据库，在法院案例库中，通过控制检索项中案由为“知识产权合同纠纷和知识产权权属、侵权纠纷”以及权威出处为“最高人民法院公报”，共检索出受理时间自1986~2010年的共102件知识产权案例的判决文书，其中仅含一审的案例28件，包含一审和二审的案例74件。通过阅读102件案例的判决文书，人工提取每一件案例的包括案件类型、一审受理及判决日期、二审受理及判决日期、总审理时长、原被告数量、原被告所在地、原告诉讼要求、各审级的胜诉方[2]、判决比[3]、法院所在地、法院级别等在内的数据。在这些数据的基础上，笔者又通过不同数据间的进一步匹配和网络搜索来获取研究中需要的更详细信息。

上述102个案例在空间和时间维度上的分布如图5-1和图5-2所示。从案例在各省份的分布情况来看，来自北京、江苏和上海的案例要明显多于其他省份，因此，可能会有读者担心京沪苏三个地区的案件数量如此之多，是否会影响分析结论对整体的代表性，为此稍后笔者会将样本分为京沪苏和非京沪苏两类来进一步对结论进行验证。此外，为了减轻对案例数量相对较少，可能不具有对全国范围的代表性的顾虑，笔者另外收集了来

---

[1] Pistor K, C Xu. Incomplete law [J]. International Law and Politics, 2002 (35): 931-1013.

[2] 对于原被告何方胜诉的判断标准，由于一些案件的判决并非只是简单的何方胜诉或败诉，往往存在法院部分支持原告的主张的判决结果。本书采取的胜诉判断标准是：对于存在二审的案例，何方选择上诉则认为另一方胜诉，因为我们认为每个人是自我利益的最佳评判者，是否上诉这一决定就显示了原被告对判决结果的态度；若两方都上诉或都不上诉以及终审判决，则判决只要部分支持了原告的诉讼请求即认为原告胜诉。

[3] 即用法院的判决数额除以原告的诉求数额，这个标准能够相对更为准确地衡量原告的诉求得以实现的程度。

自福建、山东、河南、湖南和四川五省，主要以2000~2009年的共计449件知识产权案例作为补充的研究样本，同样会在之后利用该数据对结论的可靠性进行检验。

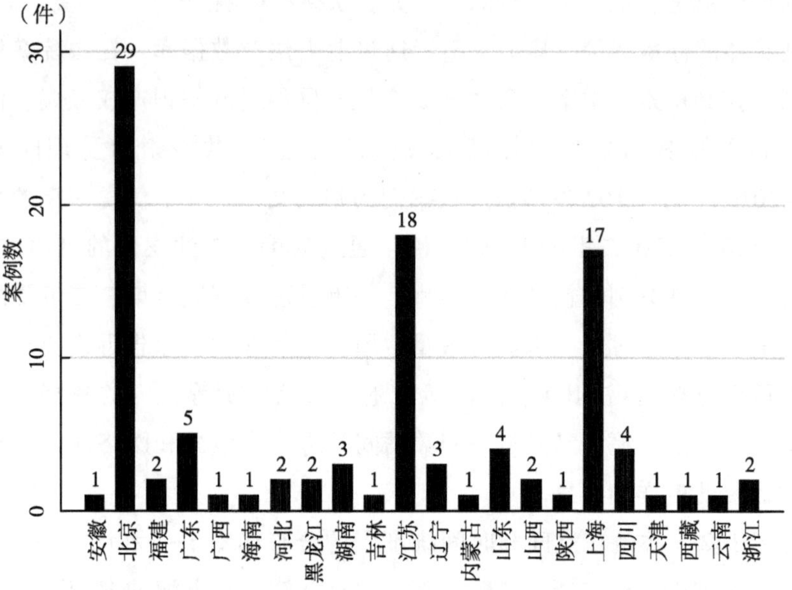

图5-1　一审中案例在各省份的分布（1986~2010年）

下面来具体研究上述知识产权案件中，法院在审理过程中是否会对本地的当事方采取偏向性的保护。法院的审理结果最直接的表现就是原被告何方胜诉，因而，笔者首先从何方胜诉与原被告所在地之间关系的具体数据来看是否存在司法地方保护。民事诉讼一般遵行“原告就被告”的原则，因而，绝大多数的诉讼都是在被告所在地的法院进行的。然而，根据相关规定，由于专利案件只有直辖市、省会城市、经济特区及其他最高法院指定的中级法院具有一审管辖权，同时一些案件由于标的额较大或当事人选择在侵权行为地起诉等各方面原因，会出现原被告同一审法院所在地都不一致的情况。在二审中，由于上诉是到原审法院的上一级法院，所以若一审中出现原被告与法院所在地不一致的情况，二审中也将同样出现类

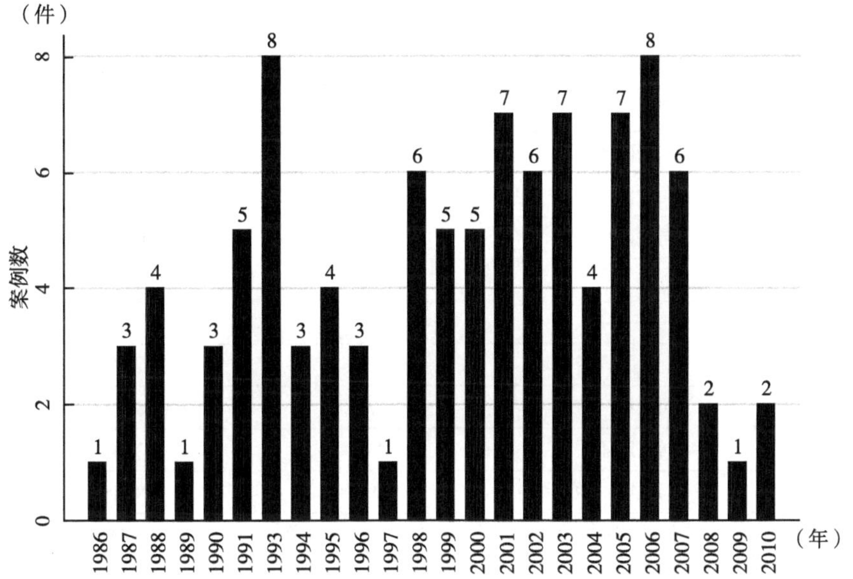

图 5-2 一审中案例在各年份的分布（1986~2010 年）

注：1992 年《最高人民法院公报》中未收录知识产权案例，故图中未显示 1992 年的知识产权案例数量。

似的情况。❶ 以下通过表 5-4 来初步观察在一审和二审中原告是否胜诉与原告所在地是否与法院所在地相同的关系。

---

❶ 对于如何判断在一审、二审中原被告和法院所在地是否一致的问题，由于对于司法地方保护主义成因的一个较为共识性的观点认为，地方利益，尤其是由于司法的不独立使得法院也成为地方利益的一个利益共同体是形成司法地方保护主义的重要成因。因而，笔者在判断原被告和法院所在地是否一致时，依据的就是原被告是否位于与审理法院相对应的政府行政区划范围内，即如果审理法院是中级法院，则依据原被告是否在该法院对应的地级市的行政辖区内，如果审理法院是高级法院，则依据原被告是否在该法院对应的省级行政辖区范围内。如果是基层法院或者最高法院的情况，则同样依据原被告是否在同一区县辖区内或同位于中国境内。对于原被告有多个的情况，只要其中一个原被告和法院所在地一致，即认为原被告和法院所在地一致。

表 5-4 原被告所在地与原告胜诉率

样本 A：一审			
被告所在地	原告所在地	观测值	原告胜诉率（%）
同法院一致	同法院一致	45	71.11
	同法院不一致	40	60.00
同法院不一致	同法院一致	6	66.67
	同法院不一致	11	90.91
总计		102	68.63
样本 B：二审			
被告所在地	原告所在地	观测值	原告胜诉率（%）
同法院一致	同法院一致	47	63.83
	同法院不一致	23	52.17
同法院不一致	同法院一致	2	100.00
	同法院不一致	2	50.00
总计		74	60.81

由于被告与法院所在地不一致的样本数量较少，我们主要观察表 5-4 中被告与法院所在地一致情况下的统计数据，笔者发现，一审中当被告的所在地在法院当地而原告为外地时，原告胜诉的比例从原被告都在法院所在地时的 71.11%下降到 60%。而对于进入二审程序的 74 件案例，原告胜诉率则是从原被告都在法院所在地时的 63.83%下降到原告与法院所在地不一致时的 52.17%。从简单的统计数据来看，在被告与法院所在地一致的情况下，原告是否与法院所在地一致对原告的胜诉率约有 10 个百分点的影响。

但是，由于这里没有考虑到其他可能影响原告是否胜诉的因素，例如，原被告的类型、身份、地域等方面因素，因此仅凭表 5-4 的结果来推断中国存在司法地方保护主义显然是不够的。以下笔者将建立计量回归模型来分别对一审和二审中是否存在司法地方保护进行实证检验。回归模型的优势就在于其能够在控制其他可能对被解释变量产生影响的变量基础上，发现我们关注的核心解释变量对被解释变量的实际影响，同时还能够对影响的程度进行量化，甚至利用交互项等模型形式的设定发现不同变量之间的相互作用关系。这些都是计量回归模型相对于常规的描述性统计所具有的重要优势。

二、一审与司法地方保护

为了实证检验一审中原被告与法院所在地是否一致和原告的胜诉率之间存在何种关系，笔者将原告一审是否胜诉和原告所在地与法院所在地是否一致以及其他影响因素之间的关系表现为如下形式的回归模型，该模型研究的样本只包括被告与审理法院所在地一致的案例：

$$Winner\_plain1=\beta_0+\beta_1 * Same\_plaincourt1+\gamma X' + \mu_t+\varepsilon_{i,t} \quad (5.1)$$

其中，模型中的被解释变量为一审中原告是否胜诉的虚拟变量（胜诉=1，败诉=0），解释变量 Same_plaincourt1 表示一审中原告和法院所在地是否一致的虚拟变量（一致=1，不一致=0），β_0 为常数项，β_1 衡量的是一审中原告和法院所在地是否一致对原告是否胜诉的影响水平。μ_t表示时间固定效应，以此来控制全国性随时间变化的因素的影响。$\varepsilon_{i,t}$为残差项。X 为控制变量向量，即代表除了原被告所在地与审理法院所在地的位置关系以外，其他可能影响原告是否能够胜诉的因素，参考已有相关文献对影响法院判决结果的因素分析❶，笔者在回归中控制了以下对法院审理结果有影响的控制变量。

（1）知识产权案件的所属类型。知识产权案件包括专利类案件、著作权类案件和商标类案件，案件不同类型所具备的不同特征对案件的审理结果可能存在差异性的影响。（2）地域差异。由于研究样本较小，若要通过固定省份效应来控制各个省份的不可观测特征，则会损失较大的自由度。因而笔者按照内陆与沿海的划分来控制地域对法院判决结果的影响。笔者

---

❶ 白重恩，杜颖娟，陶志刚，等．地方保护主义及产业地区集中度的决定因素和变动趋势［J］．经济研究，2004（4）：29-40；Lu H，Pan H，Zhang C. Political connections and judicial bias：Evidence from chinese corporate litigations［R］．Working Paper，2011.

将北京、天津、河北、辽宁、上海、江苏、浙江、福建、山东和广东十个省级行政单位作为沿海省份，其余省份作为内陆省份。(3) 原被告所在地到法院的距离。诉讼成本会影响到原告的诉讼意愿以及原被告对诉讼的参与程度，因而与原被告是否胜诉具有相关性，所以笔者使用原被告所在地到法院的距离作为原被告诉讼成本的代理变量。(4) 原被告类型和身份。本章分两组变量来分别控制原被告的类型和身份。第一组将原被告分为个人和企业两大类，第二组则将原被告类型进一步细分为国有企业、私营企业、外资企业和个人四种类型。这两组分别作为控制变量加入模型中。对于部分案例存在多个类型的原告或被告的情况，我们判断原被告身份的标准是，首先与审理法院位于同一行政辖区，另外同诉讼标的具有最强的相关性。❶

通过添加以上控制变量，可以控制其他潜在影响因素的干扰，从而分离出原被告与审理法院所在地之间的关系对于法院最终判决结果的影响。表 5-5 是根据基准方程（5.1）得到的回归结果，其中第（1）列是对应将原被告分为个人和企业两大类的分析结果。第（2）列是对应将原被告按照所有制形式进一步细分的结果。第（3）列是将案件受理时间固定效应转换为结案时间固定效应的结果。第（4）列是扩大了样本数量的结果。由于之前的估计中首先控制了被告与法院所在地一致，因而损失了部分样本，现在通过将原告和被告与法院所在地是否一致同时作为控制变量，可以避免之前的样本损失。第（5）列使用一审判决比替换原模型中的原告是否胜诉作为被解释变量。❷ 观察表 5-5 中原告法院所在地一致的系数

❶ 当然也可以完全依据原被告的身份类型的不同组合进行控制，由于最多的案件一方包括三种身份类型，因而同时控制需要加入 26 个虚拟变量，相对于样本总数而言会损失较大的自由度，并且笔者发现，加入该种控制变量后也不会对最终结果产生实质性的影响。

❷ 对于一些存在模糊性的判决，只要原告的诉讼请求得到部分的支持和认可，即认为原告胜诉。这里面存在的一个可能问题是，法院虽然支持了原告的一部分诉讼请求，但是支持的部分只占原告诉讼请求的极小一部分，这样表面上看是原告胜诉了，但实际上是被告获得了一定程度的保护。而选择判决比这一变量则直接衡量了原告诉求在法院判决中的实现程度。

可以发现，无论对控制变量和样本量如何进行调整，在其他变量不变的情况下，一审中若原告与法院所在地相同，则原告的胜诉率或者判决比要比原告与法院所在地不一致的情况下显著提高，原告的胜诉率平均提高30%左右，说明在一审中确实存在法院对本地诉讼当事人的偏向性保护。

表 5-5　一审与司法地方保护

变量	(1)	(2)	(3)	(4)	(5)
	原告胜诉				判决比
原告法院所在地一致	0.276* (0.148)	0.340** (0.158)	0.331* (0.177)	0.262* (0.141)	28.29** (10.84)
被告法院所在地一致				-0.283 (0.188)	
原告到法院距离	9.27e-06 (2.06e-05)	6.89e-06 (2.59e-05)	2.61e-05 (2.63e-05)	3.11e-07 (2.46e-05)	0.004** (0.002)
被告到法院距离	-0.002 (0.001)	-0.002 (0.001)	-0.002** (0.001)	-0.0001 (6.79e-05)	-0.167** (0.081)
沿海省份	0.212 (0.142)	0.257* (0.145)	0.012 (0.167)	0.161 (0.134)	-8.367 (10.07)
知识产权案件类型	是	是	是	是	是
个人 vs 企业	是				
原被告所有制类型		是	是	是	是
受理时间固定效应	是	是		是	是
结案时间固定效应			是		
观测值	85	85	85	102	74
R^2	0.405	0.453	0.441	0.348	0.600

注：***、**、*分别表示在1%、5%、10%水平上显著。

三、对外经济依存水平与司法地方保护

前面证实了中国确实在一审判决中存在司法地方保护，但中国地域辽阔，各地的法治水平也是存在差异的，有的研究也指出部分发达省市的地

方保护主义相对较弱。[1] 究竟是什么因素能够影响司法地方保护主义的强弱呢？部分研究认为外国在华投资和进出口贸易的竞争能够促使地方政府限制地方保护主义。[2] 那么，是否一个地区对外贸易和投资越活跃，其司法地方保护主义相对就越弱呢？笔者将通过引入审理法院所在地的国内生产总值、省级进出口额和外商直接投资数据，对上述猜想进行检验。

历年各省份外商直接投资（FDI）、进出口额和 GDP 数据来源于《新中国六十年统计资料汇编》，笔者首先对数据进行处理，具体来说，先分别计算出各地区各年度的外商直接投资和进口额、出口额占当地 GDP 的比重，然后找到该比值在各年度的全国中位数水平，最后建立衡量法院所在省份的外商直接投资、进口额和出口额占 GDP 的比重高于或低于全国中位数水平的虚拟变量。这里之所以选择中位数而不是平均数作为基准，原因在于中国各省份的进出口额差距较大，中位数能够更准确地定位出各省份在进出口方面所处的位次。这样分别建立法院所在省份外商直接投资额占 GDP 比值高于中位数水平（High_FDI）、进口额占 GDP 比值高于中位数水平（High_import）和出口额占 GDP 比值高于中位数水平（High_export）三个虚拟变量。这三个变量可以用来衡量法院所在省份的对外经济依存水平。通过将这三个变量分别和一审原告是否与法院所在地一致的交互项引入基准方程（5.1），可以来实证检验各地区对外经济联系是否会对各地区的司法地方保护构成影响以及具体的影响程度。具体结果如表 5-6 所示。

表 5-6　对外经济依存水平与司法地方保护

变量	(1)	(2)	(3)	(4)
	原告胜诉			
原告法院所在地一致	0.703 ** (0.273)	0.835 *** (0.209)	0.668 ** (0.315)	0.867 *** (0.258)

[1] Gechlik, M. Judicial reform in China: Lessons from Shanghai [J], Columbia Journal of Asian Law, 2005, 19 (1): 97-137.

[2] Bai, C., Z. Tao, and Y. S. Tong, Bureaucratic integration and regional specialization in China [J]. China Economic Review, 2008, 19 (2): 308-319.

续表

变量	(1)	(2)	(3)	(4)
	原告胜诉			
High_FDI	-0.411 * (0.240)			
High_FDI× 原告法院所在地一致	-0.548 * (0.272)			
High_import		-0.381 ** (0.186)		-0.382 * (0.194)
High_import× 原告法院所在地一致		-0.666 *** (0.235)		-0.628 ** (0.299)
High_export			-0.052 (0.310)	-0.038 (0.225)
High_export× 原告法院所在地一致			-0.421 (0.319)	-0.076 (0.391)
观测值	85	85	85	85
R^2	0.494	0.576	0.480	0.577

注：***、**、*分别表示在1%、5%、10%水平上显著；所有模型均包含受理时间固定效应，并控制了原被告所有制形式、知识产权案件类型、是否位于沿海省份及原被告到法院的距离。

从表5-6第（1）列的交互项来看，在外商直接投资占GDP的比重较高的地区，原告与法院所在地一致相对于不一致情况，原告的胜诉率出现了55%左右的下降。这意味着外商直接投资在地方GDP中占比较高的地区，司法地方保护主义得到了很大程度的削弱。而观察第（2）（3）（4）列交互项的系数可以发现，只有进口额占GDP比值高于中位数水平与一审中原告是否与法院所在地一致的交互项显著为负，当同时在方程中放入进口和出口与原告是否与法院所在地一致的交互项时，也只有进口与原告是否与法院所在地一致的交互项显著。这也意味着在控制一审中被告与法院所在地一致和其他因素不变的情况下，在进口额占GDP比重高于全国中位数水平的地区，一审原告与法院所在地一致的情况相比于不一致的情况，原告胜诉的概率要低65%左右。由此可见，在对外经济贸易依存度比较高，特别是经济对进口的依赖程度较高的地区，司法地方保护主义的程度相对要弱得多。可能的原因是，一方面，为了吸引对外贸易与外商直接投资，促进当地的经济发展，客观上会促使当地政府和司法部门建立一个相对良好的司法环境；另一方面，对外贸易频繁、外商投资较多的地区的外资企业较多，为了维护自身利益，会对所在地区建立保障市场竞争的公平司法环境形成有效的外部约束和激励。

四、二审与司法地方保护主义

虽然我们发现一审判决存在司法地方保护的问题，但是根据《人民法院组织法》第 11 条的规定，法院审理案件，实行两审终审制。也就是说，地方各级人民法院第一审案件的判决和裁定，如果在上诉期限内当事人不上诉，才是发生法律效力的判决和裁定。否则，中级人民法院、高级人民法院和最高人民法院审判的第二审案件的判决和裁定，最高人民法院审判的第一审案件的判决和裁定，才是终审的判决和裁定，也就是发生法律效力的判决和裁定。因此，二审中是否同样存在司法地方保护可能才是决定司法地方保护问题是否会严重到影响司法公正性的关键。为了验证二审中是否存在司法地方保护，笔者采用和方程（5.1）类似的方法来构建验证二审是否存在司法地方保护主义的如下方程：

$$\text{Winner\_plain2} = \beta_0 + \beta_1 * \text{Same\_plaincourt2} + \beta_2 * \text{Same\_defendcourt2} + \beta_3 * \text{Winner\_plain1} + \gamma X' + \mu_t + \varepsilon_{i,t} \quad (5.2)$$

此外，设置二审程序本身的目的就是针对一审中可能出现的错判等问题形成一种纠错机制，如果一审中存在司法地方保护则会直接影响判决的公平性和正义性，从而降低经济效率。二审法院是否会对一审中存在的地方保护进行纠偏？通过加入一审原告是否胜诉和原告与法院所在地是否一致的交互项，笔者构建如下的方程来验证二审的纠偏机制是否有效：

$$\text{Winner\_plain2} = \beta_0 + \beta_1 * \text{Same\_plaincourt2} + \beta_2 * \text{Same\_defendcourt2} + \beta_3 * \text{Winner\_plain1} + \beta_4 * \text{Same\_plaincourt1} + \beta_5 * (\text{Winner\_plain1} * \text{Same\_plaincourt1}) + \gamma X' + \mu_t + \varepsilon_{i,t} \quad (5.3)$$

其中，Winner_plain2 表示二审中原告是否胜诉的虚拟变量，Same_plaincourt2 和 Same_defendcourt2 分别表示二审中原被告所在地和法院所在地是否一致。两个模型都控制了时间固定效应。其他控制变量与方程（5.1）

相同。两个模型的具体估计结果如表 5-7 所示。

表 5-7　二审与司法地方保护

变量	(1)	(2)	(3)	(4)
	原告二审胜诉			
二审原告法院所在地一致	-0.085 (0.180)	-0.079 (0.189)	0.009 (0.235)	0.021 (0.260)
二审被告法院所在地一致	0.074 (0.435)	0.004 (0.469)	-0.243 (0.441)	-0.280 (0.473)
一审原告胜诉	0.733*** (0.135)	0.691*** (0.152)	0.975*** (0.179)	0.947*** (0.199)
一审原告法院所在地一致			0.056 (0.262)	0.047 (0.293)
原告一审胜诉* 一审原告法院所在地一致			-0.546** (0.259)	-0.528* (0.278)
原被告所有制类型		是		是
企业 vs 个人	是		是	
受理时间固定效应	是	是	是	是
观测值	74	74	74	74
R^2	0.557	0.566	0.624	0.628

注：***、**、*分别表示在 1%、5%、10%水平上显著；所有模型均控制了知识产权案件类型、是否位于沿海省份及原被告到法院的距离。

如表 5-7 第（1）（2）列所示，二审中原告和法院所在地一致与否，对于二审的胜诉率没有显著影响，而这一结果在第（3）（4）列中同样成立。因此没有证据表明二审中原告是否胜诉和原告与法院所在地是否一致之间存在显著关系。另一方面，从第（3）（4）列可以发现，在一审中原告和法院所在地不一致的情况下，原告若在一审胜诉，则有超过 90% 的概率在二审同样胜诉，也即二审维持原判的概率是非常高的。然而，如果一审中原告和法院所在地一致，这一关系会通过原告在一审中是否胜诉这一变量对二审中原告是否胜诉产生一个显著的负作用（交互项的系数显著为负）。具体来说，在其他影响因素不变的情况下，若一审中原告与审理法院所在地一致且胜诉，则原告在二审中同样胜诉的概率，要比在一审中原告和法院所在地不一致且胜诉的情况下，从 90% 下降到 40% 左右。

为什么会出现如此大的差异？我们知道，根据《民事诉讼法》第 170

条关于二审的规定，“原判决、裁定认定事实错误或者适用法律错误的，以判决、裁定方式依法改判、撤销或者变更”。可见，只有出现一审认定事实错误或适用法律错误的情况下，二审法院才会对一审判决进行改判。然而，现实中对于二审民事案件改判的比例有多大呢？来自广东法院网上的一份由广东省高级人民法院民一庭调研组所作的关于广东省《二审民事案件改判标准的调研报告》指出，“2000 年全省二审民事案件改判率为 27.34%（7423 件），到 2007 年降低为 19.68%（9706 件）。从 2000~2007 年，与全国法院平均水平相比，我省二审民事案件的改判率高出近五至六个百分点”。根据该报告的数据可以推知，2000~2007 年全国二审民事案件改判率约为 15%~21%，这表明二审法院对于上诉案件的改判是极为审慎的，改判比例是比较低的。

而根据表 5-7 中关于一审原告胜诉和交互项的估计结果，仅仅由于一审中原告与法院所在地是否一致这个因素，二审法院在是否维持一审判决和改判之间就有一个比较大的反差。而改判的前提是一审认定事实和适用法律存在错误，故而我们可以推测一审中原告与法院所在地是否一致与一审法院在认定事实和适用法律上是否存在错误是存在密切关系的。同时，由于本研究的案例全部来自《最高人民法院公报》，本身具有对其他各级法院的指导意义，而一般情况下二审即为终审生效判决，故而我们可以合理推测，二审的判决更为客观公正，而一审中原告与法院所在地之间的关系影响了一审判决对事实的认定或对法律的正确适用。因此，笔者的估计结果可以在很大程度上说明，在一审中确实存在较为普遍的司法地方保护，而二审法院对这种司法地方保护主义具有较为明显的抑制作用。

五、司法地方保护的进一步检验

基于前面对《最高人民法院公报》中 102 个知识产权案例的实证分析可以得出如下结论，中国法院在一审中存在着较为明显的司法地方保护主义倾向，当事人与法院所在地之间的关系对于法院的判决结果有着显著影响。而若进入二审程序，则没有证据能够证明二审中存在司法地方保护，且二审对于一审的地方保护主义倾向具有较强的纠偏作用。然而，由于案件较多来源于北京、上海和江苏三省市，以及样本数较少，对该结果的代表性可能会存在疑异。因此，笔者分别针对以上两个问题作进一步的讨论，以验证现有的结论是否稳健。

首先，将102件案例分成京沪苏和非京沪苏两组样本，按照之前的回归方程分别进行检验，控制变量也同之前保持一致。由于分成两组后每组的样本数量都比较少，而原告是否胜诉这一虚拟变量有部分案例存在判断模糊的情况，而样本越小这种模糊性造成的估计结果偏差越大，而判决比则是衡量原告诉求被支持水平的较为客观的指标。因此，在验证一审是否存在司法地方保护的方程（5.1）中笔者仅使用一审的判决比作为被解释变量，分别估计京沪苏和非京沪苏样本的一审、二审结果如表5-8和表5-9所示。其中第（1）（2）列为京沪苏样本估计结果，第（3）（4）列为非京沪苏样本估计结果。其中除第（4）列接近显著外，其余3组都在10%或5%的水平上显著。因而可以推测，两组样本中一审都存在司法地方保护，尽管两组样本的地方保护程度存在差异。对二审的估计中，考虑到样本量进一步减少，对于原被告类型仅控制了是企业还是个人的虚拟变量。从表5-9的估计结果看，两组样本都未发现二审存在司法地方保护的证据。但是在非京沪苏样本中与二审纠偏机制相关的交互项并不显著。

表5-8　京沪苏和非京沪苏样本一审估计结果

变量	（1）	（2）	（3）	（4）
	一审判决比			
一审原告法院所在地一致	25.16* (13.61)	31.81* (16.10)	85.38** (23.23)	110.12 (15.15)
企业 vs 个人	是		是	
原被告所有制类型		是		是
观测值	47	47	27	27
R^2	0.629	0.736	0.959	0.996

注：***、**、*分别表示在1%、5%、10%水平上显著；所有模型均包含受理时间固定效应，并控制了知识产权案件类型、是否位于沿海省份及原被告到法院的距离。

表 5-9　京沪苏和非京沪苏样本二审估计结果

变量	(1)	(2)	(3)	(4)
	二审原告胜诉			
二审原告法院所在地一致	-0.150 (0.323)	-0.068 (0.514)	-0.124 (0.360)	0.199 (0.566)
二审被告法院所在地一致	1.821 (1.070)	0.924 (1.155)	-0.077 (2.503)	-1.624 (3.446)
一审原告胜诉	0.742*** (0.242)	1.060*** (0.270)	1.063*** (0.283)	1.019* (0.467)
一审原告法院所在地一致		0.411 (0.566)		-0.570 (0.738)
一审原告胜诉 * 一审原告法院所在地一致		-1.108* (0.514)		0.179 (0.856)
企业 vs 个人	是	是	是	是
受理时间固定效应	是	是	是	是
观测值	45	45	29	29
R^2	0.643	0.764	0.863	0.883

注：***、**、* 分别表示在 1%、5%、10% 水平上显著；所有模型均控制了知识产权案件类型、是否位于沿海省份及原被告到法院的距离。

此外，为了进一步检验笔者的发现是否具有全国范围的代表性，笔者另外收集了来自福建、山东、河南、湖南和四川五省的数据，主要以 2000~2009 年间的共计 449 件知识产权案例作为新的研究样本。选择这五个省份的原因在于，一方面它们分布在中国的东中西部，具有一定的代表性；另一方面，这五个省份可供收集的案例数相当，避免了出现个别地方权重过大的问题。在具体收集方法上，依然采用的是北大法意的法院案例库中的案例数据，在案例检索时，笔者控制案由为知识产权合同和权属、侵权纠纷，文书类型控制为判决书，审级控制为二审案件，这样就保证了研究样本都存在一审、二审且有明确的判决结果。最后分别选择审理法院为上述五个省的全部法院。在人工整理的过程中，删除了重复收录以及极少数通过网络检索等各种途径都无法确定原被告所在地的案例，最终得到五省共计 449 件案例。除上述控制条件外，不再以任何方式干预样本的来源，以尽可能地保证样本的代表性，当然，北大法意数据库本身在案例收集上是否有偏差笔者无法控制。不过一般能够公开的案例都是法院认为不存在较大争议和问题的案例，在这种偏差下如果仍然能发现司法地方保护的存在，反而更加能够支持笔者的研究结论。

随后笔者采用同前面最高法公报案例相同的整理方式，即通过人工阅读这449件案例的判决文书的方式，提取出包括一审法院及其所在地、二审法院及其所在地、原告所在地、被告所在地、受理时间、结案时间、判决结果等变量。使用到的各个变量的含义都完全和前文保持一致，在此不作赘述。由于样本数较多，且受制于时间和人力资源的问题，无法像对待最高法公报案例那样获取非常全面的信息，因而除关键变量外的有些前面用到的控制变量没有收集。具体的分析方法和对公报案例的分析一致，结果如表5-10所示。

表5-10　五省样本估计结果

变量	(1)	(2)	(3)	(4)
	一审原告胜诉		二审原告胜诉	
一审原告法院所在地一致	0.123** (0.061)	0.093** (0.046)		−0.043 (0.088)
一审被告法院所在地一致		−0.229*** (0.049)		
二审原告法院所在地一致			−0.013 (0.050)	0.015 (0.066)
二审被告法院所在地一致			0.058 (0.070)	0.052 (0.071)
一审原告胜诉			0.378*** (0.050)	0.376*** (0.064)
一审原告胜诉* 一审原告法院所在地一致				0.003 (0.097)
企业 vs 个人	是	是	是	是
受理时间固定效应	是	是	是	是
省份固定效应	是	是	是	是
观测值	305	449	449	449
R^2	0.087	0.116	0.168	0.169

注：***、**、*分别表示在1%、5%、10%水平上显著。

表5-10中的第（1）（2）列分别为样本限定在被告与法院所在地一致和无此限定条件时对一审中是否存在司法地方保护的估计结果。观察一审原告法院所在地一致的系数可以发现，该变量在两组回归中都在5%的显著性水平上为正，说明一审中原告与法院所在地是否一致对于原告的胜诉率确实有显著为正的影响。这与前文中针对最高法院公报案例的实证结果是一致的，而第（2）列中被告与法院所在地一致使得原告的胜诉率下降，也符合一审存在司法地方保护的假说。第（3）（4）列的结果表明没有证据支持二审中存在司法地方保护。

但是前文中发现的二审对一审中存在的司法地方保护具有的纠偏机制在第（4）列的估计结果中没有反映出来，对此结果的一种可能的解释是估计中存在遗漏变量偏差，有些应该控制的变量由于信息缺失没有进入回归方程中，因此影响了其他变量的估计值。但是也存在另一种可能性，即最高法院公布的案例是二审中实现了纠错机制的案件，它们之所以被作为供下级法院学习的典型案例，也许正是因为一般的二审案件中的纠错机制还没有得到较好的实现。表5-9中针对非京沪苏样本的二审分析也未发现纠错机制起作用的证据，也为这种更为悲观的可能性提供了进一步支持。

六、司法对于特殊主体的偏向性保护

前面研究了法院是否会对本地当事人存在偏向性保护。而与之相对应的另一类影响司法审判公正性的，是法院对于国有企业等特殊主体的偏向性保护。部分研究认为，国企与政府之间存在的政治联系使得判决往往会有利于国企。[1]

那么，中国法院是否确实存在对于特殊主体的偏向性保护？为了对该问题进行检验，笔者在控制被告所有制类型的基础上，将原告一审、二审胜诉和原告的所有制形式以及其他影响因素之间的关系表示为如下的计量回归模型：

---

[1] Lu，H.，H. Pan，C. Zhang. Political Connections and Judicial Bias：Evidence from Chinese Corporate Litigations［R］. Working Paper，2011.

$$\text{Winner\_plain1} = \beta_0 + \beta_1 \text{Ownership\_plain1} + \gamma X' + \mu_t + \varepsilon_{i,t} \quad (5.4)$$

$$\text{Winner\_plain2} = \beta_0 + \beta_1 \text{Ownership\_plain2} + \beta_2 \text{Winner\_plain1} + \gamma X' + \mu_t + \varepsilon_{i,t} \quad (5.5)$$

其中，模型中的因变量为一审和二审中原告是否胜诉的虚拟变量，自变量 Ownership_plain1 和 Ownership_plain2 分别表示一审和二审中原告所有制形式的虚拟变量，X’为控制变量向量，为了控制其他不随时间变化的变量的影响，回归中控制了年份固定效应，由 μ_t 表示，$\varepsilon_{i,t}$ 为残差项。模型的估计结果如表 5-11 所示。

表 5-11　原告国企 vs 其他类型企业或个人

变量	(1) 原告一审胜诉	(2) 原告二审胜诉	(3) 原告一审胜诉	(4) 原告二审胜诉	(5) 一审判决比	(6) 二审判决比
原告是国企	0.473* (0.228)	0.085 (0.377)	1.822*** (0.582)	0.948 (0.800)	117.9** (43.93)	205.5 (126.9)
原告是国企 * 时间趋势			-0.122** (0.0495)	-0.106 (0.0870)	-8.845** (3.782)	-21.37 (10.33)
原告一审胜诉		0.652** (0.234)		0.578** (0.235)		
原告一审判决比						0.313 (0.137)
沿海省份（一审）	0.256 (0.206)		0.403* (0.193)		-15.09 (15.28)	
沿海省份（二审）		-0.238 (0.239)		-0.254 (0.232)		-18.26* (5.521)
原被告与法院所在地一致（一审）	是		是		是	
原被告与法院所在地一致（二审）		是		是		是
知识产权案件类型	是	是	是	是	是	是
受理时间固定效应	是	是	是	是	是	是
观测值	46	32	46	32	41	27
R^2	0.610	0.877	0.665	0.901	0.735	0.996

注：***、**、* 分别表示在 1%、5%、10% 水平上显著。括号中为标准误。

从表 5-11 第（1）列和第（2）列的结果来看，在控制了地域差异、原被告与法院所在地的关系、知识产权案件类型后，原告是国企相对于原告是其他类型企业或者个人的情况，原告的一审胜诉率显著提高，但对于二审的诉讼结果没有显著影响。说明一审法院对国企确实存在偏向性保护，但在二审判决中，这一偏向性的保护便不存在了。

那么法院对于国企的这种偏向性保护是否会随着时间的推移减弱甚至不复存在呢？为了回答这一问题，笔者在上述方程（5.4）和（5.5）中分别增加了原告所有制类型（原告为国企）与时间趋势的交互项。表5-11第（3）列中的结果显示，原告是否为国企和时间趋势的交互项是显著为负的，这就意味着随着时间的推移和改革的不断深入，一审法院对于国企的偏向性保护是在逐步削弱的。通过F检验发现，1997年以后，随着各项改革的深入，已经不存在统计意义上显著的对国企的偏向性保护了。二审法院对于国企的偏向性保护也是在逐步削弱的，虽然初始的偏向性以及随时间的变化均不显著。

为了验证该结论是否稳健，笔者使用一审判决比替换前面的原告是否胜诉作为因变量。检验结果如表5-11的（5）~（6）列所示，从结果来看，同前面的发现保持一致，法院所存在的对于国企的偏向性保护会随着时间的推移逐步减弱，直至消失。

七、小结

通过上述实证研究的结果发现，中国确实存在对本地当事人和以国企为代表的特殊主体的偏向性保护问题。这一结果，无论是使用最高法院公报中的全部案例样本，还是分为京、沪、苏和非京、沪、苏样本，再或者采用更大的五省样本，均得到支持。但是，这种司法的偏向性保护主要存在一审中，在具有终局性意义的二审中却并没有发现存在对本地当事人和特殊主体的偏向性保护的直接证据，并且这一结论同样在几个不同的样本中得到支持。另一个可能存在的发现是，二审对于一审中存在的司法地方保护具有较强的纠偏作用，但是这种纠偏作用只适用于京、沪、苏这样的知识产权案件大省。而且在对外经济依存水平较高的地区，司法地方保护也得到有效的抑制。此外，法院对于国企等特殊主体的偏向性保护主要存在于2000年之前，说明随着时间的推移和司法的不断发展完善，法院对于特殊主体的偏向性保护是不断削弱的。

上述结果也可以使我们更加全面、准确地理解中国司法和经济发展之间的关系。以往人们往往基于身边发生的或者其他来源的个案经验，得出中国司法不具有公正性的判断，因而对于中国在缺乏公平的司法保障的基础上仍然能够实现经济的长期稳定发展感到不解。而实际上，人们基于个案经验的感知有一部分是正确的，在中国的一审法院中的确存在不公正的问题，这的确可能会对中国的经济发展产生不利影响，这是我们首先需要正视的、客观存在的问题。

但是需要注意的是，虽然在一审中法院存在偏向性保护，妨碍了司法公正的实现，但一审的判决结果并不等同于最终的生效结果，如果原被告一方觉得判决不公，可以选择上诉到二审法院，二审判决才是终审判决。而笔者发现二审中并不存在显著的法院的偏向性保护问题，这就保障了法院最终判决不会受到法院偏向性保护的影响，从而较大程度地保障了司法公正能够最终实现。而且至少在京、沪、苏这样的知识产权案件大省，二审法院还进一步具有纠正一审法院的潜在错误判决的功能或者倾向。同时，笔者还发现，特别是在对外贸易与外商直接投资较多的地区，法院和地方政府也在积极地创造一个公平、有效的司法环境，遏制地方保护主义产生的问题，以保障市场竞争的公平有序。

此外，从时间维度来看，笔者也通过实证研究发现法院存在的偏向性保护会随着时间的推移逐步减弱。这也正如笔者在前面分析法官素质和审判委员会制度时所说的，法官素质较低是一个中国法治重建过程中必然会经历的阶段性问题，而随着投入法律教育等相关领域的资源越来越多，法官的素质也必然会逐步提升。审判委员会也同样是在应对法官素质较低的客观现实的特定历史时期产生的，虽然如同一柄“双刃剑”，可能会产生妨碍司法公正等潜在问题。但是随着改革发展的不断深化，我们正在采取积极的举措以逐步消除审判委员会制度对司法公正的消极影响，在时机成熟的时候，审判委员会也必然会告别它的历史舞台。

笔者的研究案例是最高人民法院挑选出的对各级法院的审判工作具有

指导意义的最高法公报案例，从上述发现也可以推断，至少从改革开放以来最高法院的目标来看，中国法院是以较好地保障司法的公正性，为经济的长期稳定发展提供保障为己任的。所以从这个维度上说，中国的司法在一定程度上可以担负保障和推动中国经济发展的重任。

当然，中国的司法领域确实还存在很大的改革和完善的空间。正如法谚所说，迟来的正义非正义。虽然通过法院二审的纠错机制能够在终审判决中一定程度地避免司法审判的不公，但这毕竟带来了效率和财力的较大损失。因此，全面深化和推进司法领域的改革，进一步发挥司法对于经济发展的基础性保障作用，是未来努力和前进的方向。

第六章　行政与中国经济发展

第一节　依法行政与中国经济发展的关系

中国在改革开放后开始从计划经济体制向市场经济体制转型，市场经济体制不同于计划经济体制下高度行政管制的模式，它是一个“市场进政府退”的模式。因此，如何处理好市场和政府的关系，是改革开放以来中国在实践中不断探索的问题。从1987年党的十三大报告将新的经济运行体制概括为“国家调节市场，市场引导企业”，到1992年党的十四大报告提出“要使市场在社会主义国家宏观调控下对资源配置起基础性作用”，再到2013年党的十八届三中全会通过《中共中央关于全面深化改革若干重大问题的决定》首次提出“使市场在资源配置中起决定性作用和更好发挥政府作用”。这一过程显示了市场在中国经济发展过程中的定位在不断提高，作用在不断凸显。而对于如何更好地发挥政府作用，习近平在《中共中央关于全面深化改革若干重大问题的决定》的说明中指出：“全会决定对更好发挥政府作用提出了明确要求，强调科学的宏观调控，有效的政府治理，是发挥社会主义市场经济体制优势的内在要求。”那么，“科学的宏观调控，有效的政府治理”如何落到具体的实践中？笔者认为，依法行政是实现科学宏观调控和有效政府治理的核心和关键。

首先，依法行政是发挥政府作用的重要前提和基础。政府权力必须在法律的框架下行使。1999年，第九届全国人大第二次会议通过《中华人民共和国宪法修正案》，将“中华人民共和国实行依法治国，建设社会主义法治国家”写入《宪法》，从而以根本大法的形式把依法治国的治国方略上升为一项基本的法律原则。这是在吸取了历史上曾经由于法治被践踏而经历的国家发展的挫折后作出的重要选择，也是适应市场经济发展的客观需要。因此，依法行政既是《宪法》中的一项基本法律原则，也是建设社会主义法治国家的核心内容。围绕怎样建设社会主义法治国家，2014 年中共中央审议通过了《关于全面推进依法治国若干重大问题的决定》，其中将“深入推进依法行政，加快建设法治政府”作为与立法（完善以宪法为核心的中国特色社会主义法律体系）和司法（保证公正司法，提高司法公信力）并列的法治建设的核心内容，从而体现了依法行政在全面推进依法治国建设中的重要地位。因此，从依法行政的角度认识和探索政府作用的发挥，使政府在发挥涉及经济发展的宏观调控和市场规制作用时能够做到有法可依，有章可循，是市场经济发展和法治国家建设的必然要求。

其次，在依法行政的框架下，处理和平衡好政府和市场的关系是发挥好政府作用的现实路径。基于现代经济学的理论，市场会通过“无形之手”，也就是价格来自发地调节供给和需求关系，从而实现资源的有效配置。然而，由于信息不对称、外部性、公共产品、垄断等方面的原因，市场也会出现失灵。在市场失灵的情况下，需要政府“有形之手”的介入。但是，政府也不是万能的。在政府介入市场弥补市场失灵的过程中，可能会出现各种事与愿违的未预期的问题和结果，如干预不足或干预过度，从而导致经济效率和社会福利的损失。而干预不足或干预过度等政府失灵现象的出现，很大程度上是由于缺乏从法律上对政府干预经济的行为界限的有效界定。因此，一方面，需要从法律上明确，只有出现市场失灵的情况，政府才可以介入并对市场失灵进行纠正；另一方面，也要通过限制政府干预市场失灵的权力，防止潜在的政府失灵，这也是平衡政府和市场关系的理论基础。

最后，从法律角度科学配置中央和地方在推动经济发展中的权限，既保障中央在推动经济发展中的主导作用，也能够充分调动地方推动经济发展的能动性，这是发挥好政府作用的结构基础。在计划经济体制下，经济的发展依赖于中央自上而下的经济指令。然而，在市场经济体制下，政府对经济发展的影响主要通过宏观调控来实现，政府的宏观调控主要包括财政、税收和金融手段，除税收和金融手段集中由中央行使外[1]，中央和地方政府均能够运用财政手段促进经济发展。但中国是单一制的国家，地方运用财政手段促进经济的发展需要中央政府的“放权”。自改革开放以来，中央进行财政改革，实现“税政包干制”，并进一步于1994年进行分税制改革，赋予地方政府税收自主权，同时也给予地方政府自行决定投资项目、外贸及自由配置资源使用的权限，使得地方相对于中央的自主权大幅提高。地方自主权的提高对于市场经济的发展具有积极意义，由于地方政府更加贴近市场和企业等经济主体，相对于中央政府更具有信息方面的优势，因此，能够结合地方的比较优势更有针对性地、积极灵活地促进地方经济的发展。张五常认为，中央对地方的财政分权促进了中国县域之间的竞争，而县域之间的竞争使得地方政府致力于吸引外资，推动工业集聚，加速国有企业的私有化，也协助减少了腐败，从而有力地推动了中国经济的增长。[2] 然而，地方政府的恶性竞争也可能会引起如我们在第五章所发现的地方保护主义的盛行，从而造成市场的分割和扭曲，[3] 使得各地区设置的产业结构严重趋同，造成产能的过剩。[4] 因此，如何在法律的框架内平衡中央和地方在促进经济发展方面的权利配置是一件关系中国经济持续健康发展的重要问题。

自改革开放以来，中国即开始了对政府和市场、中央和地方法律权力关系配置的探索。1982年《宪法》虽然继续坚持国家在社会主义公有制基础上实行计划经济，但是一个重要的变化是改变了过去立法权高度集中和统一的模式，该法第89条规定，国务院行使“根据宪法和法律，规定行政措施，制定行政法规，发布决定和命令”的权力。第99条规定：“地

---

[1] 在党的十四届三中全会《中共中央关于建立社会主义市场经济体制若干问题的决定》中即强调，“宏观经济调控权，包括货币的发行、基准利率的确定、汇率的调节和重要税种税率的调整等，必须集中在中央”。

[2] 张五常．中国的经济制度［M］．香港：花千树出版社，2008：22-28.

[3] Young，A. The razor's edge：Distortions and incremental reform in the People's Republic of China［J］. Quarterly Journal of Economics，2000，115（4）：1091-1135.

[4] 胡向婷，张璐．地方保护主义对地区产业结构的影响——理论与实证分析［J］．经济研究，2005（2）：102-112.

方各级人民代表大会在本行政区域内，保证宪法、法律、行政法规的遵守和执行；依照法律规定的权限，通过和发布决议，审查和决定地方的经济建设、文化建设和公共事业建设的计划。”第 100 条规定：“省、直辖市的人民代表大会和它们的常务委员会，在不同宪法、法律、行政法规相抵触的前提下，可以制定地方性法规，报全国人民代表大会常务委员会备案。”从而形成了全国人大及其常委会，国务院和地方人大及其常委会的多元立法格局，特别是赋予了地方政府制定地方性法规，决定地方经济建设计划的权力。然而，由于主要是原则性地赋予不同主体以不同级别的立法权，缺乏对各级立法权的规范化和制度化，使得有些法规、规章规定的内容超越了权限；有些法规、规章的规定同法律相抵触或者法规之间、规章之间、法规与规章之间存在着相互矛盾、冲突的现象；有的质量不高，在起草、制定过程中，有的部门、地方存在不从国家整体利益考虑而为部门、地方争局部利益的倾向。❶

为了解决上述问题，2000 年 3 月，第九届全国人大第三次会议通过了《立法法》，进一步明确不同国家机关的立法权限，对授权立法进一步予以规范，对于各种法律、行政法规、地方性法规、自治条例和单行条例、规章的适用规则、效力等级予以明确。在 2015 年修订版的《立法法》中，进一步赋予设区的市的人民代表大会及其常务委员会以制定地方性法规的权力，并且明确设区的市的立法权限范围为“在不同宪法、法律、行政法规和本省、自治区的地方性法规相抵触的前提下，可以对城乡建设与管理、环境保护、历史文化保护等方面的事项制定地方性法规”。同时，进一步规范部门规章的权限，规定“没有法律或者国务院的行政法规、决定、命令的依据，部门规章不得设定减损公民、法人和其他组织权利或者增加其义务的规范，不得增加本部门的权力或者减少本部门的法定职责”。

---

❶ 顾昂然．关于《中华人民共和国立法法（草案）》的说明［EB/OL］．（2000-03-09）［2020-04-12］．http：//www.npc.gov.cn/wxzl/gongbao/2000-12/16/content_5008936.htm.

从对政府和市场、中央到地方的不同主体法律权限配置的变迁可以发现，改革开放以来，中国通过立法权的分散配置，越来越重视发挥从中央到地方的各级政府在经济社会发展过程中的重要作用。并且从起初的原则性的分权到逐步通过类似“负面清单”的方式约束不同级别立法主体的权限，理顺政府和市场，以及不同立法主体之间的关系，确立了法律优先原则，保障法的统一性。因此，随着立法主体的日益多元化，立法权限的日益规范化，依法行政在中国市场经济发展中的作用也必将体现得日趋鲜明。

这里笔者主要是从理论层面论述依法行政和中国经济发展的潜在关系，然而，在实践中，行政在中国经济发展过程中究竟发挥了怎样的作用？政府的依法行政是否存在现实的问题和改进的空间？尚未有清晰的答案。在以下三节内容中，笔者将分别以政府在推动中国专利、著作权和商标发展中的三项具体实践作为研究案例，从实证维度检验政府的行政力量在推动上述知识产权发展中的作用机制和影响效果，从而总结行政推动发展的有益经验和失败教训，并提炼出进一步有效约束政府权力，规范政府和市场关系的合理原则，为政府实现科学宏观调控和有效政府治理提供方向性的指引。需要说明的是，之所以选择政府在推动知识产权领域的发展作为研究内容，除了知识产权所代表的创新对于中国经济的可持续发展具有重要意义外，另外一个很重要的原因在于，知识产权领域属于市场失灵的代表性领域，因此，政府介入知识产权领域符合政府与市场关系中的首要原则，即只有在市场失灵的情况下，政府的介入才具有合理性。

第二节　行政与中国专利的发展

一、地方政府的专利政策

创新对于中国经济增长的重要作用早已无须赘言。虽然市场激励是创新的主要来源❶，但是创新具有周期长、风险高、信息不对称和公共品等特征，完全依赖市场主体，特别是企业自发地进行创新可能由于创新的私人回报低于社会回报而导致创新投入不足等问题。❷ 在市场驱动创新可能存在激励创新失灵的背景下，也为政府“有形之手”的正式介入提供了理论基础。

政府对企业创新的介入主要从“赋权”和“赋财”两个方面展开。一方面，政府通过运用法律手段，将与创新相关的无形财产的所有权赋予其创造者，其中与创新最为直接相关的无形财产便是以专利权为核心的知识产权，通过对知识产权的保护从而在一定程度上解决创新的外部性收益无法内部化的问题；另一方面，政府通过税收减免、财政补贴等形式直接利用公共资源鼓励和驱动创新。

在直接利用公共资源鼓励和驱动创新方面，中央层面的激励政策主要包括对于高新技术企业的企业所得税加计扣除和税收优惠，以及对于专利申请维持费用的减缓等。而在地方层面，则主要表现为两类：一类是对专利申请和维持费用给予补贴的政策，此类政策仅限于对专利申请和维持费用的成本补偿，笔者称为专利申请维持费补贴政策；另一类则是以拥有专利为前提，给予专利持有人包括税收优惠、税收返还在内的各种类型、不同程度的物质性奖励，使得专利权人获得的收益远超过专利申请和维持成本，笔者称为专利激励政策。在法律性质上，上述地方专利政策主要是各省级行政单位的人民代表大会常务委员会制定的地方性法规和省级政府制

❶ Bin G. Technological development, technology spillover and profitability: An industry level empirical analysis of Chinese manufacturing industries [J]. Technology Analysis & Strategic Management, 2005, 17 (3): 279-292; Fang X. Re-examining the reform of China's science and technology system: a historical perspective [J]. Journal of Science and Technology Policy in China, 2010, 1 (1): 7-17.

❷ Arrow K J. Economic welfare and the allocation of resources to invention [J]. In R. R. Nelson (ed.), The rate and direction of inventive activity: economic and social factors. Princeton, N J: Princeton University Press, 1962; Nelson R R. The simple economics of basic scientific research [J]. Journal of Political Economy, 1959, 67 (3): 297-306.

定的地方规章。❶

本节主要研究的是省级层面的上述两类专利政策会对专利数量和质量产生怎样的影响。之所以选择省级层面的专利政策，主要原因在于省级行政单位的信息公开相对较好，相关数据库也对省级行政单位颁布实施的地方性法规和规章进行了收录。在具体检索方法上，笔者利用北大法宝和北大法意的法律法规数据库，分别使用31个省级行政单位的名称配以“专利”来共同作为关键词，如“北京”加“专利”，检索出各省市自治区专利相关的法律法规后，根据明确以拥有专利作为给予物质回报的前提的标准，通过人工阅读法律法规条文的方式来确定出符合标准的专利激励政策。为避免北大法宝、北大法意可能存在的遗漏相关政策的问题，笔者基于百度搜索引擎，采用上述关键词搜索方法并额外加入“办法”“条例”“规定”等关键词控制检索范围，对各省份是否存在专利激励政策进行复核。截至2009年，共计检索出涉及11个省级行政单位的专利激励政策。同时，有些省份的政策具有专利类型的限制，即只对发明和实用新型专利给予物质激励。具体颁布了相应专利激励政策的省份、颁布时间、主要优惠政策、政策的覆盖范围以及政策名称如表6-1所示。❷

表6-1　地方专利激励政策

年份	省份	主要优惠政策	覆盖专利范围	政策名称
1995	广东	税收返还	发明和实用新型	《广东省促进科学技术进步条例》
1997	辽宁	税收返还	发明和实用新型	《辽宁省实施〈中华人民共和国促进科技成果转化法〉规定》
1998	湖北	税收返还	发明和实用新型	《湖北省新产品税收优惠政策实施管理办法》

❶　本节以下部分内容曾以“专利激增的动因及其质量效应”为题，发表在《世界经济》2015年第6期。

❷　专利激励政策在不同地区的差异基本在2009年之后便不复存在了。原因在于中央政府三令五申规定地方不得自行制定税收相关政策，如2000年国务院发布了《关于纠正地方自行制定税收先征后返政策的通知》，要求“各地区、各部门不得以先征后返或其他减免税手段吸引投资，更不得以各种方式变通税法和税收政策，损害税收的权威”。

续表

年份	省份	主要优惠政策	覆盖专利范围	政策名称
1999	吉林	税收返还	发明和实用新型	《吉林省促进科技成果转化条例》
2000	上海	经费补贴	全部	《上海市鼓励引进技术的吸收与创新规定》
2005	北京	税收优惠	全部	《北京市专利保护和促进条例》
2005	安徽	税前扣除	全部	《安徽省专利保护和促进条例》
2007	重庆	税收优惠	全部	《重庆市专利促进与保护条例》
2009	江西	税收优惠	全部	《江西省专利促进条例》
2009	江苏	加计扣除	全部	《江苏省专利促进条例》
2009	青海	加计扣除	全部	《青海省专利促进与保护条例》

而对于专利申请维持费补贴政策，笔者在《中国知识产权年鉴》的基础上，辅之以百度搜索引擎进行检索。最终发现在中国大陆地区31个省级行政单位均陆续颁布和实施了专利申请维持费补贴政策，并明确了政策名称和具体的针对不同类型专利的补贴内容，详细信息如表6-2所示。

表6-2　专利申请维持费补贴政策

年份	省份	法规名称	主要优惠政策
1999	上海	《上海市专利资助办法》	资助专利申请费和年费
2000	北京	《北京市专利申请资助金管理暂行办法》	资助专利申请费
2000	天津	《天津市知识产权专项资金管理暂行办法》	资助发明和实用新型申请费
2000	广东	《广东省发明专利申请费用资助暂行办法》	资助发明专利申请费
2000	江苏	《江苏省省级专利专项资金管理暂行办法》	资助专利申请费
2000	重庆	《重庆市专利资助办法》	资助专利申请费
2001	浙江	《浙江省专利专项资金管理办法》	资助发明专利申请费
2001	黑龙江	《黑龙江省专利技术专项资金管理办法》	资助专利申请费
2001	广西	《广西壮族自治区专利申请资助和奖励暂行办法》	资助专利申请费
2001	海南	《海南省发明专利申请费用资助暂行办法》	资助发明专利申请费
2001	四川	《四川省专利申请资助办法（试行）》	资助发明和实用新型申请费
2001	陕西	《陕西省专利申请资助资金管理办法》	资助专利申请费

续表

年份	省份	法规名称	主要优惠政策
2002	福建	《福建省专利申请资助资金管理暂行办法》	资助专利申请费
2002	江西	《江西省专利申请及实施资助暂行办法》	资助发明和实用新型申请费
2002	河南	《河南省专利申请资助资金管理办法》	资助专利申请费
2002	贵州	《贵州省知识产权专项资金使用管理办法》	资助专利申请费
2002	内蒙古	《内蒙古自治区发明专利费用资助暂行办法》	资助发明专利申请费
2002	新疆	《新疆维吾尔自治区专利申请资助专项资金管理办法》	资助专利申请费
2003	山西	《山西省专利申请资助专项资金管理办法》	资助专利申请费
2003	安徽	《安徽省专利申请费用资助办法（试行）》	资助发明专利申请费
2003	山东	《山东省专利发展专项资金管理办法》	资助发明专利申请费
2003	云南	《云南省专利申请费用和年费资助暂行办法》	资助专利申请费和年费
2003	西藏	《西藏自治区专利申请资助和奖励办法（暂行）》	资助专利申请费
2004	吉林	《吉林省专利申请资助办法》	资助发明专利申请费
2004	湖南	《湖南省专利申请资助资金管理办法》	资助专利申请费和年费
2005	河北	《河北省专利申请资助办法》	资助发明专利申请费
2005	青海	《青海省专利资助资金管理暂行办法》	资助专利申请费
2006	辽宁	《辽宁省发明专利申请费用补助资金管理办法》	资助发明专利申请费
2007	湖北	《湖北省授权专利补贴专项资金管理办法》	资助专利申请费
2015	甘肃	《甘肃省专利资助资金管理办法》	资助专利申请费
2017	宁夏	《宁夏回族自治区知识产权补助资金管理办法》	资助发明专利申请费

二、理论基础、数据信息和模型设定

本节主要关注的问题是：上述两类地方性的专利激励政策会对专利数量和质量产生怎样的影响？从理论上来说，对专利申请和维持费用给予补贴的政策会降低专利申请和持有的成本，鼓励更多的专利进入申请程序，也会鼓励可能由于专利的持有成本大于潜在收益而准备停止续期的专利继续维持专利的有效状态。而奖励性的专利激励政策会吸引更多的创新成果进入专利申请，自然会对专利申请的数量产生明显的正效应。但与此同时，被吸引来的专利申请中可能会包含更多的低质量创新，而其中一些低质量的申请还可能因为专利审核制度的不完善而被批准授权，导致申请中专利的平均质量和授权后专利的平均质量同时下降。当然，上述理论假设尚有待于进一步的实证检验。

为了实证检验地方专利政策对专利数量和质量的影响，笔者用专利申请数和授权数来衡量专利数量，而用专利撤回率、专利授权率和专利续期率作为专利质量的代理变量。在上述变量的构建方法上，专利授权率是从审查机构的角度来判断专利质量的重要指标，其意义和构建方法都较为直接，即用某省某年申请的专利中得到最终授权的比例进行衡量。专利撤回率则是以某省某年申请的专利数作为分母，然后以该省该年申请的专利中被撤回的数量作为分子，两者的比值即对应该省该年的专利撤回率。对于专利续期率，笔者将研究样本限定为得到授权并且有明确终止日期的专利。计算专利续期率的具体方法是，首先将某省某年申请的专利中最终得到授权的数量作为分母，然后将这部分专利中从授权到终止时间大于3年、4年和5年的专利数量作为分子，两者的比值即是该省在该年申请并得到授权的专利中，续期3年以上、4年以上和5年以上的比例。对于上述三种变量，一般来说，专利授权率和续期率与专利质量正相关，专利撤回率与专利质量负相关。

上述变量均基于国家知识产权局从1985~2010年的共计429万条已公开专利数据进行构建。[1] 专利信息包括申请号、申请日、公开日、专利号、发明人、申请人、申请人地址、法律状态等。根据这些初始信息，笔者进一步整理获得包括专利类别、申请人所在地、申请人身份类型、专利撤回时间、专利授权时间等在内的专利数据信息。在上述数据的基础上，笔者

[1] 对于国外申请人，其专利登记的地址信息在中国境外，无法确定他们的省份信息，因而在研究中笔者删除了这些数据。

根据专利申请年份和省份将数据处理为省级面板数据，这样就获得 1985~2010 年间，31 个省级行政单位每年的专利申请数、专利授权数、专利授权率、专利撤回率和专利续期率等信息，这些变量将作为下文实证分析中的被解释变量。

为研究地方专利政策的实际效果，具体构建如下的双向固定效应面板回归模型：

$$Y_{i,t}=\beta_1 Policy1_{i,t}+\beta_2 Policy2_{i,t}+\gamma X_{i,t}+\eta_i+\mu_t+\varepsilon_{i,t} \quad (6.1)$$

其中，i 表示省份，t 表示申请年；$Y_{i,t}$表示省份 i 在申请年 t 对应的专利数量和质量的代理变量；$Policy1_{i,t}$代表专利激励政策，表示省份 i 在申请年 t 是否颁布专利激励政策（1=已颁布，0=未颁布），并在一部分分析中具体细化到专利激励政策是否适用于外观设计专利；$Policy2_{i,t}$则代表专利申请维持费补贴政策，表示省份 i 在申请年 t 是否颁布申请维持费补贴政策，其系数 β_1和 β_2分别衡量专利激励政策和申请维持费补贴政策对因变量的影响；$X_{i,t}$为控制变量向量，包括随省份和时间变化的特征值，主要包括人均 GDP、人口数、人均 FDI 这三个衡量经济发展和人力资本水平的变量，上述变量可能会对各省的专利数量和质量产生影响，因此在模型中控制上述变量的影响。η_i及 μ_t分别表示不可观测的省份固定效应和年份固定效应，从而控制不随省份、时间变化的因素的影响。$\varepsilon_{i,t}$为误差项。

三、地方专利政策对专利数量的影响

首先来看专利激励政策和专利申请维持费补贴政策（表中简称“申请费补贴政策”）对人均专利申请数的影响，结果如表 6-3 和表 6-4 所示。从对总样本和企业专利影响的角度来看，除专利申请维持费补贴政策对企业实用新型的影响并不显著以外，专利激励政策和申请维持费补贴政策对专利人均申请数均具有显著为正的影响，且专利激励政策对专利数量的影响要远大于申请维持费补贴政策。而从对非企业专利影响的角度看，专利激励政策对发明和实用新型的非企业专利人均申请数具有显著为正的影响，专利申请维持费补贴政策对发明具有显著为正的影响，而专利激励政策对外观设计和申请费补贴政策对实用新型和外观设计的影响是显著为负的。可能的原因有两个方面：一方面，专利激励政策和申请维持费补贴政策的实施过程中，企业申请人的实际收益更高，因此存在专利从非企业主体向企业主体转移的可能性；另一方面，鉴于发明专利从专利激励政策和申请维持费补贴政策中得益更多，也可能存在专利从实用新型和外观设计向发明专利转移的现象。

此外，分别看专利激励政策对企业和非企业专利的影响时可以发现，政策对企业人均申请数的影响要远大于对非企业人均申请量的影响，这个原因主要在于专利激励政策主要涉及的是税收类的激励政策，对企业的影响显然要比对非企业直接。从企业和非企业的不同类型专利来看，政策对发明的影响要大于对实用新型的影响，原因在于相对于实用新型，政策给予发明的所有者的优惠奖励幅度更大。而对于外观设计，政策对企业外观设计的影响是三种类型中最大的，这和外观设计与技术的关联度不大，相对申请难度最低是有关的。

表 6-3　政策对企业及企业不同类型专利人均申请数的影响

变量	(1) 总样本	(2) 企业	(3) 企业发明	(4) 企业实用新型	(5) 企业外观设计
专利激励政策	1.562*** (0.280)	0.880*** (0.151)	0.360*** (0.061)	0.199*** (0.057)	0.831*** (0.099)
申请费补贴政策	0.505* (0.274)	0.269* (0.148)	0.110* (0.0595)	-0.019 (0.047)	0.141*** (0.051)
总人口对数	21.66*** (1.259)	11.97*** (0.678)	4.173*** (0.273)	4.340*** (0.254)	2.810*** (0.296)
人均 GDP 对数	2.819*** (0.587)	0.957*** (0.316)	0.406*** (0.127)	0.167 (0.118)	0.482*** (0.130)
人均 FDI 对数	0.119 (0.089)	0.065 (0.048)	0.0002 (0.019)	0.035* (0.018)	0.007 (0.020)
年份固定效应	是	是	是	是	是
省份固定效应	是	是	是	是	是
观察值	769	769	769	769	769
R^2	0.748	0.704	0.628	0.697	0.613

注：***、**、*分别表示在1%、5%和10%水平上显著；括号中的数值为在聚类在省级水平上的稳健标准差。本节下同。

表 6-4　政策对非企业及非企业不同类型专利人均申请数的影响

变量	(1) 非企业	(2) 非企业发明	(3) 非企业实用新型	(4) 非企业外观设计
专利激励政策	0.159*** (0.044)	0.111*** (0.016)	0.034*** (0.013)	-0.103** (0.042)
申请费补贴政策	0.071 (0.043)	0.032** (0.016)	-0.061*** (0.011)	-0.085*** (0.022)
总人口对数	2.084*** (0.198)	1.090*** (0.073)	0.279*** (0.056)	0.915*** (0.127)
人均 GDP 对数	0.645*** (0.093)	0.130*** (0.034)	0.125*** (0.027)	0.371*** (0.056)
人均 FDI 对数	0.013 (0.014)	0.003 (0.005)	0.003 (0.004)	0.011 (0.009)
年份固定效应	是	是	是	是
省份固定效应	是	是	是	是
观察值	769	769	769	769
R^2	0.714	0.748	0.791	0.485

而对于专利激励政策对人均专利授权数的影响，结果如表 6-5 和表 6-6 所示。同样地，专利激励政策和申请维持费补贴政策均对专利人均授权数具有显著影响，政策对企业人均授权数的影响要大于对非企业的影响。具体到不同的专利类型，专利激励政策对企业实用新型的人均授权数的影响要大于对企业发明的人均授权数的影响，原因在于虽然从政策激励的角度企业更热衷于发明的申请，但发明授权的条件要远高于实用新型，因而从实际结果看，政策对企业实用新型的影响要大于对企业发明的影响。而对于非企业的不同专利类型，专利激励政策对发明的影响要略高于对实用新型的影响，且对外观设计的影响是显著为负的，这与非企业中以高技术含量的发明为主要任务的研究机构和高等院校占有较大比重有关。

表 6-5　政策对企业及企业不同类型专利人均授权数的影响

变量	(1) 总样本	(2) 企业	(3) 企业发明	(4) 企业实用新型	(5) 企业外观设计
专利激励政策	1.097*** (0.227)	0.665*** (0.117)	0.141*** (0.0219)	0.201*** (0.057)	0.832*** (0.099)

续表

变量	(1) 总样本	(2) 企业	(3) 企业发明	(4) 企业实用新型	(5) 企业外观设计
申请费补贴政策	0.430* (0.223)	0.225* (0.115)	0.065*** (0.022)	−0.019 (0.047)	0.141*** (0.052)
总人口对数	15.46*** (1.022)	8.831*** (0.527)	1.015*** (0.099)	4.343*** (0.255)	2.827*** (0.296)
人均 GDP 对数	2.564*** (0.477)	0.798*** (0.246)	0.246*** (0.046)	0.169 (0.118)	0.482*** (0.130)
人均 FDI 对数	0.101 (0.072)	0.060 (0.037)	−0.005 (0.007)	0.035* (0.018)	0.008 (0.020)
年份固定效应	是	是	是	是	是
省份固定效应	是	是	是	是	是
观察值	769	769	769	769	769
R^2	0.723	0.698	0.561	0.696	0.612

表 6-6 政策对非企业及非企业不同类型专利人均授权数的影响

变量	(1) 非企业	(2) 非企业发明	(3) 非企业实用新型	(4) 非企业外观设计
专利激励政策	0.102** (0.040)	0.051*** (0.009)	0.037*** (0.013)	−0.102** (0.042)
申请费补贴政策	0.060 (0.039)	0.019** (0.009)	−0.059*** (0.011)	−0.084*** (0.022)
总人口对数	1.398*** (0.180)	0.378*** (0.040)	0.301*** (0.059)	0.919*** (0.127)
人均 GDP 对数	0.612*** (0.084)	0.091*** (0.018)	0.131*** (0.028)	0.372*** (0.056)
人均 FDI 对数	0.009 (0.013)	−0.0001 (0.003)	0.003 (0.004)	0.011 (0.009)
年份固定效应	是	是	是	是
省份固定效应	是	是	是	是
观察值	769	769	769	769
R^2	0.655	0.663	0.783	0.485

需要指出的是，专利激励政策和申请维持费补贴政策对专利申请数和授权数的影响不仅在统计意义上显著，而且有较大的经济意义，特别是对于专利激励政策而言。具体来说，对比专利激励政策实施前，人均专利申

请数在政策实施后每万人提高 1.56 个，是其标准差的 52.21%。同理，人均专利授权数在奖励性政策实施后每万人提高 1.10 个，是其标准差的 47.35%。以 2000 年的数值作为基准，奖励性专利激励政策的实施使得中国省份的人均专利申请数和授权数分别提高了 258.6% 和 234.1%，相当于全国专利申请数和授权数每年分别增加了 32.28 万件和 24.27 万件。相对而言，申请维持费补贴政策的经济影响则大约为专利激励政策的 1/3。

通过上面的分析发现，专利激励政策确实对专利数量的增加有显著而积极的影响，这种效果尤其体现在对企业专利的影响上。因而，从促进专利数量增加的这一维度来看，专利激励政策和申请维持费补贴政策均达到预期目的，产生预期效果。

四、地方专利政策对专利质量的影响

专利政策的预期目的是提高自主创新能力，促进经济的可持续发展，因而，实现专利总体创新含量与专利数量的同步增长应该是专利政策实施的题中之意。因此，在验证了专利政策能够实现专利数量增长的目标之后，接下来进一步研究专利政策对于发明、实用新型和外观设计三种不同类型专利质量的影响。一般来说，发明专利的质量最高，但实用新型和外观设计专利在专利总体中占有较大比重，因而对于中国现阶段的创新而言，实用新型和外观设计专利的质量也具有重要意义。笔者将分别使用专利授权率、专利撤回率和专利续期率三个指标作为专利质量的代理变量，其中前两个指标主要用来评估对发明专利质量的影响，续期率指标则是主要使用的衡量三种类型专利质量的代理指标，具体原因笔者将在不同指标中分别进行说明。下面具体来说明选择这三个变量作为专利质量的代理变量的原因，以及分析专利激励政策和专利申请维持费补贴政策对这三种专利质量代理变量的影响。

（一）专利授权率

使用专利授权率衡量专利质量的有效性依赖于专利审查部门能够对专利质量作出准确的判断。虽然《专利法》规定，授予专利权的发明和实用新型，应当具备新颖性、创造性和实用性；授予专利权的外观设计与现有设计或者现有设计特征的组合相比，应当具有明显区别。然而在实践中，由于实用新型和外观设计专利在申请过程中只需经过形式审查，而形式审查基本不涉及对质量的审核，因而我们就无法用这两类专利的授权率来衡量专利的质量。所以，基于授权率指标我们关注的是专利政策对发明专利质量的影响。理论上发明专利的授权率越高，其质量也越好。

现在首先检验专利政策对不同持有人类型的专利授权率的影响。从表6-7的第（1）~（3）列可以发现，专利激励政策和申请维持费补贴政策对总样本及非企业样本专利授权率的影响均不显著，但专利激励政策对企业专利授权率的影响是显著下降的。这意味着专利激励政策的施行降低了企业的专利质量。

进一步来看专利激励政策对发明专利质量的影响，从表6-7的第（4）~（5）列可以发现，专利激励政策对企业和非企业发明专利授权率的影响均不显著。因此，可以得出结论，专利激励政策虽然从总体上降低了企业的专利质量，但对企业发明专利的授权率并不存在显著影响。

表6-7　政策对专利授权率的影响

变量	(1) 全样本 授权率	(2) 企业 授权率	(3) 非企业 授权率	(4) 企业发明 授权率	(5) 非企业发明 授权率
专利激励政策	-0.003 (0.008)	-0.014* (0.007)	-0.002 (0.008)	0.0003 (0.026)	0.017 (0.013)
申请费补贴政策	-0.002 (0.008)	-0.014 (0.016)	0.004 (0.008)	0.020 (0.026)	0.013 (0.013)
总人口对数	-0.155*** (0.037)	-0.151*** (0.053)	-0.159*** (0.037)	-0.147 (0.119)	-0.298*** (0.060)
人均GDP对数	0.032* (0.017)	-0.012 (0.030)	0.058*** (0.018)	-0.016 (0.055)	-0.008 (0.028)
人均FDI对数	0.005* (0.003)	0.012** (0.005)	0.0008 (0.003)	0.006 (0.008)	0.004 (0.004)
年份固定效应	是	是	是	是	是
省份固定效应	是	是	是	是	是
观察值	769	766	769	758	768
R^2	0.661	0.483	0.649	0.453	0.729

（二）专利撤回率

专利撤回率衡量的是某省某年申请的专利在授权前撤回的比率，一般而言，专利被撤回的比例越高，可认为专利的质量越低。原因在于，根据《专利法》第 32 条的规定，申请人可以在被授予专利权之前随时撤回其专利申请。撤回一般包括两种情况，一种是申请人的主动申请撤回，另一种是由于申请人的不作为而被视为撤回。对于后者，法律规定的原因包括：申请人无正当理由逾期不请求实质审查的；请求实质审查时逾期不提交与发明有关的相关资料的；实质审查后不符合相关规定逾期不答复的；逾期未缴纳相关申请费用的。而对于主动撤回的情况，则原因各异，例如，申请人发现申请不符合相关授予规定，申请文件的撰写存在问题和缺陷等。因而，从一般情形来看，平均来说撤回申请的专利质量较低，所以可以通过检验专利政策颁布前和颁布后申请的专利在撤回率上是否存在差异从一定程度上判断专利的质量。此外，由于发生专利撤回的样本主要集中在发明专利，实用新型和外观设计专利出现撤回的概率极低，因此，撤回率主要适用于衡量发明专利的质量。

首先来看两类专利政策对不同持有人类型的专利撤回率的影响，具体的估计结果如表 6-8 的第（1）~（3）列所示。可以发现，专利申请维持费补贴政策对专利撤回率的影响是不显著的，而在专利激励政策出台后企业的专利撤回率要显著高于专利激励政策出台前，这表明专利激励政策的施行降低了企业的专利质量。

表 6-8　政策对专利撤回率的影响

变量	(1) 全样本 撤回率	(2) 企业 撤回率	(3) 非企业 撤回率	(4) 企业发明 撤回率	(5) 非企业发明 撤回率
专利激励政策	0.002	0.015*	0.001	−0.019	−0.006
	(0.009)	(0.008)	(0.013)	(0.032)	(0.015)
申请费补贴政策	0.013	0.026	0.007	−0.022	0.017
	(0.013)	(0.017)	(0.011)	(0.032)	(0.019)
总人口对数	0.047	−0.013	0.065	0.010	0.244***
	(0.053)	(0.063)	(0.058)	(0.180)	(0.084)

续表

变量	(1) 全样本 撤回率	(2) 企业 撤回率	(3) 非企业 撤回率	(4) 企业发明 撤回率	(5) 非企业发明 撤回率
人均 GDP 对数	-0.022 (0.033)	0.007 (0.042)	-0.035 (0.033)	-0.027 (0.067)	-0.004 (0.041)
人均 FDI 对数	-0.001 (0.003)	-0.005 (0.006)	0.002 (0.003)	-0.002 (0.018)	-0.0003 (0.006)
年份固定效应	是	是	是	是	是
省份固定效应	是	是	是	是	是
观察值	769	766	769	758	768
R^2	0.635	0.445	0.628	0.574	0.845

而进一步观察专利激励政策对发明专利撤回率的影响，从表 6-8 的第（4）~（5）列可以发现，两类专利政策对企业发明和非企业发明撤回率的影响都不显著，因此，基于撤回率的结果得出的结论依然是，专利激励政策虽然降低了企业总体的专利质量，但对企业发明专利的撤回率并不存在显著影响。

（三）专利续期率

基于授权率和撤回率两项专利质量代理变量的研究发现，专利激励政策降低了企业的整体专利质量，但对企业发明专利的质量不存在显著影响。因此，合理的推测是，专利激励政策对企业实用新型和外观设计专利质量具有显著为负的影响。为了验证这一推测，也为了更好地检验上述发现的稳健性，我们引入专利续期率来进一步检验专利激励政策对专利质量的影响。使用续期率能够衡量专利质量的原因在于，虽然授权的发明专利享有 20 年有效期，实用新型专利和外观设计专利享有 10 年的有效期，然而这么长的有效期是以专利所有人每年续缴年费为前提的，而且年费逐年递增。以发明专利为例，其在专利有效期内的 1~3 年、4~6 年、7~9 年、10~12 年、13~15 年和 16~20 年的年费分别为 900、1200、2000、4000、6000 和 8000 元，在专利的维持成本随时间递增的前提下，专利所有人关于专利维持时间长短的决策是基于专利成本与收益的衡量后所作出的理性判断，在专利的维持成本相同的情况下，由专利收益的不同导致的续期时长的差异就取决于专利的质量，因而基于专利续期时长的续期率指标更能客观准确地衡量专利的质量。专利的维持时间越长，专利的质量一般也越高。以下通过表 6-9～表 6-12 分别来看专利从授权到终止维持了 3 年以上和 5 年以上的专利续期率水平与两类专利政策的关系。

表 6-9　政策对企业及其不同类型专利续期率的影响（3 年以上）

变量	（1） 全样本	（2） 企业	（3） 企业发明	（4） 企业实用新型	（5） 企业外观设计
专利激励政策	-0.053*** (0.011)	-0.048** (0.020)	-0.050 (0.048)	-0.028* (0.014)	-0.146** (0.058)
申请费补贴政策	-0.018* (0.010)	-0.025 (0.019)	-0.004 (0.045)	-0.030 (0.018)	0.046 (0.028)
总人口对数	-0.176*** (0.050)	-0.297*** (0.096)	-0.249 (0.239)	-0.258** (0.106)	-0.137 (0.179)
人均 GDP 对数	-0.076*** (0.022)	-0.092** (0.042)	-0.101 (0.099)	-0.084* (0.046)	-0.202*** (0.074)
人均 FDI 对数	-0.002 (0.003)	0.008 (0.006)	0.014 (0.015)	0.005 (0.007)	0.013 (0.012)
年份固定效应	是	是	是	是	是
省份固定效应	是	是	是	是	是
观察值	740	737	642	725	689
R^2	0.900	0.730	0.415	0.741	0.515

表 6-10　政策对非企业及其不同类型专利续期率的影响（3 年以上）

变量	（1） 非企业	（2） 非企业发明	（3） 非企业实用新型	（4） 非企业外观设计
专利激励政策	-0.041*** (0.011)	0.005 (0.019)	-0.039*** (0.012)	-0.066* (0.038)
申请费补贴政策	-0.006 (0.010)	-0.012 (0.019)	-0.015 (0.010)	-0.006 (0.020)
总人口对数	-0.111** (0.050)	-0.098 (0.086)	-0.145*** (0.053)	-0.068 (0.115)
人均 GDP 对数	-0.084*** (0.022)	-0.019 (0.040)	-0.094*** (0.025)	-0.161*** (0.051)
人均 FDI 对数	-0.004 (0.003)	0.006 (0.006)	0.002 (0.004)	0.009 (0.008)

续表

变量	(1) 非企业	(2) 非企业发明	(3) 非企业实用新型	(4) 非企业外观设计
年份固定效应	是	是	是	是
省份固定效应	是	是	是	是
观察值	740	766	769	759
R^2	0.898	0.812	0.880	0.572

表 6-11　政策对企业及其不同类型专利续期率的影响（5 年以上）

变量	(1) 全样本	(2) 企业	(3) 企业发明	(4) 企业实用新型	(5) 企业外观设计
专利激励政策	-0.022*** (0.006)	-0.030** (0.014)	0.003 (0.039)	-0.029** (0.014)	-0.056** (0.026)
申请费补贴政策	0.0002 (0.006)	-0.012 (0.014)	-0.034 (0.037)	-0.005 (0.016)	0.034** (0.016)
总人口对数	-0.121*** (0.028)	-0.211*** (0.069)	-0.464** (0.197)	-0.148** (0.061)	-0.258** (0.109)
人均 GDP 对数	0.002 (0.012)	-0.043 (0.030)	0.085 (0.082)	-0.056 (0.039)	-0.145* (0.075)
人均 FDI 对数	0.004** (0.002)	0.005 (0.004)	-0.004 (0.013)	0.005 (0.007)	0.020** (0.010)
年份固定效应	是	是	是	是	是
省份固定效应	是	是	是	是	是
观察值	740	737	642	725	689
R^2	0.840	0.680	0.341	0.719	0.439

表 6-12　政策对非企业及其不同类型专利续期率的影响（5 年以上）

变量	(1) 非企业	(2) 非企业发明	(3) 非企业实用新型	(4) 非企业外观设计
专利激励政策	-0.015*** (0.005)	-0.009 (0.014)	-0.009* (0.005)	-0.010 (0.022)
申请费补贴政策	0.002 (0.005)	-0.019 (0.014)	0.002 (0.004)	-0.001 (0.012)
总人口对数	-0.087*** (0.026)	-0.064 (0.063)	-0.07*** (0.023)	-0.086 (0.066)

续表

变量	(1) 非企业	(2) 非企业发明	(3) 非企业实用新型	(4) 非企业外观设计
人均 GDP 对数	-0.002 (0.011)	0.007 (0.029)	0.016 (0.011)	-0.031 (0.030)
人均 FDI 对数	0.002 (0.002)	0.015*** (0.004)	-0.004** (0.002)	0.009** (0.004)
年份固定效应	是	是	是	是
省份固定效应	是	是	是	是
观察值	740	766	769	759
R^2	0.814	0.651	0.827	0.324

从表6-9～表6-12可以看出，申请费补贴政策对专利续期率不存在显著的影响，对续期率稳定而一致的影响主要体现在专利激励政策方面，特别是对企业的专利续期率而言，专利激励政策施行之后申请的专利相比于政策之前申请的专利，专利续期率都有显著的下降，而且专利激励政策对续期时间越长的专利的影响也越小，原因在于专利激励政策为专利所有人带来了专利之外的收益，而随着专利续期费用的阶梯式增长，维持的成本越来越高，因而使得越来越多的专利所有人在获得了专利之外的收益后，选择了放弃对专利续费。此外，虽然从结果来看，激励政策使得续期率下降的比例并不高，但是如果考虑到激励政策的实施客观上会提高对专利的市场需求，继而对专利权人的续期行为产生正向的激励效应，但此时续期率却不升反降这一点，则进一步说明了专利激励政策出台后专利本身的质量下降效应是相对较大的。而从不同专利类型的角度看，专利激励政策的影响主要集中在实用新型和外观设计这两类专利，发明专利并未受到专利激励政策的显著影响。

从专利续期率的结果来看，笔者发现专利激励政策是专利质量下降的重要原因，申请维持费补贴政策并未对专利续期率产生显著影响。而专利激励政策对专利质量下降的影响主要体现在实用新型和外观设计专利上，质量较高的发明专利并未受到显著的影响。而笔者在专利激励政策对发明专利授权率和撤回率的影响的检验中也同样发现对发明专利影响不显著的结果。此外，专利激励政策使得企业整体专利质量出现下降的结论在三种专利质量代理变量的检验中都得到了支持。

综合上述结果，我们至少可以得出一个相对谨慎的结论，即专利激励政策对专利申请数和授权数具有显著的正向影响，但对于企业的专利质量则具有负面影响，且这一负面影响并未显著体现在发明专利上，专利激励政策对专利质量下降的作用主要体现在实用新型和外观设计上。

五、专利政策对专利质量影响的稳健性讨论

为了验证前面所得出的结论是否可靠，笔者将从如下方面对结果作进一步的讨论。由于前面基于不同专利质量代理变量得出的一致发现是专利激励政策对专利质量的影响主要表现在专利申请人或所有人是企业的情况下，因而以下仅对企业样本进行稳健性检验。

在已有的研究中国专利数量大幅增长原因的文献中[1]，认为研发投入（R&D）、科技人员数量同样是专利数量增长的重要原因。然而，由于研发投入和科技从业人员数据的起始年份分别为1998年和1997年，所以在之前的分析中没有包括这两个变量，接下来笔者在模型中加入这两个变量作为控制变量，来检验在控制了上述变量影响的情况下，专利激励政策是否依然存在前面所发现的影响。

首先检验专利激励政策对人均专利申请数和授权数的影响，具体结果如表6-13所示。在控制了总人口、GDP、外商直接投资、R&D、科技从业人员这些变量之后，专利激励政策依然对人均专利申请数和授权数具有显著为正的影响，从而进一步支持了专利激励政策对企业专利申请数的提高具有积极的推动作用的判断。

---

[1] Cheung K，Ping L. Spillover effects of FDI on innovation in China：Evidence from the provincial data［J］. China Economic Review，2004，15（1）：25-44；Hu A G，Jefferson G H. A great wall of patents：What is behind China's recent patent explosion?［J］. Journal of Development Economics，2009，90（1）：57-68；Yueh L. Patent laws and innovation in China［J］. International Review of Law and Economics，2009，29（4）：304-313.

表 6-13　政策对人均申请数和授权数的影响：加入更多控制变量（1998~2010）

变量	(1) 人均申请数	(2) 企业人均申请数	(3) 人均授权数	(4) 企业人均授权数
专利激励政策	1.738*** (0.483)	1.097*** (0.259)	0.858** (0.401)	0.693*** (0.206)
申请费补贴政策	-0.362 (0.322)	-0.205 (0.173)	-0.307 (0.267)	-0.170 (0.137)
总人口对数	25.85*** (2.292)	14.29*** (1.230)	17.51*** (1.902)	10.14*** (0.977)
人均 GDP 对数	1.487 (1.399)	1.035 (0.751)	0.391 (1.161)	0.379 (0.596)
人均 FDI 对数	-0.641*** (0.236)	-0.391*** (0.127)	-0.385* (0.196)	-0.235** (0.101)
人均 R&D 对数	1.733*** (0.444)	0.526** (0.238)	1.915*** (0.368)	0.603*** (0.189)
科技人员比重对数	425.4** (172.4)	221.8** (91.79)	229.2 (144.0)	102.6 (73.08)
年份固定效应	是	是	是	是
省份固定效应	是	是	是	是
观察值	388	388	388	388
R^2	0.858	0.842	0.835	0.830

接下来评估专利激励政策对企业专利质量的影响，结果见表 6-14。从表中可以发现，除对撤回率的影响不显著外，专利激励政策对企业的专利授权率和续期率依然具有显著为负的影响。

表 6-14　政策对企业专利质量的影响：加入更多控制变量（1998~2010）

变量	(1) 授权率	(2) 撤回率	(3) 续期 3 年以上	(4) 续期 5 年以上
专利激励政策	-0.020* (0.009)	0.002 (0.021)	-0.046* (0.028)	-0.050** (0.020)
申请费补贴政策	-0.004 (0.016)	0.004 (0.012)	0.004 (0.017)	-0.008 (0.013)
总人口对数	-0.052 (0.095)	-0.102 (0.077)	-0.320** (0.140)	-0.077 (0.102)
人均 GDP 对数	-0.082 (0.052)	0.017 (0.034)	-0.059 (0.081)	0.004 (0.059)

续表

变量	(1) 授权率	(2) 撤回率	(3) 续期3年以上	(4) 续期5年以上
人均FDI对数	0.023** (0.010)	-0.012 (0.008)	-0.025* (0.013)	0.001 (0.01)
人均R&D对数	-0.002 (0.015)	0.0212* (0.011)	-0.021 (0.024)	0.006 (0.018)
科技人员比重对数	1.897 (7.026)	-7.551* (4.172)	22.37** (9.791)	11.43 (7.116)
年份固定效应	是	是	是	是
省份固定效应	是	是	是	是
观察值	388	388	359	359
R^2	0.578	0.526	0.896	0.861

另外，由于发明创造相关的活动往往具有投入大、周期长的特征，因而专利激励政策对专利数量和质量的影响一般都会存在一个时滞，在前面的分析中虽然已经考虑了政策的滞后效应，但是为了进一步验证结论的稳健性，笔者进一步检验了专利激励政策对滞后两年的企业的专利质量的影响，结果如表6-15所示。除对撤回率的影响接近显著为正以外，专利激励政策对专利授权率和续期率的影响均是显著为负的。

表6-15　政策对滞后两年企业专利质量的影响

变量	(1) 授权率	(2) 撤回率	(3) 续期3年以上	(4) 续期5年以上
专利激励政策	-0.018* (0.010)	0.014 (0.009)	-0.043** (0.018)	-0.023* (0.011)
申请费补贴政策	-0.019 (0.014)	0.022 (0.015)	-0.041 (0.027)	-0.022 (0.016)
总人口对数	-0.138** (0.054)	-0.006 (0.064)	-0.307*** (0.090)	-0.229*** (0.077)
人均GDP对数	-0.005 (0.031)	0.0002 (0.037)	-0.071* (0.040)	-0.031 (0.036)
人均FDI对数	0.011** (0.005)	-0.006 (0.006)	0.009 (0.009)	0.006 (0.010)
年份固定效应	是	是	是	是

续表

变量	(1) 授权率	(2) 撤回率	(3) 续期3年以上	(4) 续期5年以上
省份固定效应	是	是	是	是
观察值	740	740	711	711
R^2	0.499	0.431	0.742	0.703

因此，通过上述专利激励政策对专利数量和质量影响的不同方式的稳健性检验可以得出可信结论，专利激励政策在企业专利数量增加和专利质量的下降中的作用与之前的发现是一致的，专利激励政策显著提高了专利的数量，但却使得企业非发明专利的质量发生显著下降。

六、小结

企业是经济发展的最大动力，是创新的首要实践者，其他主体包括研究机构、个人的发明创造，最终大多都依赖于企业的平台进行技术转化，因此，企业对于创新的态度是中国自主创新能力提升的关键。由于创新具有的周期长、风险高、外部性等问题，需要政府采取相应的财政手段、税收手段介入企业创新。专利激励政策和专利申请维持费补贴政策即是具有代表性的地方通过各种物质性激励办法，意图实现提升科技水平，提高企业自主创新能力的地方性政策。

然而，笔者的实证研究发现，专利激励政策和申请维持费补贴政策虽然有效增加了专利申请和授权的数量。但是，专利激励政策却带来专利平均质量下降的后果，而质量的下降根据专利类型和所有人的不同，其影响也存在差异。具体而言，从专利类型来看，并没有证据支持发明专利的质量出现下降，出现质量下降的是实用新型和外观设计专利，这两类专利由于缺乏实质审查，授权门槛较低，在利益激励之下易被钻营投机，从而产生大量低质量的实用新型和外观设计专利。而从专利所有人的类型来看，专利质量下降的主体主要是企业，原因是以税收减免、返还为主的奖励性专利激励政策的主要受益主体即是企业，因而企业更有动机来用低质量专利换取奖励和补贴。此外，虽然发明专利的质量并未出现显著下降，但由于实用新型和外观设计两类专利在整体专利中的占比要大幅高于发明专利，因而从整体来看，企业的专利质量出现了下降。

地方颁布上述两类专利激励政策的本意是提高本地区企业的自主创新能力，如果用专利来衡量，则目标是增加本地企业专利的总体创新含量。为实现这个目标，不仅需要增加专利的申请量和授权量，还需要保证专利的平均质量至少不出现下降。然而，笔者的研究发现，专利激励政策所实现的效果对于法律制定者而言具有混淆效果，即单纯从专利数量的效果方面来看，专利激励政策的确促进了专利申请数和授权数的增长，这在当前往往以数字化指标作为政绩的主要考核依据的情况下，一般会使得政策的制定者认为这种类型的激励政策是有效的，从而进一步激励地方制定和颁布更多类似的激励性政策。

但事实上，通过前面的研究可以清楚地发现，专利激励政策在实现数量增长的表象下，对于企业专利质量产生了负面影响，即在物质激励的刺激下，越来越多的缺乏创新性和市场发展前景的所谓创新也进入中国的专利库中。专利申请的目的不再是获得专利权本身，而变成专利背后那来自政府的物质性利益回报。政府在以财政税收收入减少为代价的情况下，所换来的可能只是一堆低质量的专利。最终的结果可能就是中国专利申请的虚假繁荣，我们的专利数量世界第一，企业却每年向国外支付大额的专利授权费，涉及专利的诉讼也是屡屡败北。因此，以鼓励创新为出发点的奖励性的地方性法规和规章，反而可能带来与该目标相悖的结果。

那么，地方在颁布促进专利发展的地方性法规和规章过程中应当注意哪些方面的问题，从而确保法规能够发挥适当的作用和效果呢？笔者认为，需要注意如下两个方面。一方面，在涉及给予专利一定水平的物质激励的条款中，应当确定合理的水平。在上述实证研究中发现，专利申请维持费补贴政策虽促进了专利数量的增长，但并未对专利质量产生负面影响。因此，在不能确定专利激励政策对专利数量的积极影响和对质量的消极影响孰轻孰重的情况下，以专利申请和维持成本为限的物质激励水平可能是更为稳妥、有效地促进专利发展的激励措施。另一方面，应将物质激励和补贴的对象调整为仅针对发明专利。上述研究中发现发明专利的质量就并未受到专利激励政策的显著影响，可能的原因就在于发明专利存在实质审查，因而专利的质量相对较有保障。当然，这也提醒和要求国家的专利申请审查部门，需要进一步严格控制专利的申请标准，从而确保获得授权专利的质量。

第三节　行政与中国商标的发展

一、政府的驰名商标制度和战略

商标并非一般意义上的创新成果，商标大多是以一种文字或图形符号的形式呈现，主要是用来将某一企业生产的产品或提供的服务与其他企业的商品或服务区分开来，从而节约消费者的搜寻成本。[1] 而随着市场经济的发展，市场竞争日趋激烈，在“酒香也怕巷子深”的时代背景下，品牌管理日益得到企业的重视。商标作为指示企业产品或服务的重要载体，通过良好的广告创意宣传，一方面，使得消费者认识并逐步接受其产品或服务，降低消费者的信息搜寻成本；另一方面，选择一个特色鲜明、富有寓意的商标进行宣传，甚至能够发挥在传递产品信息之外更多的功能，从而让企业的产品或服务为消费者喜爱和接受。

因此，从商标实现的功能来看，对于消费者而言，商标可以帮助消费者以较低的成本搜索商品或服务，识别商品或服务来源，满足其特定的需求；对于企业而言，商标可以激励企业对其产品和服务不断投入资源、提升品质，帮助企业更有效地展开宣传，增强消费者的忠诚度，不断积累和提升企业商誉。

商标的功能决定了政府对促进商标发展的重点在于培育高品质的商标。而对于什么是高品质的商标，源自《保护工业产权巴黎公约》（以下

[1] Landes W M, Posner R A. The economics of trademark law [J]. Trademark Reporter, 1988 (78): 267.

简称《巴黎公约》）中的驰名商标（well-known trademark）概念便成为中国政府推动企业创建高品质商标的重要载体和工具。驰名商标保护的规定出现在《巴黎公约》第6条第2款第（1）项，即“本联盟各国承诺，如果申请注册的商标构成对另一商标的复制、仿制或者翻译，容易产生混淆，而注册国或使用国主管机关认为该另一商标在该国已经驰名，是有权享受本公约利益的人的商标，并且用于相同或类似的商品，该国将依职权（如果本国法律允许），或者应有关当事人的请求，拒绝或取消注册，并禁止使用。这些规定，在商标的主要部分构成对上述驰名商标的复制或者仿制，容易与该商标产生混淆时，也应适用”。从该条款可以看出，对于驰名商标保护，是指不以注册为前提，在公约成员国范围内禁止他人在相同或类似商品上注册容易与驰名商标产生混淆的商标，而并未明确界定什么是驰名商标。而且该保护是一项弹性的安排，即“如果本国法律允许”，则该成员国承担对其他成员国的驰名商标保护的义务。

中国于1985年正式加入《巴黎公约》后，并未在国内立法中确立驰名商标保护制度，直到1989年，民族品牌同仁堂商标在日本被抢注，商标局才认定了首个国内企业的商标为驰名商标，并因此认识到驰名商标的重要价值，开始将驰名商标制度的建立提上日程。

然而，当时主管商标业务的国家工商行政管理局对驰名商标的认识更多是将驰名商标视为能够给国家和企业带来经济利益的一项荣誉。在1990年发布的《关于大力加强企业商标工作的通知》中指出：“驰名商标给国家和企业带来巨大的经济效益。驰名商标的多少，在一定程度上表现了一个国家的经济实力和水平。我国要大力发展社会主义商品经济，并且要走向世界，参与国际经济大循环，到国际市场上去竞争，就必须创一大批在国内国际上都驰名的商标。”在对驰名商标的界定上，该通知指出：“驰名商标必须是其商品有相当规模的销售量，销售范围很广泛，商标使用时间较持久，知名度很高，信誉很高，这样的商标才是驰名商标。”对于符合上述条件的商标予以驰名商标保护虽然并无异议，但这样却使得本身作为一项商标纠纷救济制度的驰名商标制度异化为企业的荣誉。特别是随着1991年开始由中央电视台、法制日报社、中国消费者报社联合举办驰名商标消费者评选活动，由包括国务院副总理在内的多位国家领导人在人民大会堂对拥有驰名商标的企业颁奖；并且国家工商行政管理总局商标局向评选出的驰名商标颁发《中国驰名商标证书》，从而对评选活动的结果予以法律认可，使得驰名商标在事实上成为企业的一种荣誉称号。

1996 年，驰名商标认定和管理被纳入制度化轨道。当时的国家工商行政管理局颁布了《驰名商标认定与管理暂行规定》，其中明确提出“商标注册人请求保护其驰名商标权益的，应当向国家工商行政管理局商标局提出认定驰名商标的申请。国家工商行政管理局商标局可以根据商标注册和管理工作的需要认定驰名商标”。政府接受驰名商标认定申请和进行主动认定的行为进一步加强了驰名商标的市场影响力，使驰名商标开始成为企业产品营销的金字招牌。

中央层面对驰名商标的积极态度激励地方政府通过各种方式鼓励本地企业争创驰名商标。据笔者掌握的信息，中国最早对获得驰名商标的企业进行奖励的地方法规是于 2000 年 12 月开始施行的《厦门市著名商标认定和保护管理办法》，其中规定对获得驰名商标的企业，由市政府一次性给予 100 万元的奖励。此后，各地方政府陆续出台了驰名商标奖励办法，主要通过两种方式激励本地企业争创驰名商标：第一，对获得认定驰名商标的企业给予高额资金奖励，各地从 50 万元到 500 万元不等；第二，对拥有驰名商标的企业给予相应的优惠政策，包括产品采购优先，产品开发成本可以不受比例限制计入管理费用，企业的宣传费用优惠，以及地方留成税收部分返还等。[1] 因此，获得驰名商标认定对于企业而言成为名利双收的事情。

2001 年中国加入世界贸易组织，从而具有了履行《与贸易有关的知识产权协定》（以下简称 TRIPS 协定）的义务。在 TRIPS 协定中，虽然对驰名商标的认定机关未作规定，但 TRIPS 协定第 41 条第 4 款规定：“诉讼当事方应有机会要求司法机关对最终行政裁定进行审查，并在遵守一成员法

---

[1] 在百度等搜索引擎中输入关键词“驰名商标”和“奖励”或“政策”，可以发现各地方政府针对驰名商标的奖励或优惠政策。

律中有关案件重要性的司法管辖权规定的前提下，至少对案件是非的初步司法裁决的法律方面进行审查。”这就使得对于行政机关的驰名商标认定，必须存在通过司法机关对行政裁定进行审查的条件。于是，中国开始引入驰名商标的司法认定机制，并通过最高法院司法解释的形式确认了中级及以上法院具有认定驰名商标的权力。❶ 从此，中国正式确立了行政认定和司法认定并行的驰名商标认定机制。❷

二、中央和地方政府驰名商标战略存在的问题

然而，怎么评价从中央到地方政府采取的驰名商标战略对企业的影响？特别是行政认定和司法认定的双轨制分别具有怎样的实践效果？从已表现出的相关问题来看，驰名商标的司法认定集中出现了不少问题，即一部分企业在无法达到行政认定驰名商标的标准后，转而通过司法认定的方式获得驰名商标认定。自从法院被赋予认定驰名商标的权力后，出现了2007年汕头康王驰名商标造假案等虚假认定驰名商标案❸，2009年辽宁省更是出现了多名法官陷入驰名商标造假案的现象❹，浙江省高级人民法院则在其2008年颁布的《关于在民事审判中防范和查处虚假诉讼案件的若干意见》中，将驰名商标认定的案件列为六类常见虚假诉讼案件之一，可见这些现象显然已经不是个案。

（一）驰名商标认定的标准问题

为什么大量企业意图通过虚假诉讼等非法途径获得驰名商标司法认

❶ 具体参见最高人民法院2001年发布的《关于审理涉及计算机网络域名民事纠纷案件适用法律若干问题的解释》和2002年发布的《关于审理商标民事纠纷案件适用法律若干问题的解释》。

❷ 以下的部分内容曾以“驰名商标认定机制对企业经营与创新绩效的影响”为题，发表在《经济科学》2020年第2期。

❸ 人民网-市场报．康王商标大战真假迷雾［EB/OL］．（2007-08-08）［2020-04-13］．http：//finance. sina. com. cn/leadership/ppjz/20070808/10153862681. shtml.

❹ 中国青年报．辽宁多名法官陷入驰名商标假案，“驰名”背后有猫腻［EB/OL］．（2009-12-14）［2020-04-13］．http：//ip. people. com. cn/GB/10573078. html.

定？是否司法认定的标准低于行政认定，或者说司法认定存在较大的漏洞？

无论从理论还是实践操作层面，对于行政和司法认定驰名商标标准的差异，可能确实是存在的。驰名商标司法认定的主要依据是《商标法》第14条，其中规定，认定驰名商标应当考虑如下因素：（1）相关公众对该商标的知晓程度；（2）该商标使用的持续时间；（3）该商标的任何宣传工作的持续时间、程度和地理范围；（4）该商标作为驰名商标受保护的记录；（5）该商标驰名的其他因素。由于上述因素并没有具体可量化的标准，从而赋予了法官较大的自由裁量权。而在由当时的国家工商行政管理总局制定的《驰名商标认定与管理暂行规定》以及之后的《驰名商标认定和保护规定》中，则规定了申请认定驰名商标的企业，应当提交包括使用该商标的商品在中国的销售量及销售区域，使用该商标的商品的主要经济指标（年产量、销售额、利润、市场占有率等）及其在中国同行业中的排名，使用该商标的商品在外国（地区）的销售量及销售区域，该商标的广告发布情况，该商标最早使用及连续使用的时间，该商标在中国及外国（地区）的注册情况等证明文件。相比于行政认定所依据的更为具体的标准，《商标法》中只有原则性规定，这就意味着司法认定的可操作空间相对更大。

此外，在具体操作层面，行政认定系由国家工商行政管理总局商标局（现国家知识产权局商标局）统一认定，而司法认定则由全国各地的中级及以上法院进行认定。因此，行政认定的尺度能够比较容易地做到清晰统一；而由于司法认定涉及全国各地的数百个法院，一方面，各个法院的审判水平不可避免地存在差异，从而在认定尺度的把握上难以做到标准统一；另一方面，部分地区存在的司法地方保护主义[1]、司法不独立[2]以及

---

[1] 潘越，潘健平，戴亦一．公司诉讼风险，司法地方保护主义与企业创新［J］．经济研究，2015，50（3）：131.

[2] 康娜．论我国国情下的最优司法独立度——一个制度经济学的视角［J］．清华法学，2012（3）：118-129.

司法腐败❶等问题，为部分难以达到商标局认定标准的企业选择通过法院进行驰名商标认定留下了投机空间。

（二）驰名商标认定的动机猜想

那么，对于难以达到行政认定标准的企业，获得司法认定驰名商标的目的是什么呢？一般来说，企业获得驰名商标的认定主要存在两方面的激励：第一，为了通过驰名商标提高企业的商誉，进而提升企业的经营绩效；第二，获得驰名商标可以获得地方政府不菲的物质奖励。为了分析获得司法认定驰名商标的企业究竟是为了提升企业的经营绩效，还是获得政府奖励，可以从下述两个方面综合进行验证。

一方面，可以比较企业在获得司法认定的驰名商标之后，相比于企业获得驰名商标认定之前，企业的经营绩效是否获得显著的提升。如果在获得司法认定驰名商标后企业的经营绩效有了显著提升，则说明企业获得司法认定驰名商标的动机在于提高企业商誉。如果经营绩效没有提升，则说明该动机可能并不成立，企业获得驰名商标认定的动机在于获得政府奖励。但是一个可能的问题是，企业获得司法认定驰名商标后经营绩效未见提升，并非企业主观上不希望，而是由于经营策略等方面的问题使得企业客观上未取得经营绩效提升的结果。

另一方面，如果获得司法认定驰名商标的企业是为了提升企业经营绩效，则广告宣传是企业必然会采取的一个提升企业商誉的手段。企业和消费者之间存在关于产品质量的信息不对称问题，企业知晓自身的产品质量而消费者在首次购买前不清楚。为了解决信息不对称问题，从企业的角度来说，广告是企业向消费者传递产品质量信息的重要渠道。❷如果企业获得司法认定驰名商标是为了提高企业商誉，提升企业绩效，企业自然会采取的一个策略就是通过广告宣传来广而告之。中国的驰名

---

❶ 施鹏鹏．我国司法腐败的现状与遏制——以 20 个省/自治区/直辖市的实证调查为分析样本［J］．证据科学，2016（1）：25-36.

❷ Nelson P. Information and consumer behavior ［J］. Journal of Political Economy, 1970, 78（2）: 311-329.

商标制度在建立伊始便通过评选活动和政府的主动认定异化为一种企业荣誉，而荣誉只有通过广告进行广泛持续的宣传才能最大化发挥驰名商标在提升企业知名度、美誉度，为企业产品质量背书的效果。因此，在获得驰名商标认定后，企业为了提高商誉，会通过进一步增加广告费用加强对驰名商标的宣传。也就是说，如果在获得司法认定驰名商标后，相比于获得驰名商标认定前，企业的广告费用显著提升，说明企业确实存在通过司法认定驰名商标提升企业经营绩效的动机。而如果企业的广告费用并未出现显著提升，则表明企业获得司法认定驰名商标的动机在于获得政府奖励。

三、驰名商标认定标准和动机的实证检验

（一）驰名商标司法认定和行政认定标准差异的实证检验

首先，对驰名商标司法认定的标准是否低于行政认定进行实证检验，笔者将获得司法认定前企业的绩效与获得行政认定前企业的绩效进行 t 检验，t 检验是用 t 分布理论来推论差异发生的概率，从而比较两个平均数的差异是否显著。实证研究的样本为 1998~2007 年中国国有及大中型工业企业数据库中的全部企业（共计 512 923 家），其中处理组（拥有驰名商标）企业 1072 家，控制组（没有驰名商标）企业 511 851 家。具体结果如表 6-16 所示。

表 6-16　获得司法认定前与获得行政认定前企业绩效对比

变量	获得司法认定前企业		获得行政认定前企业		t-统计量
	均值	标准差	均值	标准差	
销售额增长率	0.499	0.053	0.427	0.032	1.095
利润率	0.057	0.003	0.050	0.004	0.956
工业增加值增长率	0.756	0.074	0.621	0.039	1.625
雇员人数增长率	0.272	0.043	0.211	0.020	1.364

续表

变量	获得司法认定前企业		获得行政认定前企业		t-统计量
	均值	标准差	均值	标准差	
研发强度	0.002	0.000	0.004	0.000	-2.199**
新产品销售比	0.081	0.007	0.116	0.004	-3.970***

从检验结果可以看出，在销售额增长率、利润率、工业增加值增长率和雇员人数增长率方面，通过行政认定前的企业与通过司法认定前的企业并无显著差异。但是对于企业的研发强度和新产品销售比指标，通过行政认定前的企业则要显著优于通过司法认定前的企业。这说明至少在某些方面，行政机关遴选出的获得驰名商标认定的企业要优于司法机关遴选出的获得驰名商标认定的企业。因此，行政机关在遴选有资格获得驰名商标认定的企业时把握的标准相对于司法机关更为严格。

（二）驰名商标司法认定动机的实证检验

接下来验证企业获得司法认定驰名商标的动机。我们需要比较相对于没有驰名商标的企业，通过司法途径获得驰名商标认定的企业在经营绩效和广告投入方面是否存在显著差异。然而，简单地对比可能无法得到可信的结论，因为驰名商标认定前后企业经营绩效的变化可能是由外部经济环境等其他因素引起的。为了更准确地识别驰名商标认定对企业的影响，本节采用双重差分（Difference-in-Difference，DID）固定效应模型展开实证分析，具体模型设定如下：

$$Y_{i,t} = \beta Startfamous_{i,t-1} + \gamma X_{i,t-1} + \eta_i + \mu_t + \varepsilon_{i,t} \quad (6.2)$$

其中，i 表示企业，t 表示年份，因变量 $Y_{i,t}$表示企业绩效，在具体研究中将采用企业销售额增长率、利润率（利润/销售额）、工业增加值增长率、雇员人数增长率、新产品销售比（新产品销售额/总销售额）和研发强度（研发费用/总销售额）衡量企业的经营绩效。自变量 $Startfamous_{i,t-1}$ 表示企业 i 在第 t 年是否拥有司法认定的驰名商标（1 = 已获得，0 = 未获得）。我们着重关心的是该变量对企业绩效的影响。企业获得驰名商标认定对企业绩效的影响会存在一定的滞后，所以采用滞后一年的上述指标。$X_{i,t-1}$表示企业层面的控制变量，具体包括总销售额对数、资本强度对数、雇员人数对数、企业年龄、企业资本的所有制构成，其中除企业年龄和企业资本构成外，均为滞后一期的数据。η_i和μ_t分别表示不随企业和不随时间变化的固定效应，$\varepsilon_{i,t}$是误差项。所有标准差均为企业水平上计算的聚类标准差。

然而，双重差分固定效应面板模型要求解释变量对被解释变量的影响足够外生，如果解释变量是严格外生的，双重差分固定效应模型的估计量是无偏的。而驰名商标认定在一定程度上是企业自主选择的结果，因此可能存在由于自选择导致的偏误问题。一般来说，能够获得驰名商标认定的往往是那些经营业绩较好的企业，因此，是否拥有驰名商标所产生的企业绩效的差异可能是由于企业初始条件的不同造成的，而并非驰名商标本身的影响。

倾向得分匹配法则可以更有效地处理潜在的内生性问题，减轻自选择问题导致的偏误，通过构建一个反事实的检验框架，更好地识别驰名商标认定对企业的真实影响。为保证估计结果的稳健性，我们将同时运用双重差分固定效应面板模型和倾向得分匹配方法进行实证检验，从而尽可能准确地衡量驰名商标认定对企业的影响。倾向得分匹配具有多种不同的匹配方法，主要包括最近邻元匹配、半径匹配和核匹配。理论上使用不同的匹配方法所得到的结果应当是一致的。鉴于本研究对照组数量的显著优势，仅采用最近邻元匹配是能够保证匹配质量的。通过极大似然值的筛选，倾向得分匹配的基本模型中纳入了企业总销售额、资本密度、雇员人数、企业成立年限、不同所有制类型作为协变量，该结果同双重差分面板模型中的控制变量一致。估计结果的标准误差均是通过 bootstrap 方法获得的。下文的结果报告的是 100 次 bootstrap 获得的标准误差估计结果。

为了验证企业获得司法认定驰名商标的第一个动机，即企业为了通过驰名商标提高企业的商誉，进而提升企业的经营绩效。笔者通过考察拥有司法认定驰名商标的企业是否在绩效表现方面比没有驰名商标的企业有显著优势进行检验。笔者将研究样本限定为拥有司法认定驰名商标和没有驰名商标的企业，同样分别运用固定效应面板模型和倾向得分匹配法进行实证检验，结果如表 6-17 所示。

表 6-17　拥有司法认定的驰名商标对企业绩效的影响

变量	处理组/控制组	DID	处理组/控制组	ATT
销售额增长率	328/1203720	0.329 (0.240)	153/1038641	0.086 (0.101)
利润率	342/1707340	-0.002 (0.006)	153/1037491	0.056 ** (0.025)
工业增加值增长率	324/1172822	0.127 (0.150)	152/1008615	0.277 (0.181)
雇员人数增长率	328/1209943	0.247 ** (0.099)	153/1038620	0.033 (0.098)
研发强度	336/1073933	0.003 (0.002)	150/534275	-0.001 (0.003)
新产品销售比	330/1491324	0.017 (0.014)	151/942582	0.030 (0.033)

通过双重差分固定效应面板模型的估计（DID）发现，拥有司法认定驰名商标的企业，仅有雇员人数增长率显著高于无驰名商标企业，其余变量均不显著。而基于倾向得分匹配的处理组平均处理效应（ATT）发现，仅有利润率一项指标显著，其他方面则与面板模型的估计结果完全一致。综合上述估计的一致发现，在经营绩效方面，获得司法认定驰名商标的企业在销售额、工业增加值增长率、研发强度、新产品销售比等方面与无驰名商标企业无显著差异，显示了企业在获得司法认定驰名商标后经营业绩没有得到提升，说明企业获得司法认定驰名商标的动机可能不在于提升企业经营绩效，而在于获得政府奖励。然而，考虑到企业获得司法认定驰名商标后并未见经营绩效提升，可能并非企业主观上不希望，而是由于经营策略等方面的问题使得企业客观上未取得经营绩效提升的结果。因此，接下来我们进一步检验企业获得司法认定驰名商标后，广告费用是否存在显

著增长。

为了验证企业获得司法认定驰名商标的第二个动机，即获得驰名商标可以获得地方政府不菲的物质奖励。笔者检验企业在获得司法认定驰名商标后，相比于获得驰名商标认定前，广告费用是否存在显著提升。通过固定效应模型和倾向得分匹配的实证分析，结果如表 6-18 所示。

表 6-18 不同类型驰名商标对广告费用增长率的影响

广告费用增长率	处理组/控制组	DID	处理组/控制组	ATT
行政认定	1014/107359	0.562 (0.517)	994/101035	1.343*** (0.285)
司法认定	118/107047	-0.119 (0.857)	117/100444	0.692 (0.425)

从表 6-18 的结果来看，对比获得行政认定驰名商标企业和获得司法认定驰名商标企业在广告费用增长率上的差异。通过司法认定获得驰名商标的企业，广告费用增长率均无显著变化。基于上述结果，进一步验证了企业获得司法认定驰名商标的动机在于获得政府的奖励。

而基于固定效应模型（DID）的估计显示，对于获得行政认定驰名商标的企业，其广告费用增长率是正向的但并不显著，但从处理组平均处理效应（ATT）估计结果来看，广告费用增长率在 1% 的水平上显著为正，即获得行政认定驰名商标的企业，相比于如果该企业没有驰名商标的情况，广告费用的增长率提高了 130%。那么，获得行政认定驰名商标的企业通过广告费用的增长取得了怎样的效果呢？

（三）驰名商标行政认定动机的实证检验

下面进一步检验获得行政认定驰名商标的企业，相比于无驰名商标企业，在企业绩效表现方面是否存在显著差异，从而与司法认定驰名商标的认定动机进行对比，具体结果如表 6-19 所示。

通过固定效应面板模型的估计（DID）发现，拥有行政认定驰名商标的企业，在销售额增长率、工业增加值增长率、雇员人数增长率、研发强度和新产品销售比方面均显著高于无驰名商标企业，而利润率指标则并不显著；进一步观察基于倾向得分匹配法估计的处理组的平均处理效应(ATT)，笔者发现与前面的结论基本一致，获得行政认定驰名商标的企业，在企业的销售额增长率、雇员人数增长率、研发强度和新产品销售比方面均要显著高于如果该企业没有获得驰名商标认定时的情况。从而显示了企业获得行政认定驰名商标后，会加大企业的广告宣传，进一步提高企业商誉，提升企业的经营绩效。

表 6-19　拥有行政认定的驰名商标对企业绩效的影响

变量	处理组/控制组	DID	处理组/控制组	ATT
销售额增长率	2956/1205835	0.287*** (0.075)	2224/1149496	0.141** (0.065)
利润率	3157/1710133	0.002 (0.009)	2221/1146516	0.009 (0.017)
工业增加值增长率	2863/1174871	0.212** (0.091)	2136/1095797	0.076 (0.059)
雇员人数增长率	2961/1212061	0.262*** (0.050)	2226/1149784	0.082** (0.036)
研发强度	2437/1074857	0.004*** (0.001)	1758/768988	0.003*** (0.001)
新产品销售比	2811/1493821	0.019** (0.008)	2037/1040477	0.051*** (0.009)

四、小结

基于上述实证结果可以发现，行政机关在以驰名商标为载体推动企业重视高价值商标的培育方面发挥了积极的作用，获得行政认定驰名商标对企业经营绩效的提升具有显著的积极影响。然而，遗憾的是，在 2014 年修订的《商标法》中禁止了驰名商标的广告宣传，虽然禁止驰名商标宣传的目的是对以往驰名商标荣誉化现象的纠正，使驰名商标得以重新回归对抗恶意注册、不正当竞争的制度原意，但客观上却阻断了通过行政认定获得驰名商标的企业通过广告传播提升自身企业品牌商誉的机会，忽视了宣传本身也具有的积极效果。

与此同时，对于驰名商标战略存在的消极作用，我们更应该予以重视和纠正，具体来说，主要表现在如下两方面。

第一，司法认定和行政认定标准的不统一，特别是具有司法认定资格的法院数量过多，使得司法认定的标准难以统一，必然使司法认定成为获得驰名商标认定的捷径。对于无法通过行政认定方式获得驰名商标的企业，转而可以通过标准相对模糊、易于投机的司法认定方式寻求驰名商标认定。事实上，司法机关也意识到这个问题。2009 年最高人民法院发布通知，明确了驰名商标的司法认定由省、自治区人民政府所在地的市、计划单列市中级人民法院以及直辖市辖区内的中级人民法院管辖，❶ 从而大幅度地削减了具有驰名商标司法认定权力的法院数量，提高了司法认定的门槛，有利于司法认定标准的统一。

第二，地方政府对获得驰名商标认定企业的奖励是企业通过投机方式获得司法认定驰名商标的直接原因。各地方政府将驰名商标数量视为政府政绩，为了鼓励企业争创驰名商标，纷纷通过颁布地方性法规和规章的形式对获得驰名商标认定的本地企业给予不同程度的直接物质奖励和相应的优惠政策激励。甚至在 2014 年禁止驰名商标宣传后，这些奖励性法规、规章依然在延续甚至有不断加强的趋势，从而助长了部分规模影响较小的企业通过司法认定，甚至通过制造假案的方式获得认定的现象。实际上，商标是企业的重要无形资产，可以通过节约消费者搜寻成本帮助他们更方便地购买产品，从而起到促进销售和鼓励企业持续投入的作用。❷ 与有形资产不同，商标不仅不会面临损耗和折旧，反而会随着企业自身生产经营绩效的提高而实现价值的不断增长，是企业经营过程的奖励性的“副产品”。因此，商标已经成为帮助企业在激烈的市场竞争中脱颖而出的重要武器。真正的优秀企业会很清楚地意识到商标对他们的重要价值，不论有

---

❶ 参见《最高人民法院关于涉及驰名商标认定的民事纠纷案件管辖问题的通知》和《最高人民法院关于审理涉及驰名商标保护的民事纠纷案件应用法律若干问题的解释》。

❷ Landes W M, Posner R A. Trademark law: an economic perspective [J]. The Journal of Law and Economics, 1987, 30 (2): 265-309.

无政府的奖励，都会将创建能够得到消费者真正认可的驰名商标作为企业的发展目标。而政府给予驰名商标获得者以高额物质奖励，反而使得部分企业受此激励通过各种投机方式获得政府奖励，而不将心思用在通过提升企业经营绩效而获得市场的回报上。

因此，笔者认为，行政在培育企业品牌意识，促进商标事业发展方面应当将主要力量放在加强对企业商标权的保护方面。一方面，对于通过政府评选等方式授予企业荣誉称号，为企业背书的方式应当审慎使用，企业商标所凝结产生的商誉应当由企业自行通过市场竞争，通过消费者认可的方式来逐步积累；另一方面，应当禁止地方政府通过财政激励类的介入手段鼓励企业争创与商标相关的荣誉，笔者通过前面的研究业已证明，此类激励手段实际上只是给部分企业提供了寻租的机会。

第四节　行政与中国著作权的发展

不同于专利和商标可以将数量等可量化指标作为行政力量推动和发展的目标，著作权的生效由于不以登记为要件，缺乏严格意义上可量化的衡量指标。因此，客观上使得行政力量在推动著作权的发展方面相对更为审慎，除常规性的登记、审批等著作权管理职能外，主要的方式还是集中在著作权发生侵犯时被动的行政执法保护。著作权的行政管理和行政执法是中国保护著作权，推动著作权事业发展的重要组成部分，也是中国著作权保护的一项特色。为有效开展著作权保护工作，各省、自治区、直辖市及其所属的计划单列市、地级市相继设立了版权局（处）。[1]县（区）一般也具有专门性的管理著作权工作的行政部门。

然而，在各地方行政部门展开对著作权的管理和保护的过程中，部分地区进行了一些具有一定创新性的制度实践。这些实践无论从规模还是影

[1] 本书中对于“著作权”和“版权”采取交替使用，不作区分的态度。严格来说，从权利保护的角度，著作权是更常见的用法，但在著作权管理和产业发展方面，版权是更常用的称谓。

响方面来看，可能都无法和前面关于专利、商标的政府介入举措相提并论，但通过笔者对实践效果的观察和检验发现，这些可能看似微不足道的制度创新，却产生了极为积极的效果。[1]

一、版权免费登记政策及其理论效果

2014 年，笔者随同厦门大学知识产权研究院调研团队前往隶属于福建省泉州市的德化县，就当地的版权保护情况进行调研。德化县是与江西景德镇、湖南醴陵齐名的中国三大古瓷都之一，陶瓷产业长期以来都是德化的支柱产业，以 2012 年为例，德化县 GDP 为 134. 68 亿元，而陶瓷产业的产值便达到 124. 23 亿元，占当地 GDP 的 92. 24%。[2] 从瓷器特色来看，与河北唐山、广东佛山等以工业瓷为主的陶瓷产地不同，德化陶瓷在以工艺瓷为传统优势的基础上，形成了以白瓷为代表的德化瓷器特征，具有较高的艺术美感和价值。同时，德化陶瓷产业竞争激烈，截至 2012 年，当地共有 1361 家陶瓷企业，若想在如此众多的企业中脱颖而出，唯有不断在产品设计方面推陈出新，而版权保护对于德化陶瓷企业在发展过程中成功避免被竞争对手模仿的重要性则愈加凸显。[3]

因此，福建德化在版权保护方面做了大量工作，由于在版权保护方面的先进经验，2006 年德化县被国家版权局授予“全国版权保护示范单位”，2011 年德化县又被世界知识产权组织授予“版权保护优秀案例示范点”。世界知识产权组织和国家版权局将德化经验概括为通过行政执法制止侵权行为，调处版权侵权纠纷，引导成立行业公会，加强司法保护和普法宣传教育等。[4]

---

[1] 以下的部分内容曾以“版权保护能够提升企业绩效吗——来自德化陶瓷企业的证据”为题，发表在《经济学动态》2016 年第 6 期。

[2] 数据来自《德化县统计年鉴》。

[3] 对于陶瓷产品还可以选择通过外观设计专利等其他形式加以保护，但版权保护具有保护期限长、手续办理简便和费用低等显著优势。

[4] 主要归纳自世界知识产权组织和国家版权局关于德化版权保护的研究报告《版权保护促进中国德化陶瓷产业发展的研究》。

然而，我们通过调研发现，在德化县实施的一系列版权保护政策措施中，真正区别于其他地区的措施是版权本地免费登记政策。标准模式下，企业若要对自身的产品进行版权登记，需要聘请中介公司或者自己到各省级行政单位的版权局进行登记，且需支付相应的登记费用。德化县为便于企业进行版权登记，并减少企业版权登记的成本，于2004年成立版权登记服务中心，开始在本地为企业免费进行版权登记。

笔者认为，德化县的版权本地免费登记政策对于版权保护和陶瓷企业的发展具有重要的作用。一方面，帮助陶瓷企业节省了版权登记费用以及交通等相关人力物力成本；另一方面，通过将各自的版权作品在当地进行展示，为企业通过行政或司法途径寻求救济提供了著作权保护的证据，从而达到提高其他企业的侵权成本、减少侵权行为发生的目的。具体来说，版权免费登记政策最直接的效果是降低了版权所有人的登记成本，从而增加了版权所有人对版权登记的需求。陶瓷产品一般是作为美术作品而受到《著作权法》保护的，而根据《国家发展改革委关于著作权自愿登记收费有关问题的通知》，美术作品的登记费为每件300元，系列作品登记第二件起每件100元。进行版权登记往往需要聘请中介公司，中介费用根据各地情况有所差异，大概在每件100~150元；如果不通过中介公司而自行办理登记事宜，则需要另外承担相应的人力和物力成本。以德化县的情况为例，登记版权需要到福建省版权局办理，而在2004年高速公路开通之前，从德化到福州需要四五个小时的车程，企业派人派车需要耗费大量的成本，由于企业不可能经常性地往返于两地，便会造成大量作品无法及时登记，如果在登记前的这一时期遭遇侵权，企业则无法提供有效的证据，从而无法得到充分的保护。此外，基于版权免费登记政策所成立的德化版权登记服务中心，还推动了当地陶瓷企业之间的版权作品交流，起到了避免侵权的作用。根据世界知识产权组织和国家版权局的德化调查报告，德化县陶瓷作品的侵权主要来源于本地陶瓷企业，而将陶瓷作品在版权登记服务中心进行登记展示，可以形成对有侵权动机的本地陶瓷企业的震慑，有效制止当地的其他陶瓷企业的侵权行为，这一作用是传统上到省版权局进行登记所不具备的。

因此，从理论上来说，版权本地免费登记政策的实施提高了版权保护的水平后，企业会更愿意加大研发投入、增加新产品设计，从而增加版权登记数量；而拥有版权的企业会占据有利的市场地位，销售额会大幅提高，同时由于消耗的成本没有显著增加，从而使工业增加值得到提高，在企业雇用人数不变的条件下，劳动生产率和利润也会相应地提高。

为了检验上述版权免费登记政策对德化县陶瓷产业发展的积极影响是否在实践中成立，笔者结合分管德化县版权工作的德化县文体局提供给我们的 2001~2007 年德化本地陶瓷企业的版权登记数量的信息，包括登记时间、著作权人名称和作品名称等数据，筛选出其中著作权人为企业的数据，根据企业的名称和工业企业数据库进行匹配，获得德化县 2001~2007 年陶瓷企业版权登记数量的数据。基于上述数据，接下来将对版权本地免费登记政策对德化县陶瓷企业的绩效、版权登记数量等版权产业发展的影响展开具体实证研究。

二、版权免费登记政策效果的实证检验

（一）实证策略

从直观角度来看，评估版权本地免费登记政策对企业绩效的影响，就是直接比较版权本地免费登记政策实施后和实施前的企业绩效是否存在系统性差异。但是，这种简单比较可能无法得出可信的结论，因为版权本地免费登记政策实施前、后的企业绩效差异也可能是由其他因素引起的，而不是版权本地免费登记政策的结果。为了更准确地识别版权保护对企业绩效的影响，笔者采用倍差法（Difference-in-Difference）来实证分析版权免费登记政策的实施效果。

倍差法通常被用来评估某项政策或事件对实施对象的影响，其中隐含的假设是将某项政策或事件视作一个自然实验。这要求该政策或事件对结果的影响足够外生，也即政策与所研究的结果之间既没有反向因果的关系，也不是同为其他因素作用的结果。版权本地免费登记政策是由德化县政府实施的，作为个体的陶瓷企业无法影响政府的决策，因此政策变量部

分地满足政策的外生性要求。同时，我们选择德化县以外与德化位于同一地级市（泉州市）辖区的陶瓷企业作为控制组（未受自然实验影响的样本，control group）来与作为实验组的德化县陶瓷企业（受自然实验影响的样本，treatment group）进行比照，由于德化县和除德化县以外的泉州其他地区的陶瓷企业同属一个地级行政辖区，地理位置相近，在陶瓷产品生产制造过程中的原材料、政策环境、市场环境、区位条件等各个方面都极为相似，因此可以认为，在德化县的免费版权登记政策实施之前，德化县和除德化县外的泉州其他地区的陶瓷企业具有相似的发展趋势。因此，本节选择泉州市（除德化县外）的陶瓷企业作为控制组来识别版权免费登记政策的影响是合适和有效的。在另外的稳健性检验中，笔者也会选择其他地区的企业样本作为对照组。

具体地，笔者采用面板固定效应模型，运用倍差法的回归方程如下：

$$Y_{i,t}=\beta policy_{i,t}+\gamma X_{i,t-1}+\eta_i+\mu_t+\varepsilon_{i,t} \tag{6.3}$$

其中，i 表示企业，t 表示年份，为检验版权免费登记政策的实施效果，$Y_{i,t}$将分别衡量企业销售增长率、劳动生产率和利润率，其中企业的利润水平用三种方式衡量，即 ROS（总利润/总销售额）、ROA（总利润/总资产）和 ROE［总利润/（总资产-总负债）］。$policy_{i,t}$代表版权本地免费登记政策试验，具体来说，当企业 i 在空间维度位于德化县行政区域内（实验组），在时间维度处在免费登记政策实施后（t>2004）时，$policy_{i,t}$取值为 1，其余情况则 $policy_{i,t}$取值为 0。因此，$policy_{i,t}$取值等同于倍差法模型中用于捕捉政策实施效应的交乘项。而 $X_{i,t-1}$是企业级控制变量，主要控制可能影响企业绩效表现的因素，具体包括上一期的总销售额和雇员人数（用来控制企业规模）、资本密度（总资产/雇员人数，用来控制企业的资本技术含量）、企业存续时长（用来控制企业历史）和资本所有制构成（用各种所有制形式股份额度表示）。在回归中将使用除资本所有制构成以外的所有上述变量的对数形式，η_i和 μ_t分别为不随企业和不随时间变化的固定效应，$\varepsilon_{i,t}$是误差项。所有的标准差均为在企业水平上计算的聚类标准差。

（二）政策对企业经营绩效的影响

基于上述模型，首先观察版权本地免费登记政策对德化县陶瓷企业经营绩效的影响，实证回归结果如表 6-20 所示。

表 6-20　版权本地免费登记政策对企业绩效的影响（控制组为泉州非德化陶企）

变量	(1) Ln（销售额增长率）	(2) Ln（劳动生产率）	(3) Ln（ROS）	(4) Ln（ROA）	(5) Ln（ROE）
政策	0.337* (0.204)	0.384*** (0.084)	0.815*** (0.158)	0.693*** (0.203)	0.504** (0.208)
总销售额对数 （滞后一期）	-1.182*** (0.181)	0.112* (0.064)	-0.015 (0.091)	0.135 (0.120)	0.059 (0.107)
雇员人数对数 （滞后一期）	0.698*** (0.148)	-0.019 (0.079)	-0.041 (0.121)	-0.072 (0.149)	-0.053 (0.146)
资本密度对数 （滞后一期）	0.442*** (0.106)	0.069 (0.053)	-0.020 (0.102)	-0.107 (0.116)	-0.110 (0.102)
企业年龄对数 （滞后一期）	0.156 (0.145)	-0.032 (0.049)	0.005 (0.085)	0.066 (0.112)	0.067 (0.104)
资本构成类型	是	是	是	是	是
企业固定效应	是	是	是	是	是
年份固定效应	是	是	是	是	是
观测值	810	1139	870	826	725
R^2	0.141	0.373	0.168	0.245	0.199

从表 6-20 的第（1）列可以发现，政策变量的估计系数显著为正，表明版权本地免费登记政策颁布后，德化陶瓷企业销售额的增长率显著高于泉州市（非德化）的陶瓷企业，具体来说，德化县的陶瓷企业销售额的增长率要高出泉州市（非德化）的陶瓷企业 33.7%。而对于第（2）列，政策变量的估计系数在 1% 的显著性水平上为正，表明在德化县版权本地免费登记政策实施后，德化陶瓷企业的劳动生产率高于泉州市（非德化）的陶瓷企业，具体来说提高了约 40%。而从第（3）～（5）列可以看到，政策变量的估计系数在 1% 的显著性水平下为正，意味着在德化县实施了版权本地免费登记政策后，德化陶瓷企业的利润率要显著高于泉州市（非德

化）的陶瓷企业。具体来说，版权本地免费登记政策可以使德化陶瓷企业基于不同方法衡量的利润率高于其他非德化的泉州陶瓷企业50%—80%。上述结果也就验证了笔者之前对版权本地免费登记政策的实施效果的分析结论，即版权本地免费登记政策能够提升企业销售额、劳动生产率和利润率。

（三）政策对不同类型企业版权登记数和绩效的影响

陶瓷产品本身也包含多个类别，根据《国民经济行业分类代码》，陶瓷行业可细分为建筑陶瓷制品、卫生陶瓷制品、特种陶瓷制品、日用陶瓷制品和园林、陈设艺术及其他陶瓷制品几个子类。那么，版权本地免费登记政策对哪一类陶瓷行业的影响最大呢？根据《国民经济行业分类代码》中对园林、陈设艺术及其他陶瓷制品的说明，该类产品是“具有艺术造型或花纹、图案等，主要供陈设、观赏或装饰用的纯艺术欣赏陶瓷制品和以欣赏为主的陶瓷陈列品、实用品的制造”。因此，笔者认为此类陶瓷产品与版权的关联最为密切，版权本地免费登记政策能够提高生产此类陶瓷制品的企业的版权登记数量，从而推动此类企业具有更好的绩效表现。

因此，为了检验版权本地免费登记政策是否对与版权关联更紧密的工艺陶瓷的影响更大，笔者替换实验组为德化工艺陶瓷企业，控制组为德化其他类型的陶瓷企业。在回归方程（6.3）中额外加入一个政策 * 工艺陶瓷企业的交互项，其中当工艺陶瓷企业虚拟变量等于1时则代表生产园林、陈设艺术及其他陶瓷制品的企业，加入该变量后的回归结果如表6-21所示。

首先观察表6-21的第（1）列，政策 * 工艺陶瓷企业这一交互项的估计系数在10%的显著性水平下为正，表示在版权免费登记政策实施后，德化县的工艺陶瓷企业版权登记的数量要高于其他类型陶瓷企业平均3件以上，说明版权免费登记政策对工艺陶瓷企业进行版权登记的影响是直接和显著的。而从对于企业绩效的影响来看，从第（2）列可以发现，在加入交互项后，虽然政策变量不再显著，但政策变量对销售额增长率的影响变为负的，这可能说明在版权本地免费登记政策实施后，企业由于版权保护的增强，存在通过控制销量来提高利润的倾向。而交互项依然是在5%的水平上显著为正的，说明对于工艺陶瓷企业而言，版权保护的加强使得企业的销量更有保障，因而销售额增长率的提高才是政策的最主要影响。而从第（3）列可以看到，版权免费登记政策对劳动生产率的影响在不同类型的陶瓷企业之间并不存在显著的差异。而从第（4）～（6）列的结果来看，政策＊工艺陶瓷企业对企业利润水平的影响均是显著为正的，说明德化县版权本地免费登记政策所起到的提高陶瓷企业利润率的作用主要表现在生产园林、陈设艺术及其他陶瓷制品的企业方面。上述发现也支持了笔者的推断，版权本地免费登记政策对生产园林、陈设艺术及其他陶瓷制品的企业在版权登记数量和企业绩效表现方面的影响更大。

表 6-21 版权本地免费登记政策对企业绩效的影响（控制组为德化其他类型陶企）

变量	(1) 版权登记数	(2) Ln（销售额增长率）	(3) Ln（劳动生产率）	(4) Ln（ROS）	(5) Ln（ROA）	(6) Ln（ROE）
政策		-0.0301 (0.231)	0.297** (0.144)	0.493** (0.215)	0.079 (0.299)	-0.187 (0.316)
政策*工艺陶瓷企业	3.220* (1.875)	0.419** (0.183)	0.099 (0.129)	0.367* (0.200)	0.703** (0.280)	0.805*** (0.295)
总销售额对数（滞后一期）	0.767 (0.925)	-1.182*** (0.182)	0.112* (0.064)	-0.015 (0.091)	0.134 (0.120)	0.065 (0.106)
雇员人数对数（滞后一期）	-2.171 (2.571)	0.703*** (0.146)	-0.018 (0.079)	-0.036 (0.121)	-0.060 (0.147)	-0.048 (0.145)
资本密度对数（滞后一期）	0.287 (2.109)	0.453*** (0.106)	0.071 (0.053)	-0.009 (0.102)	-0.089 (0.114)	-0.096 (0.100)
企业年龄对数（滞后一期）	0.303 (0.788)	0.158 (0.144)	-0.032 (0.049)	0.002 (0.086)	0.060 (0.113)	0.048 (0.104)
资本构成类型	是	是	是	是	是	是
企业固定效应	是	是	是	是	是	是
年份固定效应	是	是	是	是	是	是
观测值	628	810	1139	870	826	725
R^2	0.031	0.143	0.374	0.171	0.253	0.209

（四）版权免费登记政策的行业竞争优势

笔者在前面介绍过，福建德化同江西景德镇、湖南醴陵并称为中国三大古瓷都，三地在陶瓷产品特色上各有不同，但均以与版权联系紧密的工艺陶瓷见长。因而，三地的陶瓷企业产品特点相近，且在当前国内市场一体化的背景下，三地陶瓷企业面临的市场环境和竞争态势也是相近的。因此，我们希望知道的是，版权本地免费登记政策的实施是否可以成为助力德化陶瓷产业在与景德镇和醴陵陶瓷产业的竞争中脱颖而出的有力武器？因此，笔者将控制组从泉州（非德化）的陶瓷企业替换为景德镇和醴陵的陶瓷企业。替换控制组后的回归结果如表 6-22 所示。

表 6-22　版权本地免费登记政策对企业绩效的影响（控制组为景德镇、醴陵陶企）

变量	(1) Ln（销售额增长率）	(2) Ln（劳动生产率）	(3) Ln（ROS）	(4) Ln（ROA）	(5) Ln（ROE）
政策	0.439 (0.282)	0.134 (0.113)	0.756*** (0.181)	1.110*** (0.213)	0.885*** (0.206)
总销售额对数（滞后一期）	-1.280*** (0.179)	0.069 (0.062)	-0.034 (0.117)	0.240* (0.145)	0.155 (0.146)
雇员人数对数（滞后一期）	0.623*** (0.177)	-0.100 (0.078)	-0.131 (0.155)	-0.446** (0.184)	-0.056 (0.189)
资本密度对数（滞后一期）	0.371** (0.150)	0.049 (0.056)	0.129 (0.139)	-0.121 (0.168)	-0.128 (0.174)
企业年龄对数（滞后一期）	0.175 (0.113)	-0.023 (0.043)	0.025 (0.086)	0.073 (0.101)	0.0112 (0.104)
资本构成类型	是	是	是	是	是
企业固定效应	是	是	是	是	是
年份固定效应	是	是	是	是	是
观测值	812	1078	755	706	552
R^2	0.128	0.350	0.192	0.265	0.230

从表 6-22 的结果来看，第（1）列显示政策变量对销售额增长率的影响接近显著为正。第（2）列显示政策对劳动生产率存在正向的影响，但不显著。第（3）～（5）列则显示政策在 1% 的显著性水平上对陶瓷企业利润存在显著为正的影响，通过与表 6-20 的对比，可以发现在影响的具体程度方面也是较为接近的，版权本地免费登记政策的实施可以使德化陶瓷企业的利润率高于景德镇和醴陵的陶瓷企业 75%～110%，而销售额的增

长率高44%左右。说明版权本地免费登记政策确实有利于推动德化陶瓷企业在市场竞争中取得优势地位。

在此基础上，进一步加入政策＊工艺陶瓷企业变量以检验版权本地免费登记政策主要作用于与版权联系更为紧密的陶瓷产业门类的结论是否在控制组为景德镇、醴陵陶瓷企业的情况下依然成立。结果如表6-23所示。

表6-23　版权本地免费登记政策对企业绩效的影响（控制组为景德镇、醴陵陶企）

变量	(1) Ln（销售额增长率）	(2) Ln（劳动生产率）	(3) Ln（ROS）	(4) Ln（ROA）	(5) Ln（ROE）
政策	0.0797 (0.304)	-0.011 (0.185)	0.431* (0.242)	0.531* (0.295)	0.194 (0.329)
政策* 工艺陶瓷企业	0.407** (0.178)	0.164 (0.150)	0.369* (0.208)	0.652** (0.270)	0.786** (0.310)
总销售额对数 （滞后一期）	-1.279*** (0.180)	0.068 (0.062)	-0.036 (0.116)	0.238* (0.143)	0.169 (0.138)
雇员人数对数 （滞后一期）	0.629*** (0.177)	-0.099 (0.078)	-0.121 (0.153)	-0.425** (0.182)	-0.035 (0.185)
资本密度对数 （滞后一期）	0.383** (0.150)	0.052 (0.056)	0.144 (0.138)	-0.096 (0.165)	-0.094 (0.160)
企业年龄对数 （滞后一期）	0.178 (0.113)	-0.023 (0.043)	0.023 (0.086)	0.0703 (0.101)	-0.0064 (0.103)
资本构成类型	是	是	是	是	是
企业固定效应	是	是	是	是	是
年份固定效应	是	是	是	是	是
观测值	812	1078	755	706	552
R^2	0.130	0.351	0.196	0.274	0.246

从表6-23的结果来看，与之前表6-21中发现的结果类似，版权本地免费登记政策对于企业销售额的增长率和利润水平的促进作用主要集中在与版权联系更为紧密的生产园林、陈设艺术及其他陶瓷制品的企业方面，这一点在替换控制组为景德镇、醴陵陶瓷企业后同样成立。

三、小结

相对于版权本地免费登记政策产生的显著提高当地陶瓷企业经营绩效

的巨大收益，版权本地免费登记政策的成本可以称得上是微不足道。对任何一级政府而言，建立一个版权登记服务中心，收集企业的版权登记材料并定期送至省级版权局进行版权登记，并利用财政收入补贴相对低廉的版权登记费用，都不会是一件产生较大负担的工作。而且，版权本地免费登记政策也是在现行的县级政府的法律权限范围内进行的。帮助企业到省版权局递送登记材料，体现了“政府多跑路，企业少跑路”的政府积极服务产业发展的理念。因此，对于这样一项“四两拨千斤”的地方政府政策创新，笔者认为对于推动中国著作权事业的发展具有极大的借鉴意义和复制推广的价值。

特别需要提起注意的是，笔者认为，版权本地免费登记政策的精髓不在于“免费”，而在于为著作权人提供展示、交流的平台。事实上，随着国家不断推出各类便利化版权登记的举措，以及对于企业而言，版权登记费用一般不会构成企业太大的负担，地方政府帮助企业负担登记费用，更多的是“锦上添花”。但是，为服务版权登记所建立的版权登记中心，通过成为本地版权作品的集中展示平台和版权人的信息交流平台，政府为版权人提供著作权保护与信息咨询的平台，以及潜在版权交易的信息供给平台，解决了在著作权保护和交易过程中存在的信息不对称问题。通过这样一项便利且低成本的版权保护措施，可以对潜在的侵权行为给予事前的预防。特别是对于像德化县这样存在产业聚集的地区，以往的侵权行为多发生在本地企业之间，而有了版权作品的集中展示平台后，明显地震慑了本地企业的侵权行为，解除版权人研发设计新产品的后顾之忧，从而使得版权人能够最终利用设计的新产品，基于市场的手段获得适当的回报。这样，一方面，减轻了政府惯常使用的经济激励手段所带来的政府财政负担；另一方面，从长远角度来看，也有利于真正培育有竞争力的市场主体，全面提高中国版权相关产业的市场竞争力。

因此，总结德化县政府介入当地版权产业发展实践的成功经验，有两方面是值得重视的。一方面，政府的介入应注重解决市场失灵问题。德化县版权登记服务中心的建立即典型和有效地解决著作权人信息不对称问题的政府干预方案。这也提醒各级政府在运用行政权力干预市场时，应当重点思考政府所要干预的领域是否存在市场失灵，存在哪一方面的市场失灵，从而采取有针对性的解决市场失灵问题的政府介入措施。另一方面，政府财政手段的运用应以不超过企业的投入成本为限。德化县的版权免费登记政策是政府运用地方财政承担了本应由当地企业负担的版权登记费用，这样既能够使企业专注于与版权相关的创新本身，不会激励企业过度进行版权登记，也不会明显增加政府财政负担。正如在第二节发现的专利申请维持费补贴政策具有促进专利申请，但不会对专利质量产生负面影响的效果。因此，德化县的实践再次证明了政府财政激励手段的运用需要维持在合理的限度内。

第五节　依法行政：中国可持续发展的保障

一、中国依法行政的渐进式实践：产生、挫折与发展

从 1978 年开始，中国采取的是一条渐进式的改革发展路径，这也就决定了行政力量在改革开放之初，依然控制和决定着中国经济社会发展的各个方面。同时，因为“摸着石头过河”，涉及经济社会发展的诸多问题都没有法律上的明确定论。例如，对于非国有企业的发展，改革之初，政府开始允许个体劳动者建立私营企业。1981 年，政府出台政策支持雇佣人数不超过 8 个人的私营企业。但是到 1983 年，许多地方私营企业的雇员数大大超过了 8 个人，因而引发了有关私营经济的争论。有些人认为资本主义正在全国复辟。然而，邓小平回应道，“不要争论……可以把问题搁置几年”。❶

不可否认，“摸着石头过河”“不要争论”的发展模式在改革开放初期对于中国快速恢复经济发展秩序，减少意识形态等方面原因产生的发展阻力具有重要的作用。例如，1978 年安徽凤阳小岗村的包产到户的实践，便

❶ 吴敬琏，范世涛．中国的经济改革：过程、问题与前景（1978～2012）[M]//邹至庄主编．中国经济指南．北京：清华大学出版社，2016：48.

是地方先实践，中央不表态，待发展效果好再由中央认可、接受并逐步推广的典型。

事实上，即便这一时期的主要特征是政府主导下的先发展再立法，但这一时期的政府已经开始逐步意识到有限度地运用法律对经济进行管理的必要性。市场调节的辅助作用于1982年被写入《宪法》第15条，即“国家通过经济计划的综合平衡和市场调节的辅助作用，保证国民经济按比例地协调发展”。在如何发挥市场调节的辅助作用上，双轨制是一项重要的应用，一方面，为了保障经济稳定和防止可能出现的短缺，政府对国营企业的生产规定一定期限内必须完成的某一产量的计划；另一方面，为了鼓励国营企业提高经营绩效，如果企业还有额外的生产能力，鼓励企业从事计划外的商品的生产，该部分商品可以参与和非国营企业的市场竞争，获得的利润可以有一定比例的企业留成。因此，对于企业生产的同一商品，形成了国家计划内的按照政府的计划价格执行，计划外的产量则根据供给和需求形成的市场价格来执行的双轨制。

为了配合双轨制的施行，更有效地保障国家计划的生产目标的完成，并且稳定国营企业在完成国家任务基础上加大生产可以获得额外收益的预期，激励国营企业提高经营绩效。国家于1981年制定《经济合同法》，在第1条的立法目的上规定：“保障国家计划的执行，促进社会主义现代化建设的发展，特制定本法。”并在第4条进一步规定：“订立经济合同，必须遵守国家的法律，必须符合国家政策和计划的要求”，从而将政府对国营企业的计划管理纳入法制轨道。

此外，在财税体制方面，为了改革国家与国营企业之间的利润分配关系，进一步调动企业的积极性，也将政府和国有企业之间的利润分配关系规范化。1983年，国务院决定在全国范围内主要针对有盈利的国营企业试行“利改税”，即将国营企业向国家上缴利润改为征收企业所得税。1984年6月，国务院召开全国第二步利改税工作会议，制定了《国营企业第二步利改税试行办法》和产品税、增值税、盐税、营业税、资源税、国营企业所得税等六个税收条例（草案）、国营企业调节税征收办法，以及城市维护建设税、房产税、土地使用税、车船使用税等四个地方税条例（草案)，开始实施第二步“利改税”，基本模式是：将国营企业原来上交国家财政的收入改为分别按 11 个税种向国家交税，也就是由税利并存逐步过渡到完全的以税代利。

然而，对于整体上缺乏法治指引的“摸着石头过河”的改革方案，在改革开放的初期虽然有助于政治经济的稳定，但是随着经济的不断发展，各类问题也随之不断涌现。双轨制价格的存在导致寻租和腐败的蔓延，无法使各类企业在公平环境下进行竞争。❶ 在 20 世纪 80 年代后期，价格改革未取得预期的效果。有关计划经济与商品经济的经济争论转变为有关社会主义还是资本主义的政治争论。❷ 直到 1992 年 1 月和 2 月，邓小平前往中国南方的许多城市视察，在“南方谈话”中他重申，“发展才是硬道理”“社会主义也有市场”，并强调“改革开放胆子要大一些”“改革开放政策要稳定，不能变”。❸ 之后，在 1992 年党的十四大上正式决定：“中国的经济调整目标是建立一个社会主义市场经济。”

改革经历的波折提醒我们，政府引导下的改革和发展如果没有法律的确认和指引，改革的深入和发展是缺乏保障的。为了巩固和确定中国市场经济的发展方向，1993 年《宪法》进行了改革开放以来在经济体制方面最大幅度的修改，明确“国家实行社会主义市场经济。国家加强经济立法，完善宏观调控。国家依法禁止任何组织或者个人扰乱社会经济秩序”。在此之后，政府在处理与政府相关的国有企业的关系、财政税收体制等方面的内容时，越来越倾向于运用法律的形式进行调整和规范。

在国有企业治理方面，1993 年制定了《公司法》，其中包括将国有企业改建为公司的相关内容，第 7 条规定：“国有企业改建为公司，必须依

---

❶ 吴敬琏，范世涛．中国的经济改革：过程、问题与前景（1978～2012）[M] //邹至庄主编．中国经济指南．北京：清华大学出版社，2016：51.

❷ 吴敬琏，范世涛．中国的经济改革：过程、问题与前景（1978～2012）[M] //邹至庄主编．中国经济指南．北京：清华大学出版社，2016：52-53.

❸ 中国网．92 年邓小平同志“南巡讲话”路线图 [EB/OL].（2012-02-06）[2020-04-15]. http://www.china.com.cn/guoqing/2012-02/06/content_24564503_6.htm.

照法律、行政法规规定的条件和要求，转换经营机制，有步骤地清产核资、界定产权，清理债权债务，评估资产，建立规范的内部管理机构。”从而将以往政府直接管理国有企业的模式逐步转变为具有清晰的企业治理机制的有限责任公司，赋予国有企业更大的自主权，也让国有企业逐渐具有有限制条件的硬预算约束。❶ 经营不善的国有企业开始通过各种方式退出市场。2003 年，中国成立了国有资产监督管理委员会，从而实施作为国有资产的所有人和持有者的职能，以便将其与政府作为社会公共管理人的职能分开。

在财税体制方面，1993 年开始进行新一轮的税制改革，该年通过了修改后的《个人所得税法》，国务院发布《增值税暂行条例》《消费税暂行条例》《营业税暂行条例》《企业所得税暂行条例》《土地增值税暂行条例》《资源税暂行条例》，奠定了中国当前税收制度的基础。这一轮税制改革彻底取消了产品税和工商统一税，普遍征收生产型增值税，并行征收营业税，辅之以选择性征收消费税。新的流转税制对内、外资企业一视同仁，普遍适用，实现了流转税制内、外资企业的统一。此外，在中央和地方财政关系上，1993 年 12 月，国务院发布《关于实行分税制财政管理体制的决定》，改革地方财政包干体制，对各省、自治区、直辖市以及计划单列市实行分税制财政管理体制，即将税收按照税种划分为中央税、地方税和中央地方共享税，并建立中央税收与地方税收体系，分设中央与地方两套税务机构分别征管、实行规范的中央财政对地方税收返还和转移支付机制。分税制改革改变了以往在地方财政包干体制下，中央和地方的分成制分配依赖于地方遵守约定，而由于缺乏有效监督机制，地方政府往往会采取各种方式少报收入，使得中央在分成收入上处于劣势的问题。

二、中国依法行政存在的问题

然而，中国的依法行政距离市场经济发展的要求还存在距离，尤其体

❶ 巴里·诺顿．中国经济：转型与增长［M］．安佳，译．上海：上海人民出版社，2010：277.

现在政府的行政性垄断和财税政策的运用方面。

行政性垄断，是指国家经济主管部门和地方政府滥用行政权，排除、限制或妨碍企业之间的合法竞争。[1] 在中国从计划经济向市场经济转型的过程中，长期以来缺乏规范政府和市场之间界限的法律规定，使得政府随意运用行政强制力以强制交易、地方保护、限制竞争等各种形式干扰市场竞争，损害市场的公平竞争秩序。直到 1993 年《反不正当竞争法》颁布，才首次在其中第 7 条规定“政府及其所属部门不得滥用行政权力，限定他人购买其指定的经营者的商品，限制其他经营者正当的经营活动。政府及其所属部门不得滥用行政权力，限制外地商品进入本地市场，或者本地商品流向外地市场”。从而对政府限定交易和地区封锁的行为进行限制。而到 2008 年中国首部《反垄断法》开始实施，在其中第五章第 32~37 条专门规定对“滥用行政权力排除、限制竞争”的规制，但是相比于 1993 年的《反不正当竞争法》对行政性垄断的规制，《反垄断法》在对政府行政性垄断行为的限制方面，只是增加了强制经营者从事垄断行为，招投标中的地方保护，排斥或者限制在本地投资或者设立分支机构的规制，以及类似于兜底条款的制定含有排除、限制竞争内容的规定。

然而，现行《反垄断法》在对行政性垄断的规制方面存在局限，主要表现在两个方面。第一，《反垄断法》第 37 条虽然规定了“行政机关不得滥用行政权力，制定含有排除、限制竞争内容的规定”，但在范围上仅包括由行政机关制定的规范性文件，而不包括地方立法机关制定的地方性法规、自治条例和单行条例等。因此，对于大量存在的地方性法规、规章存在的限制、阻碍市场竞争的行为无法得到有效规制。为应对这一问题，2016 年 6 月 1 日，国务院印发《关于在市场体系建设中建立公平竞争审查制度的意见》，宣布要逐步清理废除妨碍全国统一市场和公平竞争的规定和做法。2017 年，国家发展改革委、财政部、商务部、国家工商行政管理总局、国务院法制办会同有关部门研究制定发布了《公平竞争审查制度实施细则（暂行）》。目前各地方也在逐步推进对存量法规、规章的公平竞

---

[1] 王保树．企业联合与制止垄断［J］．法学研究，1990（1）：1-7.

争审查。但由于尚无较高位阶的法律对公平竞争审查制度作出规定，使得目前各地方的实施表现参差不齐。第二，对于国有企业垄断的适用除外问题，《反垄断法》第7条规定，“国有经济占控制地位的关系国民经济命脉和国家安全的行业以及依法实行专营专卖的行业，国家对其经营者的合法经营活动予以保护，并对经营者的经营行为及其商品和服务的价格依法实施监管和调控，维护消费者利益，促进技术进步”。但是如何理解和定义关系国民经济命脉和国家安全的领域？这其中的部分行业可能是存在模糊性的，比如在军民两用的领域。另外，即便承认某一行业关系国民经济命脉和国家安全，是否也应该区分该行业的非竞争性业务和可竞争性业务？比如石油行业，上游的石油勘探、开采，中游的石油生产可能由部分国有企业进行控制是合理的，但是下游的石油产品销售，例如加油站业务，不允许其他企业的进入和竞争显然无法用国民经济命脉和国家安全为由进行抗辩。

而在财税政策的运用方面，由于税收法定原则尚未得到有效落实，长期以来，中国对税种、税率的确定较为随意，缺乏稳定性，直接的原因便是规范税收相关制度的法律位阶较低，一般都是由国务院发布的行政法规进行规范，甚至有些涉及基本财税制度的规定连行政法规、部门规章都不算，例如，国务院发布的关于分税制改革的《关于实行分税制财政管理体制的决定》，在法律性质上仅仅属于规范性文件，都不能作为正式意义上的法的渊源。直到2013年《中共中央关于全面深化改革若干重大问题的决议》中才首次提出“落实税收法定原则”。2015年修订的《立法法》第8条规定“税种的设立、税率的确定和税收征收管理等税收基本制度”只能制定法律。2015年中共中央通过的《贯彻落实税收法定原则的实施意见》指出，“按照实施意见的要求，落实税收法定原则的改革任务，将力争在2020年前完成，将税收暂行条例上升为法律或者废止，并相应废止《全国人民代表大会关于授权国务院在经济体制改革和对外开放方面可以制定暂行的规定或者条例的决定》，这是一项艰巨的任务”。然而，截止到2020年年初，现行的18个税种中，除个人所得税、企业所得税、车船税由法律规定征收外，其余15个税种还是由国务院制定的有关暂行条例规定进行征收。显然在 2020 年内几乎不可能完成将税收暂行条例上升为法律的任务。

税收法定原则未得到有效尊重产生的一个结果就是地方在税收的征管上不依法依规进行，财税政策工具的使用随意化。将本应在全国范围内统一标准征纳的税收根据地方招商引资的需要任意调整，造成了国家财政收入的损失。根据 2012 年审计署的调查，有 53 个县 2008~2011 年出台了 221 份与国家政策明显相悖的招商引资优惠政策文件，以财政支出方式变相减免应征缴的财政性收入 70.43 亿元。[1] 针对这一现象，2014 年，国务院发布《关于清理规范税收等优惠政策的通知》，规定“坚持税收法定原则，除依据专门税收法律法规和《中华人民共和国民族区域自治法》规定的税政管理权限外，各地区一律不得自行制定税收优惠政策；未经国务院批准，各部门起草其他法律、法规、规章、发展规划和区域政策都不得规定具体税收优惠政策”。并要求“各省级人民政府和有关部门应于 2015 年 3 月底前，向财政部报送本省（区、市）和本部门对税收等优惠政策的专项清理情况，由财政部汇总报国务院”。

然而，可能由于各级地方政府采取的各类税收优惠政策实在是数量繁多，涉及面广，短时间内难以清理。因此，在地方政府的压力下，国务院又于 2015 年 5 月发布《关于税收等优惠政策相关事项的通知》，对于《关于清理规范税收等优惠政策的通知》规定的专项清理工作，通知待今后另行部署后再进行，实际上等于废止了 2014 年的通知，进而又规定“各地区、各部门已经出台的优惠政策，有规定期限的，按规定期限执行；没有规定期限又确需调整的，由地方政府和相关部门按照把握节奏、确保稳妥的原则设立过渡期，在过渡期内继续执行；各地与企业已签订合同中的优惠政策，继续有效；对已兑现的部分，不溯及既往；各地区、各部门今后制定出台新的优惠政策，除法律、行政法规已有规定事项外，涉及税收或中央批准设立的非税收入的，应报国务院批准后执行；其他由地方政府和

[1] 潇湘晨报．53 县违规招商引资变相免征 70 亿［EB/OL］．（2012-06-09）［2020-04-15］．http：//news. ifeng. com/c/7fcN3DT9HSG.

相关部门批准后执行，其中安排支出一般不得与企业缴纳的税收或非税收入挂钩”。

本章在第二节和第三节研究发现的政府运用财政、税收手段激励专利申请和驰名商标创造，最终却造成专利质量下降，部分企业为获得政府奖励而通过投机甚至造假方式获得驰名商标认定等未预期后果的现象，实际上在某种程度上也是由于财政税收相关的法律制度不健全，缺乏具有较高法律位阶的规范中央和地方财税体制关系，规范各级政府财政、税收手段运用的权限、范围、程序等方面的法律制度规则造成的。

此外，财政税收工具的法律化规范运用对于中国应对未来错综复杂的国际贸易形势也具有重要的意义。中国目前在国内颁布并实施了一系列针对企业的税收和财政补贴政策，例如，笔者在本章重点研究的知识产权财政激励和补贴政策。这些补贴政策在国内固然可以视为政府的宏观调控手段，然而，在受补贴的商品涉及出口时，上述补贴政策可能就会引发争议。以从2018~2020年年初方才达成第一阶段经贸协议的中美贸易争端为例，其中双方争议的一个重要问题就是美国指责中国违背了在消除扭曲市场的补贴方面所作出的承诺。

根据世界贸易组织《补贴与反补贴措施协议》（Agreement on Subsidies and Countervailing Measures）的规定，对于符合以下三种情形的政府补贴，属于不可申诉的禁止性补贴：（1）该补贴不具有专向性，专向性是指补贴授予当局或该当局以执行的立法将补贴的获得明确限于特定企业、产业或多个产业；（2）在成员的领土范围内根据地区发展总体规划并且不具有专向性地在适当区域对不利地区提供的资助；（3）补贴具有专向性，但属于根据与企业所订立的合同对由企业或由高等院校或由科研机构所从事的研究活动的资助。条件是：资助不超过工业研究费用75%，或竞争前开发活动费用的50%。并且这些资助仅限于：（1）人员费用（专为研究活动而录用的研究人员、技术人员和其他辅助人员）；（2）专门并长期（在商业的基础上处分的除外）用于科研活动的仪器、设备、土地和建筑费用；（3）仅用于研究活动的咨询及类似服务的费用，包括购买研究成果、技术知识、专利等费用；（4）由研究活动直接产生的额外附加费用；（5）由研究活动直接产生的其他运转费用（诸如资料费、供应和类似花费）。

对照上述《补贴与反补贴措施协议》关于禁止性补贴的要求，中国针对部分特定行业、领域的财政、税收补贴政策可能存在违反协议规定，极易引发贸易争端的风险。因此，尽快对中国从中央到地方政府实施的财税相关的补贴政策进行清理，对财税手段的运用进行规范，并将规范性的要求上升到法律的层面，既是落实税收法定原则的要求，也是应对未来国际贸易的潜在风险，提高国内企业的市场竞争力的前提和基础。

三、中国依法行政的未来

从整体发展趋势看，中国正越来越趋于规范化地运用法律手段限制和规范政府干预经济的权力。然而，迄今为止，正如吴敬琏和范世涛所言，中国在某种程度上所具有的依然是一个“半指令半市场”的体制，这种体制面临着两种可能的发展道路：一是政府会逐步减少其对微观经济活动的干预，加强其在宏观经济管理和在市场缺乏时提供公共财产等方面的作用，因而这种制度就会逐步发展成为一种基于规则的市场经济；二是政府对市场的控制和干预会持续加大，国有部门垄断组织的权力会继续扩张，因而这种经济体就会转变为国家资本主义经济。[1]

因此，为了推动中国走向法治化的市场经济发展轨道，我们应当以再一次深化改革创新的勇气和魄力，破除阻碍市场经济进一步发展的阻力。2013 年 11 月《中共中央关于全面深化改革若干重大问题的决定》提出进一步简政放权，深化行政审批制度改革，公办事业单位去行政化，城市落户、房地产税立法、权力清单制度等一系列改革举措，迄今为止有的已经大体落实，例如，2015 年国务院发布《关于实行市场准入负面清单制度的意见》，有的还在准备或是正在进行中。2020 年 3 月，中共中央、国务院发布了《关于构建更加完善的要素市场化配置体制机制的意见》，进一步提出从推进土地要素市场化配置，引导劳动力要素合理畅通有序流动，推

---

[1] 吴敬琏，范世涛．中国的经济改革：过程、问题与前景（1978 ~ 2012）［M］//邹至庄主编．中国经济指南．北京：清华大学出版社，2016：57-58.

进资本要素市场化配置，加快发展技术要素市场，加快培育数据要素市场，加快要素价格市场化改革，健全要素市场运行机制方面，“为建设高标准市场体系、推动高质量发展、建设现代化经济体系打下坚实制度基础”。

上述一系列改革方案具有前瞻性和引领性，然而，政府推动改革方案的实现并非没有阻力，而历史的实践告诉我们，唯有通过法律化的方式将上述改革方案逐步落地生根，不断用法律巩固改革的成果，方才能够有效地保障中国最终建设成为依法行政的市场经济法治国家。

第七章　改革、发展与法治理论

第一节　改革、发展与法治理论概述

笔者通过对改革开放以来立法、司法和行政“三位一体”与中国经济发展之间关系的系统性研究发现，无论是法律促进发展理论，还是发展促进法治理论，均无法准确地刻画法与中国发展之间的关系，

首先，在关于立法与中国经济发展关系的研究中，笔者通过对《宪法》中关于中国基本经济制度的法律规定、财产与合同法律和知识产权法律制度发展变迁的研究，发现《宪法》中关于中国基本经济制度的法律规定和财产、合同法律制度，主要是对经济发展取得的阶段性成果的法律确认，因此，发展推动法治的理论更加契合上述法律制度的发展轨迹。而对于知识产权法律制度，则属于法律促进发展理论应用的典范。通过知识产权法律制度的建立以及历次修订不断增强知识产权的保护强度，对于中国知识产权和创新事业的发展发挥了重要的作用。

其次，通过关于司法与中国经济发展关系的研究，笔者发现尽管中国司法体系存在诸如法官素质偏低、法院组织体制可能会干扰司法独立性、司法偏向性保护等问题，但分析上述问题的成因，大多与改革开放之后中国的司法体系所面对的客观情况有关，而且上述问题正处于通过发展和改革而被逐步解决的过程中。事实上，改革开放四十多年来，通过发展提出对于司法的需求，通过发展不断供给高质量的司法资源，从而不断推动司法适应经济发展需要，解决社会经济纠纷，维护公平正义，使司法在经济社会发展过程中日益发挥保障性和基础性的作用。因此，对于司法与中国

经济发展的关系，就客观效果和整体维度而言，是符合法治推动发展的理论的。

最后，关于行政与中国经济发展的关系，则在两个不同时间阶段呈现出不同的鲜明特征。从1978年宣布实行改革开放，到1993年确立市场经济体制，笔者称之“第一阶段”。这一阶段的主要特征是“先改革后立法，行政代替法治”。在党的十一届三中全会宣布实行改革开放后，并未在法律上对改革的实施予以确认，而是“摸着石头过河”，直到通过发展取得阶段性成果后，再通过法律对发展成果予以确认。这一阶段大量与经济社会发展相关的法律处于空白或作为行政计划的辅助，行政力量主导了这一阶段中国经济的发展。而从1993年至今，笔者称之“第二阶段”。这一阶段的主要特征是“改革与立法并举，法治不断巩固发展成果，改革限制并引导依法行政”。经历了20世纪80年代末改革的短暂挫折并确定了继续深化改革不动摇的决心后，这一阶段政府开始重视并注意通过立法巩固已有改革成果，规范政府的行政权力，强调发挥法律的能动作用，通过法治建设不断推动经济的发展。与此同时，改革依然在不断推进和深化，并特别强调行政力量的行使必须在法治的框架内，虽然距离这一目标的实现尚存在一定的差距。

从立法、司法和行政三个法的不同面向的发展历程来看，法与中国经济发展的关系既不存在一个单向度的模式，也不是简单的法与发展之间交互作用的关系。在法与中国经济发展的关系中，改革实际上是一个不可忽视的重要部分。以中国共产党和政府为主要驱动力量的改革在中国的立法、司法和依法行政的过程中发挥着关键作用。没有改革对生产力和生产关系的解放，难以想象中国会出现四十多年的高速经济增长，法治也很可能止步不前。然而，法治对于巩固和维护改革和发展的成果，推动发展迈向更高的水平同样具有重要的作用。如果只有改革，没有法治，改革的方向不能通过法律确立下来，则改革便会缺乏稳定的根基，改革乃至发展的成果也很有可能最终被葬送。因此，笔者基于本书从定性和定量方面展开的分析，提出“改革、发展与法治理论”以解释法与中国经济发展的关系，三者的基本关系如图7-1所示。

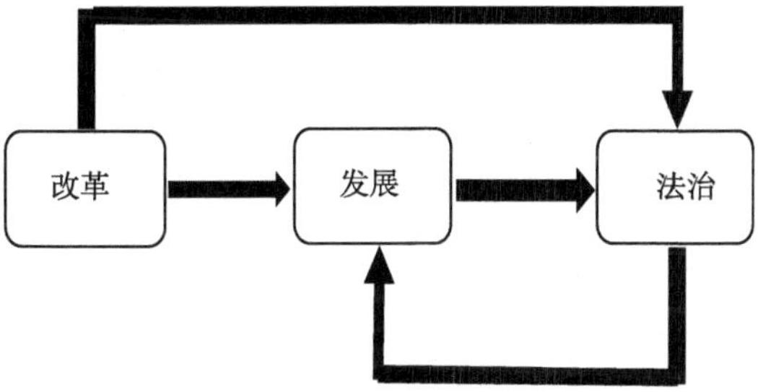

图 7-1　改革、发展与法治的关系

从改革、发展与法治的基本关系来看，改革是发展的基础和源泉，改革能够通过对发展的推动，从而通过替代作用和增长作用间接地促进法治的不断完善。此外，改革还通过对发展需要的确认直接推动法治的完善，进而巩固发展的成果。而法治的建立则能够反过来保障和推动发展的向前推进。本书在前面各章节的分析中，均基于相关理论和实证的分析验证了上述基本关系的存在。

对于发展对法治的推动作用，笔者在第五章第一节“中国法院的发展趋势”中分别从需求和供给两个维度分析了发展对法治建设的影响，即从需求方来看，越来越多的企业倾向于通过法院解决潜在的纠纷；从供给方来看，法官、律师等司法从业人员的数量和质量的不断提升保障了司法质量的稳步提高。此外，笔者在第三章关于“中国创新发展与司法资源配置”的实证研究中，利用工具变量进行因果推断，发现专利数量的增长是专利纠纷管辖法院数量增加的原因，这也是发展促进法治的有利证据。此外，在第四章立法与中国发展关系的研究中，我们发现《宪法》中关于中国基本经济制度的法律规定实际是对市场经济发展所不断取得的阶段性成果的确认。财产法律制度长期处于空白状况，直到市场经济不断发展，人们对私权观念的认识达到一定程度，才于 2007 年制定中国第一部《物权法》。这也体现了发展对法治的促进作用。

而对于法治对发展的能动作用，笔者在第四章立法与中国发展关系的研究中，发现《商标法》《专利法》和《著作权法》等知识产权法律制度的建立对于推动中国创新发展具有基础性的作用，如果没有上述知识产权法律制度的设立，没有适应作为发展中国家的中国的不同阶段知识产权保护强度需要的知识产权法律，就难以实现中国知识产权和创新事业的发展。此外，1981 年通过的《经济合同法》虽然是以保障国家计划的执行为目的，但客观上对于当时中国从完全意义上的计划经济体制向“双轨制”转型发挥了理顺政府和国营企业关系的重要作用，有利于保障向市场经济过渡时期中国经济的平稳发展。还有改革初期制定的针对特殊主体的《涉外经济合同法》和特殊客体的《技术合同法》，均对当时国际贸易、引进外资和技术发展发挥了积极作用。而在第五章第三节对于中国司法偏向性保护问题的研究中，笔者发现虽然一审判决中确实发现司法存在对于本地诉讼当事人、国有企业等特殊主体的偏向性保护，但在二审判决中，并未发现司法偏向性保护问题的存在，说明司法在具有终局性的判决中整体上是能够维持公平正义，保障经济社会的发展的。还有包括笔者在第六章中介绍的 1993 年制定的《公司法》将以往政府直接管理国有企业的模式逐步转变为具有清晰的企业治理机制的有限责任公司，从而对于理顺政府和国企关系，推动国有企业向符合市场经济要求的具有自主决策权的市场主体迈进发挥了重要作用。上述研究内容均体现了法治对于促进发展的重要作用。

然而，关于改革对于发展和法治的重要作用，我们在第六章第五节中虽然基于中国改革开放的历史脉络作了部分描述性的介绍和分析，但还缺乏更清晰的实证证据，以下笔者将基于相关数据，从实证角度分别从经济改革和司法改革两个方面研究改革对于发展和法治的积极作用，从而进一步证明笔者提出的“改革、发展与法治理论”对于理解法与中国发展之间的关系的适用性。

第二节　改革对于发展和法治作用的实证研究

一、经济改革

1978 年，党的十一届三中全会作出改革开放的重要决策，经济改革便开始在各个领域展开。经济改革首先从农业领域开始。1982 年 1 月 1 日，中共中央批转《全国农村工作会议纪要》，指出农村实行的各种责任制，包括小段包工定额计酬，专业承包联产计酬，联产到劳，包产到户、到组，包干到户、到组等，都是社会主义集体经济的生产责任制，从而肯定了源自 1978 年安徽凤阳小岗村部分农民自发进行包产到户的创举。家庭联产承包责任制实际是以集体经济组织为发包方，以家庭为承包方，以承包合同为纽带而组成的有机整体。通过承包使用合同，把承包户应向国家上交的定购粮和集体经济组织提留的粮款等义务同承包土地的权利联系起来；把发包方应为承包方提供的各种服务明确起来。家庭联产承包责任制的实施，一方面，使得包括购销合同以及土地承包合同等在内的纠纷开始涌现；另一方面，解放和提高了农村生产力，使得农村剩余劳动力开始有条件在乡镇企业、集体企业工作，甚至随着农业产出的大幅增加乃至农村就业的逐渐饱和使得农业领域的过剩劳动力开始向城市中的工商业部门转移。

城市中也在逐步推动劳动力市场改革。1978 年，99% 的中国工人都在公有制企业中工作。而到 1986 年之后，参加工作的新工人开始签订 5 年合同，理论上只有在双方都满意的情况下才会续签新合同，因此，与旧时从入职到退休的永久性工人相比，合同制下工人辞职或解聘的机会也更多。自 1993 年开始，已有 3000 万国有企业工人下岗，这个人数占全部劳动力的 38%。到 20 世纪 90 年代后期，国有企业、城市集体企业以及乡镇企业的就业比重从 1996 年占全部劳动力的 24% 下降到 2003 年的 7%。[1]

对于城市中游离于国有部门之外的这部分人群来说，法院成为他们解决纠纷的唯一选择。而从 20 世纪 80 年代中期开始的国有企业改革，进一步使得法院在处理纠纷中越来越居于主导地位。

在国企改革前，由于都是由国家所有和控制，因而完全依赖政府为企业制定生产、销售、原材料采购和人事招聘计划，而各类纠纷也毫无疑问

---

[1] 巴里·诺顿．中国经济：转型与增长［M］．安佳，译．上海：上海人民出版社，2010：159-161.

地由政府进行裁定。然而国企改革完全打破了原有的模式，在20世纪80年代开始的第一阶段的改革中，合同制度的引入改变了对企业的激励机制，国企负责人开始和政府机关或者企业的子单位负责人签订合同，明确企业所应完成的产出指标以及剩余的产出如何在子单位之间进行分配，因此，合同纠纷开始日渐增多。在20世纪90年代中期开始的国企第二阶段改革中，一方面，为解决国有企业人浮于事问题的劳动制度改革产生了大量的下岗职工；另一方面，在政府的鼓励下，国有企业慢慢开始了大规模重组和精简。1997年9月党的十五大后，地方政府获得了进行国有部门改革的权力，其中包括破产、出售和拍卖以及收购和合并的权力。[1] 因此，大量中小规模的国企被私有化，使得关于雇佣和赔偿方面的纠纷大量出现。

中国经济对外开放的步伐，伴随着农业和国企改革的进行而不断加速，大量的外国投资者和贸易企业进入中国市场，他们习惯于依赖正式的法律体系来解决纠纷，因此进一步增加了对中国法律服务的需求。同时，中国对私营经济的认识从最开始的禁止到作为公有制经济的补充再到市场经济的重要组成部分的转变，使得私营经济逐渐发展成为市场经济中一股不可忽视的力量，无法依赖政府的它们需要依靠法院来解决包括企业和雇员间的、各种所有制类型企业间的，乃至企业和政府机构间的各种纠纷。

因此，隐藏在经济发展推进法治进步的表象下的，是经济改革经由发展这一中介对法律体系产生的替代和增长两种作用机制：一方面，改革使得法律机制替代行政机制来解决市场经济中出现的各种纠纷和问题成为必然；另一方面，经济改革推动了生产力的快速发展，从而带来的经济总量和经济复杂度的提高促进了法律需求的进一步增长。

为了从实证角度验证经济改革所产生的法律对行政的替代机制，即经济改革实际上带来了将原来由政府处理各类纠纷的责任转移到法院的客观效果。下面笔者以具有专利案件管辖权的法院数量和行政机关专利纠纷解

[1] 巴里·诺顿．中国经济：转型与增长［M］．安佳，译．上海：上海人民出版社，2010：91.

决数量的关系为例，揭示政府和法院在纠纷处理中存在的替代关系。

中国对专利纠纷施行的是行政机关和司法机关双重管辖，即对于专利类的纠纷，当事人既可以选择通过各省级行政单位和设区的市的人民政府设立的专利管理部门来解决，也可以选择向具有专利案件管辖权的人民法院起诉，这种双重管辖为我们研究行政机关和司法机关的关系提供了绝佳的样本。我们关注的问题是，随着专利案件管辖法院数量的增加，行政机关受理和结案的数量会发生怎样的变化。其中各省级行政单位具有专利案件管辖权的法院数量参见第三章的表 3-1，专利行政执法机关的受理和结案数来自 2000~2010 年的《国家知识产权局统计年报》。具体的回归模型设定如下：

$$Casenum\_admin_{i,t} = \beta Patent\_Court_{i,t-1} + \gamma X_{i,t-1} + \eta_i + \mu_t + \varepsilon_{i,t} \qquad (7.1)$$

其中，i 表示省份，t 表示年份，因变量 $Casenum_admin_{i,t}$表示省份 i 在第 t 年专利行政机关受理和结案的专利纠纷数量，自变量 $Patent_Court_{i,t-1}$表示省份 i 在 t-1 年具有的专利案件管辖权的法院数量，其系数 β 衡量了前一年该省专利法院的数量对行政机关处理专利纠纷数量的影响。$X_{i,t-1}$为控制变量向量，其中包括人均 GDP（控制当地的经济发展水平），每万人高等院校学生数（控制当地人力资本质量），人均 R&D 投入，人口总量（控制当地人力资本存量）和第一产业比重（控制当地产业结构）。为了控制其他不随区域和时间变化的变量的影响，在回归中加入了省份和年份固定效应，分别由 η_i及 μ_t表示，$\varepsilon_{i,t}$为误差项。根据上述模型的具体回归结果如表 7-1 所示。

从表 7-1 的结果来看，专利纠纷管辖法院的数量与行政机关受理和结案的专利纠纷数量呈显著的负相关关系，专利管辖法院数量每增加 1 个，行政机关专利纠纷受理数和结案数则分别减少 9 件和 7 件。与各省平均专利纠纷数目的平均值相比较，减少的幅度均达到不容忽视的 21%。这意味着随着专利纠纷管辖法院数量的增加，行政机关的专利受理和结案数呈现下降的趋势，这支持和验证了笔者所说的随着经济改革的不断进行和深入，原有的属于行政机关的纠纷处理责任向法院转移的论断。因此，经济改革的客观效果导致了司法对行政的替代，促进了对法院需求的增长，提高了法院在社会经济中的地位和作用。

表 7-1 专利法院数与行政机关专利纠纷数

变量	(1) 行政机关专利纠纷受理数	(2) 行政机关专利纠纷结案数
专利法院数（滞后一期）	-8.807** (4.140)	-7.196** (3.617)
人均 GDP（滞后一期）	18.06 (21.37)	17.59 (16.90)
每万人高等院校学生数（滞后一期）	4.798 (20.24)	-4.817 (15.77)
人均 R&D 投入（滞后一期）	18.76 (11.95)	10.69 (9.962)
人口总量（滞后一期）	-27.85 (63.05)	-12.25 (48.12)
第一产业比重（滞后一期）	-47.66 (104.9)	-41.58 (82.73)
省份固定效应	是	是
年份固定效应	是	是
观测值	318	318
R^2	0.829	0.834

注：*** $P<0.01$，** $P<0.05$，* $P<0.1$。采用异方差稳健标准误。

二、立法和司法改革

笔者将立法和司法的建设称为“立法和司法改革”，有些读者可能会提出疑问，认为立法和司法应该属于法制自身的发展，为何要称其为立法和司法改革呢？主要原因在于中国改革开放之后立法和司法的跨越式发展，很大程度上是由中国共产党和中央政府在背后甚至是直接居于前台来推动的，因此，称之改革更能体现立法和司法发展的驱动力。

被视为中国改革开放起点的党的十一届三中全会作出两项重要的决定：一是把党和国家的工作重心转移到社会主义现代化建设上来；二是加强社会主义法制。因此，法制的改革实际是与经济领域的改革同步开始的，甚至在实践上，法制的发展要更早。紧随十一届三中全会，在

1979 年召开的五届全国人大二次会议上，一次会议便通过了包括《地方各级人民代表大会和地方各级人民政府组织法》《全国人民代表大会和地方各级人民代表大会选举法》《人民法院组织法》《人民检察院组织法》《刑法》《刑事诉讼法》和《中外合资经营企业法》7 部重要的法律，创造了中华人民共和国成立以来全国人大一次会议通过法律最多的纪录。然而，从“一日七法”的具体类型来看，除《刑法》和《中外合资经营企业法》以外，其余 5 部法律均同政治、司法结构和程序有关，体现在法制改革的初期，恢复被破坏的法律制度体系，特别是司法体系尤为重要。

立法改革的另一则证据是中国的立法工作并不是由中国的立法机关——全国人大及其常委会推动的，而是由国务院推动的。1982 年，国务院发布《1982—1986 年经济立法规划（草案）》。[1] 1987 年，国务院又发布《“七五”期间立法规划》，其中规定了立法工作的指导思想，遵循的原则，立法工作的重点，“七五”期间的立法规划在年度计划中的具体安排。其中规定“国务院各部门应当在每年十月底以前将本部门下一年度草拟法律、法规的计划，报国务院法制局；由法制局综合平衡后，拟订国务院的年度立法计划，报国务院批准实施”。直到 1991 年发布《“八五”期间立法规划》，才首次在发布主体中同时列入了全国人大常委会和国务院。这也说明了在改革开放后的较长一段时期，中央政府是中国立法改革中的重要推动力量，称其为立法改革也是适当的。

在改革开放的第一个十年，司法改革是法制恢复和建设的重心。中国着力于重建司法制度体系。在较短的时间内，从 1980 年，第五届全国人大常委会第十五次会议通过《律师暂行条例》，律师制度再度恢复。1986 年，律师职业资格考试开始施行，律师的质量开始得到规范和保障。到 1982 年，第五届全国人大第二十二次会议审议通过《民事诉讼法（试行）》。再到 1989 年，《行政诉讼法》经第七届全国人大二次会议审议通过，标志着中国的法院诉讼制度正式确立，也标志着中国完整的司法制度

[1] 倪正茂．比较法学探析［M］．北京：中国法制出版社，2006：55.

体系初步建立起来。

然而，在初步建立起中国的司法制度体系后，中国一直在不断地对现有司法制度体系进行调整和完善，以改革的方式适应不断发展的新形势下对司法体系提出的新要求。对司法改革最鲜明的体现便是1999年发布的《人民法院五年改革纲要（1999—2003）》，在纲要中明确提出“面对挑战，人民法院不改革没有出路。只有通过改革，逐步建立依法独立公正审判的机制，才能适应社会主义市场经济发展和民主法制建设的需要”。该纲要中确定了包括进一步深化审判方式改革、建立符合审判工作规律的审判组织形式、科学设置法院内设机构、深化法院人事管理制度改革、加强法院办公现代化建设、健全监督机制等7大方面，共39项改革任务。到2003年，人民法院陆续完成了普通刑事案件简化审理、民事诉讼简易程序的完善、法官任职审核制、书记员单独序列管理等多项改革任务，标志着人民法院第一个五年改革纲要确定的改革任务已经基本完成。在此之后，类似于中国的五年发展建设规划，人民法院的改革也同样以五年为改革周期，将司法改革作为一项常态化任务不断进行下去，到2019年，最高人民法院发布《最高人民法院关于深化人民法院司法体制综合配套改革的意见——人民法院第五个五年改革纲要（2019—2023）》，中国的司法改革已经进入第五个五年改革阶段。

除人民法院系统内部的改革之外，中共中央也极为重视从顶层设计上开展司法体制改革。2014年6月，中央全面深化改革领导小组会议通过《关于司法体制改革试点若干问题的框架意见》，其中涉及完善司法人员分类管理、完善司法责任制、健全司法人员职业保障、推动省以下地方法院检察院人财物统一管理、设立知识产权法院等一系列司法体制改革的基础性、制度性措施。

在关于司法体制的诸多改革内容中，法院组织结构和经费体制两方面的改革在历次的改革意见中均有所提及，也是较为典型的司法改革内容。以下笔者将从司法改革中的专利纠纷管辖法院改革和法院经费体制改革两个方面，基于相关实证数据，检验两个方面改革的影响和效果。

（一）专利纠纷管辖法院改革

对于探索建立知识产权法院，最早是在2013年《中共中央关于全面深化改革若干重大问题的决定》中提出的，紧随其后，《关于司法体制改革试点若干问题的框架意见》也提出了设立知识产权法院的意见。而且相关意见也极为高效地在实践中落地，2014年8月，第十二届全国人大常委会第十次会议通过了《关于在北京、上海、广州设立知识产权法院的决定》，决定在北京、上海和广州三个地方设立中级法院级别的专门性的知识产权法院。根据《最高人民法院关于北京、上海、广州知识产权法院案件管辖的规定》，北京和上海知识产权法院统一审理所在市辖区内的专利纠纷一审案件，广州知识产权法院则对广东省内（除深圳外）的专利案件实行跨区域管辖。

笔者在第三章“发展促进法治的理论与实践”中研究发现，从1985年开始，随着中国专利数量的不断增长，专利纠纷管辖法院数量是在不断增加的。这一发现是对“发展促进法治”理论的生动注解。因此，如果没有改革的干预，很有可能专利纠纷管辖法院的数量还会随着专利数量的增长而继续增加。然而，2014年北上广三个专门性知识产权法院的设立，意味着北京、上海和广东具有专利纠纷管辖权的一审法院数量分别从4个减为1个，2个减为1个和7个减为2个。这也标志着中国的专利诉讼管辖法院由分散扩张开始转向收缩集中。

而从2017年开始，中国的专利诉讼管辖法院迎来了进一步集中。最高人民法院陆续批复了《关于同意南京市、苏州市、武汉市、成都市中级人民法院内设专门审判机构并跨区域管辖部分知识产权案件的批复》《关于同意杭州市、宁波市、合肥市、福州市、济南市、青岛市中级人民法院内设专门审判机构并跨区域管辖部分知识产权案件的批复》《关于同意天津市第三中级人民法院和郑州市、长沙市、西安市中级人民法院内设专门审判机构并跨区域管辖部分知识产权案件的批复》《关于同意长春市中级人民法院内设专门审判机构并跨区域管辖部分知识产权案件的批复》，到2019年9月5日厦门知识产权法庭的正式揭牌，最高人民法院陆续批复在江苏等 18 个省份设立 23 个知识产权法庭，从而实现在上述省份内跨区域集中管辖专利案件。

而在专利纠纷的二审管辖方面更是出现了最大程度的集中。经中央批准，根据全国人民代表大会常务委员会《关于专利等知识产权案件诉讼程序若干问题的决定》、最高人民法院《关于知识产权法庭若干问题的规定》，最高人民法院设立知识产权法庭。从 2019 年 1 月 1 日起，整个中国范围内的专利民事、行政案件将不再向原有的 32 个省级行政单位的高级法院上诉，而改由直接向最高人民法院上诉，统一由最高人民法院新设立的知识产权法庭审理。

导致专利纠纷管辖法院从扩张转向收缩的原因，笔者认为是，知识产权法院设立的改革实际上是为了统一司法裁判标准，避免潜在的司法地方保护问题而进行。2017 年，时任最高人民法院院长周强在向全国人大常委会作的关于知识产权法院的工作报告中指出："通过推进审批机构专门化……统一裁判标准，提高审判效率，对于提升全国法院知识产权审判水平发挥了引领示范作用。"[1] 从最高人民法院对知识产权法院作用的梳理来看，其设立的主要目的在于统一裁判标准。因为在 2014 年设立知识产权法院之前，分散的中级法院乃至基层法院审理专利案件，使得各地一审法院的裁判标准不统一，无法对技术创新成果给予有力的保护。[2] 而裁判标准不统一的后果是当事人缺乏对案件判决的稳定预期，案件的败诉方认为在其他法院可能得到不同的诉讼结果，从而更倾向于通过积极上诉而追求对己方更有利的判决结果。笔者在第五章关于中国司法偏向性保护问题的研究中，也发现一审法院存在司法地方保护的问题，但在二审中则未发现存在显著意义上的此类情况。因此，通过专利纠纷管辖法院的集中，同样可以起到解决司法地方保护的问题。

综上所述，中国专利纠纷管辖法院在经历了 26 年的分散扩张式增长

---

[1] 周强．最高人民法院关于知识产权法院工作情况的报告［EB/OL］.（2017-09-02）［2020-04-18］. http：//www. court. gov. cn/zixun-xiangqing-58142. html.

[2] 李明德．关于我国知识产权法院体系建设的几个问题［J］. 知识产权，2018（3）：14-26.

后从2014年年底开始进入收缩集中的阶段，主要可能是由于法院司法裁判的不一致和司法地方保护问题造成的，而上述问题的直接后果就是知识产权案件的上诉率提高。因此，笔者推测，通过知识产权纠纷管辖机制的改革，是为了解决上诉率不断提高这一问题而进行的有针对性的改革举措。为了验证专利纠纷管辖法院改革是解决上诉率不断提高的重要举措这一推测，笔者设定如下形式的实证模型进行检验：

$$A_{i,t}=\alpha\times Y_{i,t}+\beta\times Z_{i,t}+\eta_i+\mu_t+\varepsilon_{i,t} \tag{7.2}$$

其中，i表示省份，t表示年份。$Y_{i,t}$代表各省具有专利纠纷管辖权的法院数量，$A_{i,t}$代表各省的专利案件上诉率，该数据来源于2004~2016年《中国知识产权年鉴》，我们用各省份各年度二审案件受理数与一审案件结案数的比值建立上诉率的指标。由于缺乏连续性的省级层面专利案件上诉率数据，笔者用知识产权案件的上诉率进行替代。$Z_{i,t}$为控制变量向量，包括随时间变化的省份特征值，其中包括人均GDP（量度当地的经济发展水平），每万人高等院校学生数（量度当地人力资本质量），外商直接投资占GDP的比重（量度当地由于域外投资压力对司法资源的诉求程度）。η_i及μ_t分别表示省份固定效应和时间固定效应，用来控制各省份间不随时间变化以及各年度不随省份变化的影响因素。$\varepsilon_{i,t}$为误差项。

如果发现专利纠纷管辖法院的数量同知识产权案件的上诉率存在正向关系，则可以验证是由于专利管辖法院的不断扩张影响了裁判的统一性，从而出现知识产权案件上诉率提高的后果，为了更好地保障司法裁判的统一性，降低上诉率，才产生了现阶段专利纠纷管辖向集中化、统一化收缩的趋势。以方程（7.2）为基础，检验上述推测的实证回归结果如表7-2所示。

从表7-2中的回归结果来看，专利纠纷管辖法院数量与上诉率确实存在显著为正的关系，专利纠纷管辖法院数量每增加1个，知识产权纠纷的上诉率会提升0.8%~0.9%。这也验证了笔者的推测，即专利纠纷管辖法院数量增加使得裁判标准不统一的现象日趋严重，从而导致上诉率的提升。

表 7-2 专利管辖法院数与上诉率的关系

变量	(1) 上诉率	(2) 上诉率
专利管辖法院数	0.009 ** (0.004)	0.008 ** (0.004)
人均 GDP (对数滞后一期)		0.003 (0.130)
每万人在校大学生数 (对数滞后一期)		-0.019 (0.101)
外商直接投资占比 (对数滞后一期)		-0.002 (0.015)
省份固定效应	是	是
年份固定效应	是	是
观测值	213	211
R^2	0.467	0.487

上诉率是衡量裁判质量的重要指标，从上述结果可以发现，改革是为了提升专利纠纷的裁判质量，在这样一个目标的驱使下，中央、全国人大方才作出了设立北京、上海、广州知识产权法院，对专利纠纷管辖法院的数量从扩张转向收缩的重要司法改革决定。

（二）法院经费体制改革

改革开放以来，中国的法院体系得到不断的发展和完善。截止到 2017 年，包含三千多个地方各级普通法院和专门法院以及约 12 万名员额法官为主体的法院体系已经形成。[1] 为了维持这样一个庞大体系的运转，确保司法功能得到正常和有效的发挥，并保障司法公正，相应的经费保障是一个重要的前提。

[1] 需要注意的是，法院系统实行员额制后，12 万名法官是真正办案的法官，实际上还存在更大数量的司法辅助人员和行政管理人员。具体可参见：法官数量已从 21 万减少到 12 万，会有啥变化？［EB/OL］.（2017-07-14）［2020-04-18］. https：//www. jianshu. com/p/57bbf7ed5813.

因此，财政对法院的支持力度是影响法院发展的重要因素。从理论上来说，法院经费的保障越充沛，法院越有能力提供高质量的法律服务。对于财政对中国法律系统的支出水平的变化，笔者绘制了如表 7-3 所示的 1995~2006 年地方政府财政支出中分配到法律系统的比例变化表，可以发现，地方政府分配到法院系统的支出比例在逐年增加，1995~2006 年，地方财政支出中分配到司法系统（包括法院、检察院、公安局和监狱）的比例从 5.8%左右增长到 6.8%左右。这在很大程度上确保了法院的运转和发展。

表 7-3 1995~2006 年地方政府的法律系统支出

年份	地方政府支出中分配到法律系统的比例（%）	地方政府的总支出（百万元，现值）	地方政府对法律系统的支出（百万元，现值）
1995	5.7526	482.83311	27.77552
1996	6.2345	578.62800	36.07431
1997	6.2207	656.27435	40.82507
1998	6.7960	767.25788	52.14287
1999	6.7400	899.11409	60.60027
2000	6.8297	1045.42771	71.39953
2001	6.5945	1313.45584	86.61536
2002	6.8132	1528.14521	104.11631
2003	7.1422	1722.98463	123.05865
2004	7.1196	2059.28063	146.61212
2005	7.0129	2515.43091	176.40557
2006	6.8204	3043.13277	207.55269

数据来源：1996~2007 年《中国统计年鉴》，此后年鉴的财政主要支出项目中未再单独列出法律系统的财政支出。

然而，改革开放以来的很长一段时间，法院经费主要来源于两个渠道：其一是同级财政的拨款；其二是法院在案件受理过程中所收取的各项费用。对于同级财政的拨款，可能存在影响法院的司法独立性的问题；而对于诉讼费用，如果法院过度依赖于诉讼费用的收取，则可能会降低案件的审理质量，造成滥收费甚至司法腐败滋生的现象。

为此，中央出台了一系列的改革措施和办法来解决法院经费保障的问题。为了减少对诉讼费用的依赖，自2007年起实施的《诉讼费用交纳办法》大幅降低了诉讼费用的标准，同时通过对法院收支的两条线管理，即法院的诉讼费首先全额上缴财政，经财政统筹后再以预算外资金的形式拨付给法院使用，从而很大程度上降低了法院对诉讼费用的依赖。与此同时，为了进一步加强对法院经费的保障，中央财政开始通过专项资金的形式持续稳定地向地方财政下拨法院专项经费，尽可能地从法院的经费来源上保障法院的司法独立性。2008年，中共中央转发了《中央政法委员会关于深化司法体制和工作机制改革若干问题的意见》，确立了“明确责任、分类负担、收支脱钩、全额保障”的政法经费保障新机制。2009年，中共中央办公厅、国务院办公厅印发了《关于加强政法经费保障工作的意见》、财政部印发了《政法经费分类保障办法》，明确了司法经费由中央、省级、地方各级财政保障的保障责任和保障范围；规定人员经费、日常运行公用经费和办公基础设施建设经费由地方财政负担；办案业务经费、业务装备经费和业务基础设施建设经费由中央财政、省级财政、地方财政分区域负担。从而有力地保障了法院经费，特别是与办案业务直接相关的经费，有利于提升法院的司法质量。

上述一系列法院经费保障机制的改革举措为提升司法质量发挥了重要作用。为验证法院经费保障机制改革的效果，笔者以省为观测单位来研究地方财政中司法支出的比例对法院质量的影响。数据分别来源于1995~2006年的《中国统计年鉴》和私营企业调查数据，计量回归模型设定如下：

$$\text{Court quality}_{i,t} = \beta * \text{court expenditure}_{i,t-2} + \gamma X + \eta_i + \mu_t + \varepsilon_{i,t} \qquad (7.3)$$

其中因变量 $\text{Court quality}_{i,t}$ 为法院的质量，笔者用私营企业调查中i省的企业在t年对诉讼结果表示满意的比例作为衡量指标。而自变量 court

$expenditure_{i,t-2}$为法院从政府财政获得的经费指标，笔者用两种方式测度，一个是法院获得的经费占政府总支出的比例，另一个是人均的法院经费数额。实际上我们并没有单独的法院所获得的经费数据，但法院所获得的经费比例应该和公检法司体系获得的总经费比例是正相关的，因此笔者用公检法司的经费数额来代替法院经费数额。另外考虑到法院获得的经费对法院质量的影响会有一个时滞，因此笔者用两年前的法院经费水平来衡量其对当年法院质量的影响。X 是一系列的省级控制变量，其中包括人均政府支出（控制该省政府对法治发展的作用），人均 GDP（控制该省的经济发展水平对当地法治发展的影响），当地居民中大学以上学历的比例（控制当地法律从业人员的质量，因为法律体系中的从业人员大多由本地供给）。为了控制其他不随区域和时间变化的变量的影响，回归中加入了省份和年份固定效应，分别由 η_i和 μ_t来表示。

表 7-4 给出了基于上述模型的回归分析结果。从第（1）列可以看到，司法支出占政府总支出的比例对法院的质量具有显著为正的影响，但人均司法支出对法院质量并无显著影响。第（2）列用单位 GDP 的司法支出替换人均司法支出，但该变量同样是不显著的。在第（3）列中加入了额外的控制变量，但结果并未发生太大变化。此外，由于北京和西藏在许多方面所具有的特殊性，第（4）列在排除了这两个地区的数据后作了与第（3）列相同的回归。同样地，司法支出占总支出的比例是对法院质量有显著为正影响的唯一变量。值得一提的是，影响的大小亦引人注目：司法支出占总支出的比例每提高 1%，对法院诉讼结果的满意比例会提高大约 10%。从上述结果可以发现，司法经费保障体制改革对提升司法质量具有重要的作用。

上述研究进一步验证了改革是推动中国法治发展的重要动力。一方面，改革推动经济发展，从而通过替代机制和增长机制产生对法治的需求，源源不断地为法治发展供给有利资源；另一方面，改革也能够直接解决司法领域存在的司法地方保护、司法裁判不统一等现实问题，通过对发展需要的确认推动法治的发展，进而巩固发展的成果。

表 7-4　司法经费与法院质量

解释变量	(1)	(2)	(3)	(4)
司法支出/总支出	10.883*** (3.951)	10.088** (4.290)	9.950* (5.103)	9.678* (5.394)
司法支出/人口数	-0.001 (0.001)		-0.001 (0.003)	-0.001 (0.004)
司法支出/GDP		3.453 (29.189)		
政府总支出/GDP			-0.683 (1.964)	-0.749 (2.031)
GDP/人口数			0.000 (0.000)	0.000 (0.000)
具有大学学历的人口比例（%）			-0.400 (3.687)	-0.481 (3.834)
省份固定效应	是	是	是	是
年份固定效应	是	是	是	是
观测值	113	113	113	108
R^2	0.36	0.36	0.36	0.35

注：样本使用1995年、1997年、2000年、2002年和2004年的民营企业调查数据，为避免小样本偏差，只包括对法院满意程度问题的当年回复数目不少于5个的省份。*** P<0.01，** P<0.05，* P<0.1。括号中为标准误。

第三节　改革的方向

在笔者提出的“改革、发展与法治理论”中，改革是经济社会发展与法治不断完善的源动力。纵观改革开放以来中国在经济发展和法治建设方面的历史实践，改革的身影几乎贯穿从1978年开始，至今40余年的中国发展历程。那么，是否我们就能因此得出结论：只要进行改革，就能够取得经济发展和法治进步呢？显然，仅凭“改革”二字无法构成发展的完整“秘籍”，改革的智慧和力量从哪里来？改革的局限在哪里？改革应向何处去？都是需要我们在厘清事实的基础上去认真分析、思考并加以总结的。

一、中国改革的历史经验

对于中国的改革开放，一般均将1978年12月18日至22日召开的党的十一届三中全会作为改革的起点。在1981年党的十一届六中全会通过的《关于建国以来党的若干历史问题的决议》（以下简称《决议》）中，认为十一届三中全会“是建国以来我党历史上具有深远意义的伟大转折”，指出“全会结束了一九七六年十月以来党的工作在徘徊中前进的局面，开始了全面地认真地纠正‘文化大革命’中及其以前的‘左倾’错误。这次全会坚决批判了‘两个凡是’的错误方针，充分肯定了必须完整地、准确地掌握毛泽东思想的科学体系；高度评价了关于真理标准问题的讨论，确立了解放思想、开动脑筋、实事求是、团结一致向前看的指导方针；果断地停止使用‘以阶级斗争为纲’这个不适用于社会主义社会的口号，作出了把工作重点转移到社会主义现代化建设上来的战略决策；提出了要注意解决好国民经济重大比例严重失调的要求，制订了关于加快农业发展的决定；着重提出了健全社会主义民主和加强社会主义法制的任务；审查和解决了党的历史上一批冤假错案和一些重要领导人的功过是非问题。全会还增选了中央领导机构的成员。这些在领导工作中具有重大意义的转变，标志着党重新确立了马克思主义的思想路线、政治路线和组织路线。从此，党掌握了拨乱反正的主动权，有步骤地解决了中华人民共和国成立以来的许多历史遗留问题和实际生活中出现的新问题，进行了繁重的建设和改革工作，使我们的国家在经济上和政治上都出现了很好的形势”。[1]

《决议》将十一届三中全会视作伟大转折的评价是公允的。然而，相比于对十一届三中全会历史地位和作用的评价，笔者认为更重要的是思考为什么我们能够在短短五天的会议中作出如此重大的改革决定。

实际上，短短五天的十一届三中全会所作出的一系列重大改革决定是建立在之前长达36天的中央工作会议的基础上的。1978年11月10日至

[1] 人民日报．关于建国以来党的若干历史问题的决议［EB/OL］．（2008-06-23）［2020-06-21］．http：//www.gov.cn/test/2008-06-23/content_1024934_4.htm.

12月15日，在北京召开了持续时间之长历史罕见的中央工作会议，这次会议规格很高、规模较大，讨论问题很多，为十一届三中全会顺利召开做了充分准备。[1] 任何一项重大的改革均涉及对旧有的生产关系、上层建筑作局部的、甚至根本性的调整。长达一个多月的工作会议客观上也反映了改革所面临的问题之多，阻力之大。如何科学地作出改革决策，凝聚最大范围的智识和共识，需要在实事求是的基础上充分发挥民主，群策群力，从而最大化地保障改革决策的科学性。那么，中央工作会议的讨论是否具备上述科学决策的条件，我们可以从邓小平的讲话中一窥改革决策能够取得巨大成功的重要原因。在中央工作会议闭幕会上，邓小平发表了《解放思想，实事求是，团结一致向前看》的讲话，讲话指出："我们党多年以来没有开过这样的会了，这一次恢复和发扬了党的民主传统，开得生动活泼……大家敞开思想，畅所欲言，敢于讲心里话，讲实在话。大家能够积极地开展批评，包括对中央工作的批评，把意见摆在桌面上。一些同志也程度不同地进行了自我批评。"从邓小平对工作会议本身的评价可以看出，36天的中央工作会议，是充分发扬民主、实事求是、充分交换意见、凝聚集体智慧的会议，正是因为经过这样充分的、不断反复的讨论、协商，才能为十一届三中全会产出科学的、对于未来中国发展具有深远指导意义的改革方针奠定基础。

因此，发扬民主、实事求是是十一届三中全会能够作出具有深远意义的伟大转折的改革决定的重要前提和基础。然而，十一届三中全会作出的是关于改革开放的顶层设计，是关于改革的方向性指引。如何在经济、法治等各个领域设计行之有效的改革思路和方略，是改革者需要面对的重要问题。

中国在具体的改革思路上采取的是"学习+试点"的模式。在准备实施改革开放之前，中国政府曾派出代表团到世界各地学习他国的经验。仅在1978年，中国就分20次派出了20位副总理和全国人大副主席及以上的

[1] 于光远．1978：我亲历的那次历史大转折［M］．北京：中央编译出版社，2008：18.

领导到50多个国家访问。同时，中国也广泛而积极地利用国内外的智力资源。1984年，在邓小平的提议下，世界银行组建了一个大型的国际专家团队，对中国经济进行了一项综合调研。最终该团队发表了《中国：长期发展问题与选择》的调研报告，报告不仅分析了中国经济所面临的问题，也基于其他国家的经验提出了对解决中国问题的建议。[1] 1985年9月，国家体改委、中国社科院和世界银行共同举办了宏观经济管理国际研讨会，即著名的"巴山轮会议"，这次会议吸引了来自国内外的一大批著名经济学家为中国经济改革献言献策，相当数量的经济官员也参与会议，会议形成的关于宏观经济政策的共识还被纳入第七个五年计划中。

在广泛吸收有助于中国改革发展的经验和意见的基础上，中国在改革实践中采取的是稳妥的，被称为"摸着石头过河"的试点式的改革进路。试点制的典型代表就是中国四个经济特区的建立。从1980年8月到10月，中国陆续批准设立了深圳、珠海、汕头、厦门四个经济特区，赋予四个特区在经济政策、制度等方面先行先试的权力，意图通过四个经济特区发挥在中国改革开放中的试验和示范作用。改革也随着试点不断取得的经验而得以继续扩展。1984年，中国又进一步开放大连、秦皇岛、天津、烟台、青岛、连云港、南通、上海、宁波、温州、福州、广州、湛江和北海等14个沿海港口城市，在这些城市实行经济特区的某些特殊政策，1988年，设立海南经济特区，从而实现对外开放的不断扩大。

因此，"学习+试点"的改革思路是中国改革能够平稳、有序推进，不断取得新的发展的有效实施路径。然而，需要注意的是，试点式的改革思路也并非万能的，有些改革可能在试点阶段感觉效果不错，但在全面铺开后又是完全不同的结果了。这是因为改革本身是存在成本和收益的，在试点阶段，或是因为试点样本选取的原因，或是改革的成本需要时间才能体现出来，使得改革者只注意到了收益，而未发现或注意到改革的潜在成本。在改革开放之初，中国首先学习的对象是东欧的社会主义国家，这些

[1] World Bank, China: Long term development issues and options [M]. A World Bank Country Economic Report, Baltimore: Johns Hopkins University Press, 1985.

国家在20世纪中期开始进行改革，主要的思路是实施市场社会主义，即主要采取扩大国有企业经营自主权的方式进行改革。根据这一思路，20世纪70年代末期，四川省选择了6家国有企业进行扩大企业自主权试点。由于发现这一改革显著增强了国有企业生产的积极性，之后国务院决定将这一试点改革扩展到全国。然而，经过一段时间后，改革者发现虽然企业的积极性提高了，但由于温和的预算约束导致国有企业在企业支出、财政赤字和通货膨胀方面的压力增加，使改革逐步陷入困境。❶

二、改革的法治化原则

事实上，任何单一的改革思路均是存在局限性的，并不存在一条放之四海而皆准的改革路径，真正有效的改革需要依据改革的国家所处的特定社会政治、经济环境而作出有针对性的、科学的分析，这样才能够尽可能地降低改革失败的概率。

对于中国的改革而言，从中国改革所处的历史阶段来看，在经过40余年的改革开放后，中国的改革已经进入深水区。笔者认为，类似于资本、劳动等要素投入存在边际报酬递减规律，改革也是存在边际收益递减的。在改革开放初期，由于百废待兴，只要能够结束政治运动的混乱状态，朝着符合基本经济发展规律的经济建设方向进行改革，改革所能取得的边际收益是极大的，会远远超出改革的边际成本。因此，那一时期所进行的改革，绝大多数能够取得积极的整体效果。而随着改革进入深水区，那些改革阻力较小，相对显而易见的不符合基本经济发展规律的发展障碍基本已经通过前期的改革得到有效的解决。而当前的改革，每走一步都要面临极大的阻力，存在的问题也不是那样显而易见，而是可能隐藏在深处，需要用科学的分析工具去发现和识别。而且，不同的问题之间可能存在解决的关联性，一个方面的问题如果没有发现或是不能得到有效的解决，同样会牵连并影响另一方面问题的解决效果。因此，在当前阶段的改

---

❶ 吴敬琏，范世涛．中国的经济改革：过程、问题与前景（1978~2012）[M]//邹至庄主编．中国经济指南．北京：清华大学出版社，2016：47.

革，如果不能更加审慎、合理地实施，很可能会出现改革的边际收益小于边际成本，使改革不符合社会经济发展的客观需要，甚至遭遇挫折和失败。

那么，中国的改革将向何处去？未来应当怎么合理、有效地继续推进改革？笔者认为，将改革纳入法治化轨道是唯一可行的出路。通过实现改革的法定性、适度性和科学性，能够推动改革与法治要求的兼容，从而为在当前日益复杂的发展局面下进行有效的改革决策并保障改革决策的实施效果，更有效地发挥改革的作用奠定基础。以下笔者具体从改革法治化的法定性、适度性和科学性三个子原则方面论述将改革纳入法治化轨道是唯一可行的出路的原因。

首先，关于改革的法定性原则。改革实质上是一种利益的协调，在改革的过程中，必然涉及多方利益的调整。有些主体可能在改革的过程中获益，但有些主体可能在改革过程中受损，既得利益者往往是改革的最大阻力。因此，如何平衡和协调好各方主体的利益，决定着改革是否能够顺利、有序地推进。在现代国家治理中，法律因为其所具有的稳定性、规范性、普遍性和强制性特征，是协调利益的最有效工具。通过将改革决策和执行的程序、权限、责任在法律上进行规范，加强在改革的利益协调过程中的公众参与、合法性审查、集体讨论等环节，尽量做到利益协调的程序正当、过程公开和责任明确，从而一方面，通过限制改革主体的权力以尽可能保障决策的科学性和普遍代表性；另一方面，也有助于保障改革的顺利推进和改革成果的有效巩固。

其次，关于改革的适度性原则。改革的适度性包含两个维度，一个维度是改革在有些领域可为，有些领域不可为；另一个维度是在改革过程中需要改革主体把握适当的度。对于哪些领域改革不可为，笔者认为，在2011年十一届全国人大四次会议宣告中国特色社会主义法律体系已经形成的情况下，立法领域已经不再具有紧迫的立法改革的动机了，为了保持法律的稳定性，体现立法的审慎性，不宜再通过改革这样的相对激烈的举措推进立法的变迁，而是应该将立法的权限完整意义地赋予立法机关——全国人大及其常委会，其他主体不再干预法律的制定和修改，从而体现《中共中央关于全面推进依法治国若干重大问题的决定》中指出的，“任何组织和个人都必须尊重宪法法律权威，都必须在宪法法律范围内活动，都必须依照宪法法律行使权力或权利、履行职责或义务，都不得有超越宪法法律的特权”。另外，改革要把握适当的度。由于改革是对旧有的生产关系、上层建筑作局部或根本性的调整，因此，改革的影响范围和深度是较大的，如果改革成功，固然利国利民，但如若失败，则可能引发极为严重的后果。因此，这就要求改革主体在进行改革决策时，尽可能地避免激进的改革，而应当科学分析、权衡利弊，逐步推进改革的进程。

最后，关于改革的科学性原则。改革的目的是推进社会整体福利的提升，为实现这一目标，需要提升和保障改革决策的科学性。改革的科学性既体现在宏观的原则性方面，也体现在微观的操作性方面。在宏观的原则性方面，改革是与市场经济的发展紧密相关的，因此，一方面，改革应当以产生促进市场自身能够充分发挥有效配置资源的效果为目标。2020 年 3 月，中共中央、国务院印发《关于构建更加完善的要素市场化配置体制机制的意见》，这一改革意见便是典型的与充分发挥市场机制的作用的原则相符的。另一方面，改革应当以纠正和弥补市场失灵为目标。在市场机制无法发挥作用的情况下，也就是存在市场失灵的情况下，才是作为改革的主体之一的政府主要发挥作用的时候。例如，在创新和垄断领域，由于该领域存在市场失灵，因此应当是改革的主要作用方向之一。在微观的操作性方面，应当建立具体的、科学的改革效果事前和事后评估办法。具体来说，在决定是否进行一项改革时，应当存在一个专家评估程序，该专家团队应当具有选拔程序的合规性、资质的专业性和评估的独立性。专家团队应当基于科学的理论和数据，详细分析改革会对哪些主体产生影响，具体产生怎样的影响效果，改革的实施是否存在和现行的政治、经济、法律等方面的正式制度和非正式制度产生补充或抵消性的作用，如果存在抵消性的正式或非正式制度的力量，改革产生的收益和成本孰高孰低，如何优化和调整现有的制度环境以提升改革的净收益。只有对上述方面产生尽可能清晰、准确的答案，才能实现改革的科学性，从而降低改革失败的风险。

改革开放四十多年来，中国以发扬民主、实事求是作为改革的前提和基础，并且探索出“学习+试点”的模式，扎实稳步推进改革的进程，进而为中国经济的高速增长和法治建设的不断完善提供了动力，奠定了基础。当前，中国的改革面临着日益复杂的国际国内政治、经济局面，如果不能落实改革的法定性、适度性和科学性原则，将改革置于法治化的框架内，中国改革开放 40 余年来取得的重要发展成果甚至会面临付之一炬的可能。因此，将改革纳入法治的轨道，形成如图 7–2 所示的“改革、发展与法治关系”的完整闭环，对于进一步深化和推动改革、发展和法治建设，具有极为重要的现实意义。

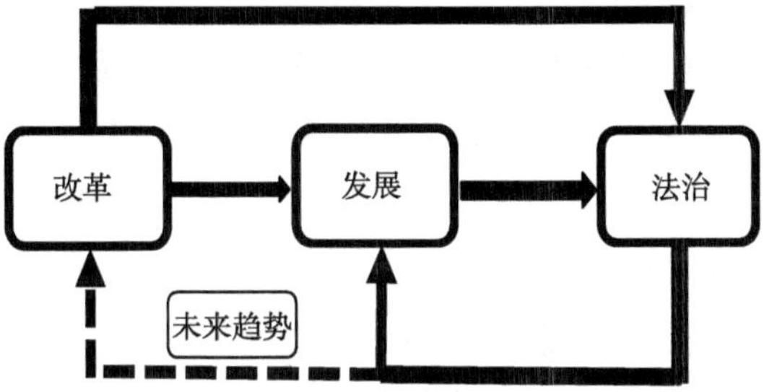

图 7–2　改革、发展与法治的未来关系构想

参考文献

[1] 巴里·诺顿．中国经济：转型与增长［M］．安佳，译．上海：上海人民出版社，2010.

[2] 白重恩，杜颖娟，陶志刚，等．地方保护主义及产业地区集中度的决定因素和变动趋势［J］．经济研究，2004（4）.

[3] 蔡昉，林毅夫，张晓山，等．改革开放 40 年与中国经济发展［J］．经济学动态，2018（8）.

[4] 蔡跃洲，付一夫．全要素生产率增长中的技术效应与结构效应——基于中国宏观和产业数据的测算及分解［J］．经济研究，2017（1）.

[5] 陈斯喜．试论在改革过程中的立法方略［J］．中国法学，1993（5）.

[6] 陈佑武，李步云．中国法治理论四十年：发展、创新及前景［J］．政治与法律，2018（12）.

[7] 陈云．陈云文选［M］．北京：人民出版社，1995.

[8] 崔大全．法律与发展：韩国的经验［J］．韦洪发，译．法制与社会发展，2009（1）.

[9] 戴维·霍瑟萨尔．心理学史［M］．4 版．郭本禹，等译．北京：人民邮电出版社，2011.

[10] 邓小平．邓小平文选：第二卷［M］．北京：人民出版社，1994.

[11] 恩迪科特．论法治的不可能性［J］．陈林林，傅蔚冈，译．比较法研究，2004（3）.

[12] 郭晓明．全球法治与发展运动的知识考察：一个反思的视角［J］．华东政法大学学报，2020（1）.

[13] 贺卫方．司法的理念与制度［M］．北京：中国政法大学出版

社，1998.
［14］胡向婷，张璐．地方保护主义对地区产业结构的影响——理论与实证分析［J］．经济研究，2005（2）．
［15］贾宇．改革开放三十年法学教育的发展及其当前改革［J］．法律科学，2008（6）．
［16］姜颖．在改革开放中诞生和发展的中国专利制度［J］．中国专利与商标，1999（1）．
［17］卡尔·波普尔．科学发现的逻辑［M］．查汝强，邱仁宗，译．北京：科学出版社，1986.
［18］康娜．论我国国情下的最优司法独立度——一个制度经济学的视角［J］．清华法学，2012（3）．
［19］柯武刚，史漫飞．制度经济学：社会秩序与公共政策［M］．韩朝华，译．北京：商务印书馆，2008.
［20］李步云．法治概念的科学性［J］．法学研究，1982（1）．
［21］李明德．关于我国知识产权法院体系建设的几个问题［J］．知识产权，2018（3）．
［22］李雨峰．司法过程的政治约束——我国基层人民法院审判委员会运行研究［J］．法学家，2015（1）．
［23］列·伊·雅各布森．苏联解体后的俄罗斯经济［J］．湖南商学院学报，2012（6）．
［24］林毅夫，任若恩．东亚经济增长模式相关争论的再探讨［J］．经济研究，2007（8）．
［25］梁治平．“法”辨［J］．中国社会科学，1986（4）．
［26］刘一杰．普及法律常识工作概况［M］//中国法律年鉴．北京：法律出版社，1987.
［27］刘作翔．中国司法地方保护主义之批判——兼论“司法权国家化”的司法改革思路［J］．法学研究，2003（1）．
［28］龙小宁，王俊．中国司法地方保护主义：基于知识产权案例的研究［J］．中国经济问题，2014（3）．

[29] 龙小宁，王俊．中国专利激增的动因及其质量效应［J］．世界经济，2015（6）．

[30] 龙小宁，王俊．法治与改革——基于中国法院系统的历史与实证研究［J］．经济社会体制比较，2016（1）．

[31] 路风．单位：一种特殊的社会组织形式［J］．中国社会科学，1989（1）．

[32] 罗伯特·C. 埃里克森．无需法律的秩序——邻人如何解决纠纷［M］．苏力，译．北京：中国政法大学出版社，2003．

[33] 马怀德，地方保护主义的成因和解决之道［J］．政法论坛，2003（6）．

[34] 梅因．古代法［M］．沈景一，译．北京：商务印书馆，1996．

[35] 倪正茂．比较法学探析［M］．北京：中国法制出版社，2006．

[36] 潘越，潘健平，戴亦一．公司诉讼风险，司法地方保护主义与企业创新［J］．经济研究，2015，50（3）．

[37] 邵六益．审委会与合议庭：司法判决中的隐匿对话［J］．中外法学，2019（3）．

[38] 邵政达．革命与司法：17 世纪英国普通法法院的独立［J］．世界历史，2018（4）．

[39] 施鹏鹏．我国司法腐败的现状与遏制——以 20 个省/自治区/直辖市的实证调查为分析样本［J］．证据科学，2016（1）．

[40] 苏力．法律多元与法律规避［J］．中外法学，1993（6）．

[41] 苏力．法治及其本土资源［M］．北京：中国政法大学出版社，1996．

[42] 苏力．送法下乡：中国基层司法制度研究［M］．北京：中国政法大学出版社，2000．

[43] 王保树．企业联合与制止垄断［J］．法学研究，1990（1）．

[44] 王俊，龙小宁．版权保护能够提升企业绩效吗——来自德化陶瓷企业的证据［J］．经济学动态，2016（6）．

[45] 王俊，龙小宁．驰名商标认定机制对企业经营与创新绩效的影响［J］．经济科学，2020（2）．

[46] 王人博，程燎原．法治论［M］．济南：山东人民出版社，1989．

[47] 王新禄．拉美经济发展模式的调整和问题［J］．现代国际关系．1996（9）．

[48] 吴敬琏，范世涛．中国的经济改革：过程、问题与前景（1978—2012）[M] //邹至庄主编．中国经济指南．北京：清华大学出版社，2016.

[49] 信春鹰．中国需要什么样的司法权力 [J]．环球法律评论，2002（1）.

[50] 徐向华，等．审判委员会制度改革路径实证研究 [J]．中国法学，2018（2）.

[51] 杨建军．中国法治发展：一般性与特殊性之兼容 [J]．比较法研究，2017（4）.

[52] 杨晓民，周翼虎．中国单位制度 [M]．北京：中国经济出版社，2002.

[53] 易纲，樊纲，李岩．关于中国经济增长与全要素生产率的理论思考 [J]．经济研究，2003（8）.

[54] 银温泉，才婉茹．我国地方市场分割的成因和治理 [J]．经济研究，2001（6）.

[55] 于光远．1978：我亲历的那次历史大转折 [M]．北京：中央编译出版社，2008.

[56] 张军．资本形成、工业化与经济增长：中国的转轨特征 [J]．经济研究，2002（6）.

[57] 张维迎，柯荣住．诉讼过程中的逆向选择及其解释——以契约纠纷的基层法院判决书为例的经验研究 [J]．中国社会科学，2002（2）.

[58] 张文显．中国法治40年：历程、轨迹和经验 [J]．吉林大学社会科学学报，2018（5）.

[59] 张五常．中国的经济制度 [M]．香港：花千树出版社，2008.

[60] 张玉敏．知识产权法制三十年 [J]．法学杂志，2009（2）.

[61] 中国经济增长前沿课题组，张平，刘霞辉，等．突破经济增长减速的新要素供给理论、体制与政策选择 [J]．经济研究，2015（11）.

[62] 朱景文．论法治评估的类型化 [J]．中国社会科学，2015（7）.

[63] 朱天．中国增长之谜 [M]．北京：中信出版社，2016.

[64] Acemoglu D，Johnson S，Robinson J A. The colonial origins of comparative

development: An empirical investigation [J]. American Economic Review, 2001, 91 (5).
[65] Acemoglu D, Johnson S, Robinson J A. Institutions as a fundamental cause of long-run growth [J]. Handbook of Economic Growth, 2005 (1).
[66] Arrow K J. Economic welfare and the allocation of resources to invention [M]. In R. R. Nelson (ed.), The rate and direction of inventive activity: economic and social factors. Princeton, NJ: Princeton University Press, 1962.
[67] Arthur W B. Self - reinforcing mechanisms in economics [J]. The Economy as an Evolving Complex System, 1988 (5).
[68] Bai, C., Z. Tao, Y. S. Tong. Bureaucratic integration and regional specialization in China [J]. China Economic Review, 2008, 19 (2).
[69] Bernstein L. Opting out of the legal system: Extralegal contractual relations in the diamond industry [J]. The Journal of Legal Studies, 1992, 21 (1).
[70] Bin G. Technological development, technology spillover and profitability: An industry level empirical analysis of Chinese manufacturing industries [J]. Technology Analysis & Strategic Management, 2005, 17 (3).
[71] Bosworth B, Collins S M. Accounting for growth: comparing China and India [J]. Journal of Economic Perspectives, 2008, 22 (1).
[72] Burg E M. Law and Development. A Review of the Literature and a Critique of "Scholars in Estrangement" [J]. American Journal of Comparative Law, 1977 (25).
[73] Buscaglia E, Ulen T. A quantitative assessment of the efficiency of the judicial sector in Latin America [J]. International Review of Law and Economics, 1997, 17 (2).
[74] Chen A H Y. An introduction to the legal System of the People's Republic of China [M]. Singapore: Butterworths Asia, 1992.
[75] Chen Y, Puttitanun T. Intellectual property rights and innovation in developing

countries [J]. Journal of Development Economics, 2005, 78 (2).
[76] Cheung K, Ping L. Spillover effects of FDI on innovation in China: Evidence from the provincial data [J]. China Economic Review, 2004, 15 (1).
[77] Chin J C, Grossman G. Intellectual property rights and North-South trade [R]. National Bureau of Economic Research, Inc, 1988.
[78] Chow, D. C. Organized crime, local protectionism, and the trade in counterfeit goods in China [J]. China Economic Review, 2003, 14 (4).
[79] Clarke, Donald C., Peter Murrell, Susan H. Whiting. The role of law in China's economic development, in Brandt, Loren, Thomas G.
[80] Rawski. China's great economic transformation [M]. Cambridge: Cambridge University Press, 2008.
[81] David P A. Clio and the economics of QWERTY [J]. The American Economic Review, 1985, 75 (2).
[82] Easterly W, Levine R. Tropics, germs, and crops: how endowments influence economic development [J]. Journal of Monetary Economics, 2003, 50 (1).
[83] Fallon Jr R H. "The rule of law" as a concept in constitutional discourse [J]. Columbia Law Review, 1997, 97 (1).
[84] Fang X. Re-examining the reform of China's science and technology system: a historical perspective [J]. Journal of Science and Technology Policy in China, 2010, 1 (1).
[85] Gechlik, M. Judicial reform in China: Lessons from Shanghai [J]. Columbia Journal of Asian Law, 2005, 19 (1).
[86] Tom Ginsburg. Does law matter for economic development? Evidence from East Asia [J]. Law and Society Review, 2000 (34).
[87] Grossman G M, Helpman E. Quality ladders in the theory of growth [J]. The Review of Economic Studies, 1991, 58 (1).
[88] Grossman G M, Helpman E. The politics of free-trade agreements [J]. The American Economic Review, 1995, 85 (4).

[89] Hall R E, Jones C I. Why do some countries produce so much more output per worker than others? [J]. The Quarterly Journal of Economics, 1999, 114 (1).

[90] Helpman E. Innovation, imitation, and intellectual property rights [J]. Econometrica, 1993, 61 (6).

[91] Hu A G, Jefferson G H. A great wall of patents: What is behind China's recent patent explosion? [J]. Journal of Development Economics, 2009, 90 (1).

[92] Jayasuriya K. Introduction: A framework for the analysis of legal institutions in East Asia [M]. Routledge as part of the Taylor and Francis Group, 1999.

[93] Kaufmann D, Kraay A. Growth without governance [R]. The World Bank, Policy research working paper, 2002.

[94] Krugman, P. The myth of Asia's miracle [J]. Foreign Affairs, 1994, 73 (6).

[95] Laurenceson J, O'Donnell C. New estimates and a decomposition of provincial productivity change in China [J]. China Economic Review, 2014 (30).

[96] La Porta R, Lopez-de-Silanes F, Shleifer A, et al. The quality of government [J]. The Journal of Law, Economics, and Organization, 1999, 15 (1).

[97] Landa J T. A theory of the ethnically homogeneous middleman group: An institutional alternative to contract law [J]. The Journal of Legal Studies, 1981, 10 (2).

[98] Landes W M, Posner R A. Trademark law: an economic perspective [J]. The Journal of Law and Economics, 1987, 30 (2).

[99] Landes W M, Posner R A. The economics of trademark law [J]. Trademark Reporter, 1988 (78).

[100] Lee, P. K. Local economic protectionism in China's economic reform [J]. Development Policy Review, 1998, 16 (3).

[101] Li S, Li S. The economics of guanxi [J]. China Economic Quarterly, 2000, 1 (3).

[102] Li S, Lian P. Decentralization and coordination: China's credible commitment to preserve the market under authoritarianism [J]. China Economic Review, 1999, 10 (2).

[103] Li S, Park S H, Li S. The great leap forward: The transition from relation-based governance to rule-based governance [J]. Organizational Dynamics, 2003, 33 (1).

[104] Li, X. Behind the recent surge of Chinese patenting: An institutional view [J]. Research Policy, 2012, 41 (1).

[105] Long C X. Does the rights hypothesis apply to China? [J]. The Journal of Law and Economics, 2010, 53 (4).

[106] Lu H, Pan H, Zhang C. Political connections and judicial bias: Evidence from chinese corporate litigations [R]. Working Paper, 2011.

[107] Mahoney P G. The common law and economic growth: Hayek might be right [J]. The Journal of Legal Studies, 2001, 30 (2).

[108] McMillan J, Woodruff C. Dispute prevention without courts in Vietnam [J]. Journal of law, Economics, and Organization, 1999, 15 (3).

[109] Nelson P. Information and consumer behavior [J]. Journal of Political Economy, 1970, 78 (2).

[110] Nelson R R. The simple economics of basic scientific research [J]. Journal of Political Economy, 1959, 67 (3).

[111] Nordhaus W D. An economic theory of technological change [J]. The American Economic Review, 1969, 59 (2).

[112] North D C. Institutions, institutional change and economic performance [M]. Cambridge: Cambridge University Press, 1990.

[113] North D C. Institutions, ideology, and economic performance [J]. Cato J., 1991 (11).

[114] North D C. Understanding the process of economic change [M]. Princeton: Princeton University Press, 2005.

[115] North D C, Thomas R P. The rise of the western world: A new economic history [M]. Cambridge: Cambridge University Press, 1973.

[116] Ordover J A. A patent system for both diffusion and exclusion [J]. Journal of Economic Perspectives, 1991, 5 (1).

[117] Pistor, K., C. Xu. Incomplete law [J]. International Law and Politics, 2002 (35).

[118] Porta R L, Lopez-de-Silanes F, Shleifer A, et al. Law and finance [J]. Journal of Political Economy, 1998, 106 (6).

[119] Putnam R D, Leonardi R, Nanetti R Y. Making democracy work: Civic traditions in modern Italy [M]. Princeton: Princeton University Press, 1994.

[120] Reichman J H. Intellectual property in the twenty-first century: Will the developing countries lead or follow? [J]. Houston Law Review, 2009 (4).

[121] Romer P M. Are Nonconvexities Important for Understanding Growth? [J]. The American Economic Review, 1990, 80 (2).

[122] Romer P M. Endogenous technological change [J]. Journal of political Economy, 1990, 98 (5, Part 2).

[123] Rostow W W. The stages of economic growth: A non-communist manifesto [M]. Cambridge: Cambridge university press, 1990.

[124] Scalia A. The rule of law as a law of rules [J]. University of Chicago Law Review, 1989 (56).

[125] Schmookler, J. Economic sources of inventive activity [J]. Journal of Economic History, 1962, 22 (1).

[126] Sokoloff, K. L. Inventive activity in early industrial America: Evidence from patent records, 1790—1846 [J]. Journal of Economic History, 1988, 48 (4).

[127] Solow R M. A contribution to the theory of economic growth [J]. The Quarterly Journal of Economics, 1956, 70 (1).

[128] Staiger D, Stock J. Instrumental variables regression with weak instruments [J]. Econometrica, 1997 (65).

[129] The United Nations Development Programme. UNDP Thematic Trust Funds 2016 Annual Report [R], United Nations Development Programme, 2017.

[130] The United Nations Development Programme. Rule of Law Annual Report 2017 [R], United Nations Development Programme, 2018.

[131] Treisman D. The causes of corruption: a cross-national study [J]. Journal of Public Economics, 2000, 76 (3).

[132] Trubek David M, Santos A. The new law and economic development: a critical appraisal [M]. Cambridge: Cambridge University Press, 2006.

[133] Weber M. Max Weber on law in economy and society [M]. Cambridge: Harvard University Press, 1954.

[134] Weber M. Economy and society [M]. Berkeley: University of California Press, 1978.

[135] Weber M. The Protestant ethic and the spirit of capitalism [M]. London and New York: Routledge, 1992.

[136] World Bank, China: Long term development issues and options [M]. A World Bank Country Economic Report, Baltimore: Johns Hopkins University Press, 1985.

[137] World Bank. World Development Report 1997: The state in a changing world [R]. Washington DC: World Bank, 1997.

[138] Wu Y. Innovation and economic growth in China: Evidence at the provincial level [J]. Journal of the Asia Pacific Economy, 2011, 16 (2).

[139] Young, A. The razor's edge: Distortions and incremental reform in the People's Republic of China [J]. Quarterly Journal of Economics, 2000, 115 (4).

[140] Yueh L. Patent laws and innovation in China [J]. International Review

of Law and Economics, 2009, 29 (4).

[141] Zhang, Q. The people's court in transition: The prospects of the Chinese judicial reform [J]. Journal of Contemporary China, 2003, 12 (34).

后　记

本书实际上是在我的博士论文基础上的进一步延伸和扩展。在距离博士毕业已近五年后方才决定将博士论文出版，实际内心是经历了一番转变。还记得刚毕业的时候，刘志云老师便劝我早日将博士论文出版，但在那个时候，我对自己的博士论文并不太满意，而且我的博士论文是建立在三篇“小论文”基础上的，而三篇“小论文”当时也已陆续发表或处于投稿过程中，便更显得无出版的必要了。

然而，促成我的想法转变的主要有两方面原因。

一方面，我的博士论文研究的是中国的“法与发展”（Law and Development）问题，这个问题在国外早已形成研究的学术流派，但是在国内，迄今为止，除散见于少部分期刊论文中的相关研究外，尚未发现对该问题的系统性研究。而事实上，对于中国这样的转型经济体和法治发展的后发国家，研究法与当代中国经济发展关系问题具有重要的理论和现实意义。这也使得即便五年时间过去了，我的博士论文依然没有失去“时效性”。而且，不知何故，中国知网迄今都没有收录我的博士论文，因此，出版这样一本研究法与中国经济发展问题的专著可能还是会作出一些智识上的边际贡献的。

另一方面，通过出版这样一本博士论文的修改版，既能够给自己一个弥补当年博士论文中存在的诸多缺陷的机会，也是给自己博士毕业这样一个重要的人生节点做一个记录。当年的博士论文重实证而轻理论，而且在部分观点方面也存在一些不成熟的地方，因此，这本书可能有七成左右的内容是在原有博士论文基础上的全新撰写和修改，也算是我尽力做了弥补吧。当然，囿于能力所限，肯定还存在诸多理论欠周详、论证不充分的地方，也许五年后、十年后，智随龄长，本书能有修订第二版的机会，到时候再做完善吧。人们常说，青春留痕，虽然博士毕业之时我已近三十，也正好升级做了父亲，算不得青春了，但当五年后我的老二都已快两岁时，还是不由得感慨青春易逝。可能人就是这样，年岁越大，越想为自己的青春，或者说中年，留下些记录吧。

在每篇博士论文的最后，都少不得致谢部分。翻看当年博士论文的致谢，洋洋洒洒近四千字，可能是我写得最用心的部分。今天再写，恐怕也难以找到当年的真情实感。仅仅具名感谢的人，我大致数了一下，就达到近一百一十人。之所以这么用心写致谢部分，其实正如当年我在致谢的开头部分所写的，“迄今为止我所取得的哪怕是一点点微不足道的成绩，我都无法自夸是因为我个人的如何如何所获得的。我的点滴成长都凝结了太多太多老师、同学、朋友和家人的付出与心血，除了无尽的感激之外，我只能说，遇到你们，我是幸运的”。

我曾想把博士论文的致谢部分直接复制粘贴过来，但如此大的篇幅未免有多占版面之嫌，因此，这里的致谢部分，仅列出作为我的导师组成员的四位博士生指导老师以及我的家人的部分。本想是否应该稍作修改，但为显“不忘初心”，觉得还是保留当初完成博士论文后的心境下写出的致谢部分内容更为合适，因此，以下内容均直接来自我的博士论文的致谢部分。

四年前的我，作为一名法学硕士，虽怀揣着跨学科研究的理想，但可选择的合适的平台却极为有限。直到我幸运地发现朱崇实老师在厦大经济学院设立的法律经济学的博士点，最终搭上了这一专业招生的末班车。虽然由于行政事务繁忙，朱老师不可能事事亲力亲为地给予我指导，但一旦我有任何困惑和需求，朱老师总是能第一时间给予我回应和帮助。我还记得刚入学不久，我见朱老师时，提出了对法律经济学就业的担忧，朱老师亲切地鼓励我要加强当下经济学和法学两方面的学术训练，让我相信未来的广阔发展前景，这句话一直照耀着我四年前进的方向。

来到厦大后，我才发现博士阶段的经济学学习和研究难度远超我的预想，尤其是在全国领先的厦大经济学科中。然而，幸运之神再次让我有幸遇到了刚刚从美国全职归来加盟厦大的龙小宁老师，龙老师的主要研究方向之一恰恰就是法律经济学，因此从博一开始我就非常幸运地成为最早一批跟随龙老师学习和研究的学生。龙老师对我的影响和改变是全方位的，由于我薄弱到几乎可以忽略不计的经济学基础以及之前养成的研究方面的诸多不良习惯，我是龙老师投入精力最多的学生。四年来，每周一次的一对一见面讨论汇报研究进展，不限时间的即时通信工具的对话来随时解决研究中遇到的问题，甚至有一次龙老师在医院一边打着点滴一边与我探讨一项正在进行的研究。从论文选题、研究策略到论文成稿后的修改，龙老师层层把关，每次收到龙老师发给我的已经被改得面目全非的论文审阅稿，我都无比汗颜。更为重要的是，无论在为人、处事、治学还是教学上，龙老师都为即将走上教书育人岗位的我树立了身正为师、德高为范的典范。龙老师所给予我的宝贵财富，我终身受用不尽。

林秀芹老师是我研究方向选择的重要领路人，还在我博士生入学复试的时候，林老师就专程来到经济学院与我促膝长谈了一个小时，为我点拨前行的路，并且给予我参与课题研究的机会，使我能够较早地融入和习惯博士生的研究生活。之后的四年求学生涯中，在研究的方向、问题的把握等多个方面，林老师都给予我细致入微的解答和帮助，并通过各种讲座、会议、考察等活动启迪和开阔我的研究思路，让我受益匪浅。

刘志云老师既是师长，为我传道授业解惑，旁听“金融法研究”和“国际关系研究”这两门课极大地开阔了我的视野，启迪我的思考；同时刘老师也是益友，可以和我笑谈古今中外人生，至今还怀念每次上完刘老师课后，和刘老师以及几位博士生同学在厦门的街头巷角边吃边聊的场景，还有刘老师不定期组织的游学活动和座谈会，通过这些活动，刘老师既为我创造了和法学院学生交流的机会，也言传身教地告诉我很多关于人生、科研、处事的道理。

古人云齐家、治国、平天下，家庭的作用无疑是基础性的，今天我所取得的哪怕一点点微末成绩，都离不开家庭的坚强后盾。首先我要感谢我的妻子，结婚四年来，她在厦门一边工作一边陪伴着我，除了物质上的支持，精神上也时刻给予我极大的安慰和鼓励。她理解我的学业繁忙，主动承揽了几乎所有的家务，使我能够心无旁骛地投入学习和研究中。我的父母还有岳父母也在我读博期间给予我非常大的帮助，四位老人都非常理解和尊重我的理想和选择，并竭尽所能地在各方面给予我支持，我所能做到的也唯有以成绩来回报他们。

以上内容是我五年前博士论文完稿之时所写，今天，四位师长依然在通过各种方式给予我工作和生活上的关心和帮助。家人的支持也始终是我工作的保障和重要动力，特别是我的母亲和妻子，帮我分担了大部分本应由我承担的家庭方面的责任。还有相识的其他老师、朋友、同学，不论在我读博期间还是在毕业工作之后，均给予我各种形式、各个方面的帮助，在此一并表示感谢。

至今常常怀念读博期间的点滴岁月，虽然忙碌到每天从图书馆开馆坐到闭馆，但可以心无旁骛地学习和研究，不需要考虑家庭的责任，也不知道厦门的房价已经涨到多高。而毕业工作后，陆续成为两个孩子的父亲，家庭、科研、教学等各方面的事情扑面而来，虽然想尽力平衡每一个方面，但自我感觉各方面都做得不太好。借着这次博士论文大修的机会，既给自己现有研究阶段做一个总结，也给自己未来如何更好地平衡家庭、科研和教学工作的一个警醒和鞭策吧。

2020 年 4 月 20 日
于厦大法学院